발칙한
주민자치와
시민권력

발칙한 주민자치와 시민권력

ⓒ 박철, 2022

초판 1쇄 발행 2022년 4월 5일

지은이   박철
펴낸이   이기봉
편집   좋은땅 편집팀
펴낸곳   도서출판 좋은땅
주소   서울특별시 마포구 양화로12길 26 지월드빌딩 (서교동 395-7)
전화   02)374-8616~7
팩스   02)374-8614
이메일   gworldbook@naver.com
홈페이지   www.g-world.co.kr

ISBN   979-11-388-0849-1 (03340)

| 풀뿌리민주주의를 본질로 민본주의를 원천으로 |

발칙한 주민자치와 시민권력

박 철 지음

‖ 미래세대 주민자치 보고서 ‖

『발칙한 주민자치와 시민권력』은 2013년부터 시작된 주민자치회 추진 과정을 관과 민의 측면에서 전달한다. 또 실행되지 못한 정부정책과 현장 아이디어, 관련 학자·연구자들의 이론과 개념까지 씨줄 날줄로 엮어, 정책자·연구자·정치가·행정가·위원들에게 새로운 패러다임의 주민자치와 주민자치적 시민권력을 생성할 수 있는 밑그림을 선사한다.

좋은땅

시대의 화두는 그 시대의 고통을 담고 있으며, 오늘날 우리 시대의 절박한 문제를 갖고 씨름하며, 고통과 억압으로부터 해방을 꿈꾸는 자유로운 정신 활동이라 할 수 있다. 그런 의미에서 '주민자치'는 오늘날 우리 시대의 뜨거운 화두다. 2017년 문재인 정부는 읍·면·동 주민자치 활성화를 74대 국정과제로 채택했을 정도고, 주민자치를 실현하고자 하는 주민들의 자치조직인 '주민자치회'를 주민대표기구이자 마을협의체로 만들겠다고 공언했었다. 또 세종시와 서울시 등 지방정부는 주민세 개인균등분을 주민자치회에 전격 지원하고 있으며, 정치권에서도 '주민자치 및 주민자치회 관련 법'을 제20·21대 국회에서 입법발의하기에 이르렀을 정도다.

주민자치는 단체자치(제도자치)와 함께 지방자치를 이루는 핵심 요소지만, 오늘날 화두가 된 것은 지역(지방)의 시민사회를 주 활동 무대로 하는 주민자치회 작동 원리로서의 주민자치다. 저는 지방자치의 한 요소인 주민자치를 '관의 주민자치', 읍·면·동 주민자치회 설치·운영 원리로서의 주민자치를 '민의 주민자치'로 구분했다. 앞서 설명했지만, 민의 주민자치가 폭발적으로 급부상한 이면에는 정부가 필요에 의해서 추진한 측면도 있지만, 기성정치권에 대한 불신, 대의민주제에 대한 회의, 부의 불평등, 사회질서와 정치질서에 대한 불공정과 부정의에 대한 불만이 깔려 있음도 부인할 수 없다.

이처럼 주민자치가 오늘날 화두가 된 것은, 주민 개개인이 지방정책 전 과정에 참여해 정책을 같이 만들어 갈 수 있고, 주민들의 뜻이 지방정책에 반영되며, 엘리트 중심의 정치가 아닌 주민 모두를 위한 지역정치를 추구할 수 있기 때문이다. 또 주민자치는 자신의 이익을 스스로 대변할 수 있게끔 지역정치체제를 변화시킬 수 있고, 타인의 이익을 위해 자신의 이익을 기꺼이 양보할 수 있으며, 민본을 형성하는 담론정치(토의·토론·합의 등 숙의민주적 과정)가 공론장에서 상시적으로 펼쳐질 수 있는 원리이기 때문이다.

저는 지방자치전문지인 「공공정책21」 편집장(2006. 11. ~ 2010. 1.)과 주민자치 전문지인 「주민자치」 편집장(2012. 7. ~ 2020. 10.)을 하면서 지방자치와 주민자치 관련 현장취재를 했다. 특히 8년 동안 「주민자치」 편집장을 하면서 전국 주민자치위원회·주민자치회 활동 취재, 주민자치위원장·주민자치회장 및 주민자치협의회장들과의 토론 및 인터뷰, 매월 단체장 인터뷰 취재, 전국 국회의원선거 후보자와 지방자치단체장선거 후보자 주민자치 토론회 취재, 각종 학술대회·세미나·토론회 취재 등을 했다. 이와 함께 한국지방자치학회 등 학술대회에서 발제 및 토론 등 학술연구도 병행했다.

이 책은 이런 기자의 시각에 연구자의 시각을 더해 쓰인 우리나라 민의 주민자치 보고(報告)를 포함하고 있다. 이 보고는 2013년부터 주민자치회 정책 및 시범실시 추진 과정을 관과 민의 측면에서 전달한다. 또 그 보고 위에 정부가 추진하고자 했지만 실행되지 못한 주민자치 정책과 현장의 아이디어, 관련 학자들의 학술연구와 연구자들의 정책연구를 씨줄 날줄로 엮어 우리 세대는 물론 미래세대에는 현실화돼야 할 주민자치를 논하고 있다

그러다 보니 이 책은 정책과 법제도 및 주민들의 자치활동이 일어나고 있는 존재적 현실성 토대 위에 참되게 현실화돼야 할 여러 요소들을 담고 있다. 또 그저 눈앞에 존재하는 현실의 주민자치가 아닌, 존재해야 할 가장 참다운 단계의 현실적(이상과 현실이 통일된) 주민자치를 다루고 있다. 다시 말해, 특수적인 것들을 쳐내고 법제도적·정치적·정책적·행정적 보편만을 다루는 것이 아니라, 새로운 특수적인 다원적 이론들(사전적 정의 등 포함)까지도 이들 보편에 포함해서 다루고 있다. 이는 전체를 관통하는 주민자치에 대한 보편성을 살펴보고, 보편 속에 눌려 있는 주민자치의 개별적인 요소들을 끌어올려, 다시 현실화돼야 할 주민자치에 대한 보편적인 것을 제시했다.

이렇게 되면, 민의 주민자치는 단순히 읍·면·동에 정부가 설치하고 주민들이 운영하는 주민자치위원회나 주민자치회 활동 원리를 넘어선다. 또 사전적 의미에서 참여에 방점을 둔 정치적 원리인 '주민자치'는 지방자치의 한 요소로일 정도로 그 개념은 시대적 상황에 따라 확장성을 갖고 있다. 제도적 측면에 있어서도 정치·사회·문화·경

제 전반을 아우른다. 그러므로 주민자치의 적용이나 활용 범위, 그리고 법제도화에 있어서는 우리나라 사회 전반에 걸쳐 살펴봐야 한다. 따라서 이 책은 주민자치 원리를 가운데 놓고, 주민자치와 관계된 법제도부터 이론과 지역의 정치·사회 질서와 개념들까지 여러 측면들을 다루고 있다.

첫째, 우리는 어떤 세상에 살고 싶은가에 대한 논의다. 우리가 살고 있는 사회는 노력만 하면 성공할 수 있는 정의롭고 공정한 사회일까? 아니면 아무리 노력해도 응당한 노력의 대가를 받을 수 없는 부정의·불공정한 사회인가. 또 소수 엘리트 정치권이 우리를 대변해서 우리가 노력한 만큼 대가를 안겨다 줄 것으로 보는가? 아니면 우리 스스로 개개인의 이익을 대변할 수 있는 체제를 구축해야만 자신의 응당(應當)한 노력의 대가를 받을 것이라 생각하는가. 이 책은 이에 대한 응답으로 새로운 지역정치 질서를 제시하고 있다.

둘째, 우리가 살고 싶은 좋은 사회를 만들기 위해 지역의 시민사회에 어떤 시스템이 필요한가에 대한 논의다. 이 물음에는 '주민자치적 공론장'에서 주민들이 안고 있는 사회적·정치적·경제적으로 곪아 있는 여러 문제점들을 시원하게 터뜨려서 사적인 것을 공공적인 것으로, 더 나아가 공적인 문제로 공론화시켜보자는 의미를 담고 있다. 그리하여 지역을 발전시키고 주민들 삶의 질이 향상되도록 말이다.

이 책은 이를 실현하기 위해 원래 정부가 추진하고자 했던 민민협의체(문재인 정부의 74대 국정과제 중 마을협의체)와 민관중간지원체(행정에 대한 주민대표기구) 역할을 하는 주민자치조직들의 플랫폼인 주민자치

주체기구의 설치·운영에 대해 제시한다. '주민자치주체기구'는 주민
자치회와 구분하기 위해 제가(저자)가 붙인 이름이다.

셋째, 지역의 시민사회에 설치한 주민자치주체기구의 운영범위를
생활세계, 그 생활세계를 민주적으로 이끄는 생활정치, 그 생활정치
를 움직이는 민본을 형성하는 참여민주적·숙의민주적 과정인 담론
정치, 그리고 그 담론정치를 통해 주권자인 주민 개개인의 이익을 대
변하는 '주민자치적 시민권력' 행사에 대한 논의다. 그리고 주민자치
주체기구는 풀뿌리민주주의를 본질로 민본주의를 원천으로 하는 주
민자치 원리에 입각해 설치·운영돼야 함을 주장하고 있다.

이 책은 비록 공론장에서 담론정치를 통한 공론화 과정에서 실제
문제 해결에 한계를 보여도, 주민들이 원하고 있는 바가 공론장에서
맘껏 발현될 수 있도록 하며, 주민총회에서 선정된 민심을 지방정부
와 지방의회에 상정해 정책과 조례에 반영되는 것을 현실화해 보자
고 제의하고 있다.

넷째, 정의로운 나라, 정의로운 지역을 위해서는 기회는 평등해야
하고, 과정은 공정하며, 결과는 정의로워야 한다는 논의다. 정의의 개
념은 다양해 시대·지역·학자에 따라 다르게 정의된다. 개인적 입장
에서의 정의는 각자의 도덕적 양심에 따라 다르고, 그 개인적 정의 또
한 지역의 보편적 정의와 다를 수 있다. 그 지역의 보편적 정의 또한
각 지역마다 다를 수 있고, 지역의 보편적 정의는 국가적 측면에서 보
면 개별적이다. 이 지역의 개별적 정의 또한 국가의 보편적 정의와 다
를 수 있다.

이 책에서 정의로운 결과를 얻기 위한 '평등한 기회'는 대부분 법제도로 할 수 있지만, '공정한 과정'은 다양한 주민들의 생각과 지역의 특성만큼 어렵다는 것을 나타낸다. 그리고 이 공정한 과정을 지역의 시민사회에서부터 구축해보자고 제안한다. 즉 참여민주적·숙의민주적 담론정치 과정을 통해 합의된 의제를 주민총회에 상정해 결정하고, 이 결정된 공의를 지방정부와 지방의회에 반영한 후, 다시 그 공의가 주민 개인의 이익으로 돌아오는 선순환 과정을 구축하자고 제안하고 있다.

모쪼록 이 책이 왜곡된 생활세계를 바로 잡아 적어도 미래세대인 우리의 딸과 아들들은 자신의 꿈을 맘껏 펼치며 행복하게 살아갈 수 있는 '좋은 사회'를 만드는 데 주춧돌이 되길 바란다. 또 우리 아이들이 자신의 뜻을 정책에 반영시킬 수 있는 언로(言路)가 씨줄 날줄로 소통되도록 하는 '발칙한 주민자치'와 '주민자치적 시민권력' 형성에 밑그림이 되길 바란다.

2022년 새해, 좋은 사회를 꿈꾸며
박철 올림

발칙한 주민자치를 위하여

당신은 투명인간이 아니다

우리 모두가 알고 있는 사실 하나, '당신의 인생은 이 세상에 단 한 번뿐'이다. 이 단 한 번뿐인 인생을 당신 뜻대로 멋지게 살고 싶지 않은가? 그 멋진 삶의 여러 전제 조건 중 핵심은 당신의 뜻을 받아 줄 수 있는 질서(법제도, 사회규범, 도덕 등)가 잡혀 있고, 당신의 뜻이 작동될 수 있는 정치적·사회적·문화적·경제적 시스템이 구축된 '좋은 사회'다. 또 당신의 뜻을 자유롭게 펼칠 수 있는 권리 행위로서의 '자치'다.

그렇다면 당신이 '살고 싶은 좋은 사회'란 어떤 세상이고, '자유를 누리기 위한 자치'는 어떤 형태인가? 그리고 대한민국에서 국민과 시민, 특히 지역 구성원인 주민으로서 당신은 어떤 존재, 즉 어떤 대접을 받고 싶은가? 당신이 꿈꾸는 좋은 사회와 자치가 어떤 형태든, 확실한 것은 혼자서는 만들 수 없고, 또 만들어졌다 해도 혼자서는 그 멋진 삶을 누릴 수 없다는 것이다. 당신은 꿈을 실현할 자유(권리, 주권)가 있는 반면, '정치적·사회적 동물인 인간'이기 때문이다. 즉 멋진 세상에서 '주권적 주체'[1]로서 살아가려면, 우선 자신의 '자유'가 확보되고, 타인과 더불어 자신의 삶을 '자치'할 수 있어야 한다.

눈치챘겠지만, 이 책에서 당신은 정치권력·사회권력·자본권력을 거머쥐고 살아가는 부류가 아니라, 자신의 삶을 좌우할 정치적·사회적·경제적 의사결정 테이블에서 배제된 자임을 전제하고 있다. 만일 당신이 정치권력과 사회권력, 자본권력을 쥐고 타인을 조정하고 있다면, 당장 이 책을 덮어라. 그렇지 않으면, 이 책을 읽는 중에 울화통이 치밀어 오를 것이다. 왜냐하면 이 책은 새로운 권력을 생성하는 것에 초점이 맞춰져 있기 때문이다. 즉 당신이 심취해서 누리는 권력을 견제·감시하고, 더 나아가 당신이 누리고 있는 권력을 분배하라고 하기 때문이다.

그동안 '평주민'[2]인 당신은 도구였다. 즉 평주민은 그 '주권적 존재' 자체가 아니라 무엇을 위한 도구이자 수단이었다. 평주민은 행정적으론 동원 대상, 정치적으론 투표 수단인 정당정치·패권정치·이념정치의 장식(accessory)에 불과했다. 또 시민사회의 정치질서와 사회질서는 정당정치·패권정치에 의해 관리·통제됐고, 평주민의 생활세계는 '생활정치 자유'가 배제된 채 주(主)가 아닌 종(從)이었다.

---

1) 미국 정치학자이자 매사추세츠 대학 조교수인 바바라 크룩생크(2014)에 의하면, 토크빌 식으로 말하는 '타자권력과 권위에 종속된 사람'에 가까운 '예속적 주체'에 반해, '주권적 주체'는 권력의 주인을 말한다.

2) '평주민'은 독자의 이해를 돕기 위해, 거주민으로서 주민(「지방자치법」 제12조)과 주민세(「지방세법」 제74조)를 내는 주민(의사결정권자도 권력자도 주민이다)과의 혼란을 최소화하기 위해 '벼슬이 없는 일반인, 특권 계급이 아닌 일반 시민'을 뜻하는 평민(平民)과 법률 용어인 '주민'을 합성해서 만든 용어다.

그러나 평주민이 시민[3]으로 각성(覺醒)한다면, 자신의 존재를 타인(정확히 말해 의사결정권자들)에게 각인시킬 수 있다. 이 각성이야말로 실존재로서 살아간다는 증거며, 주권자라는 새로운 의미로 접근하는 첫 관문이다. 예전의 정치인에게 주민은 그저 자신들의 목적을 성취하기 위한 도구였을 뿐이다. 그러나 이젠 시대가 달라졌다. '시민으로서의 주민'[4]은 어떤 목적을 위한 도구가 아니라 '주권' 자체, 즉 존재의 투명성을 넘어 정치권력이나 행정권력, 자본권력에 불편한 '불투명한 존재'가 된 것이다. 그러나 오늘날 대부분의 주민은 이런 사실을 각성하지 못했거나, 아니면 각성했다 해도 자신의 이성에 따라 행동하고, 타인과 연대해 결정한 의사(요구)를 정책과 법제도에 반영할 수 있는 시스템이 없어 아예 포기한 상태일 수도 있다.

다시 말해, 주민 특히 평주민이 투명한 도구에서 자신이 살아가는 곳에서 '주권적 주체'가 되기 위해서는 '주민 다수가 원하는 권력으로 새로이 재편(권력 재분배)'하기 위한 동력이 필요하다. 그 '동력'으로서 '주민의 자치(=주민자치)=주민의 자기통제' 원리를 말하고자 한다. 그리고 주민자치 원리를 실천하는 단체(지역 공동체·결사체의 네트워크 플랫폼)로 '주민자치주체기구(=주민집단의 자기통제기구)[5] 설치·운영을 적극

---

3) 바바라 크룩섕크는 저서 『시민을 발명해야 한다』(2014)에서 정의한 '시민이란 자기 자신을 통제하고, 자신의 이해 관심에 따라 행동하고, 타인과 연대할 수 있는 사람'을 말한다. 그리고 저는 "시민은 타고나지 않고 만들어진다"는 크룩섕크의 주장에 동의하며, 또한 시민은 '정치적 자유'를 누리는 사람이라 생각한다.

4) 여기서 '주민'이란 자격은 지역에 거주하면 법률로 주어지는 것이고, '시민적 주민'은 시민성을 지닌 주민을 의미한다.

5) '주민자치주체기구(the Residents' Community Association)'는 제(저자)가 만든 용어로 읍·면·동

제의한다.

'주민자치(住民自治)'는 사전적 의미로 '지역[6](지방)의 구성원인 주민이 주체가 돼 지역의 공공사무를 결정하고 처리하는 주민 참여에 중점을 두는 제도[7]다. 즉 주민자치는 '의사결정' 원리다. 의사결정은 '정치적인 것'이고, 정치적인 것은 '권력'을 뜻한다. 그리고 '주민자치 원리에 의한 권력'은 정권을 차지하기 위해 (중앙)정당에 의해 좌우되는 '패권권력'이나 사상·행동·생활 방법을 제약하고자 하는 '이념권력'을 위한 것이 아닌, 지역의 새로운 '시민적 주민'이 주민자치에 원리에 의해 행사되는 권력, 즉 '주민자치적 시민권력(Residents' Autonomous civil rights)'이다.

이 시민권력이 대한민국에서 생성되기 위해서는 새로운 '민의 공공 영역'에서의 '공론장'이 요구된다. 당연히 이 공론장에서는 패권정치와 정당정치가 아닌, 생활정치(life politics)를 위한 담론정치(discourse politics)[8]가 활발하게 생성돼야만 한다. 그런 면에서 정부가 추진하는

단위에서 '민민협의체이자 민관중간지원체'다. 다시 말해 지역생태계 플랫폼으로서 '수평적 거버넌스'(민민협의체)와 지방정부와 민간을 연계·연결하는 '수직적 거버넌스'(민관 협업·협치 중간지원체) 역할을 하는 주민의 대표 자치기구다. 물론 정부가 추진하는 주민자치회(the Residents' Association)가 주민자치주체기구가 돼 우리네 욕망을 충족시키면서도 국가 기본운영체제를 국민주권·주민주권에 충실한 방향으로 가길 원하지만, 현재 추세라면 어렵다고 볼 수 있다. 따라서 이 책에서는 주민자치회와 주민자치주체기구를 구분해서 사용하고 있다.

6) 이 책에서는 '지방'이 '서울'의 반대 개념으로 오인되고 있는 탓에 '지방'이 아닌 '지역'이란 용어를 사용했으며, 한 지역의 일정한 범위 안에서 지연에 따라 자연스럽게 이뤄진 생활공동체는 '지역사회'로 표기했다.

7) 이종수, 『행정학사전』, 2009. 1. 15.

8) '생활정치(life politics)'란 지역 주민의 삶과 직접 관련된 공공정책(환경, 복지, 주거, 어린이·여성

읍·면·동 단위에서의 '주민총회 설치·운영 목적과 역할' 등을 어떻게 할 것인가는 매우 중요하다.

다시 돌아와, 당신이 살고 있는 지역에서 현재 자신의 삶을 변화시키고 싶은 강렬한 욕망을 지니고 있다면, 더 나아가 당신이 변화시킨 좋은 사회를 딸과 아들에게 물려주고 싶다면, 지금부터 그 변화의 동력으로서 '주민자치' 제도가 민의 영역까지 활성화되도록 노력해야 한다.

당신은 정책 결정 테이블에 앉을 권리가 있다

전문가들이 지적하듯 우리 사회 개인은 파편화되고, 가족은 해체되며, 지역공동체는 붕괴되고, 지역은 파산지경이다. 게다가 인구 감소로 인한 '지방소멸' 위기도 현실이 됐다. 또 지역 간, 세대 간, 계층 간, 특히 정치적으로 좌우 간 갈등 위기도 만연해 있다. 이런 위기 상황을 극복하려면, 주민들과 지역 공동체·결사체들은 현실에 놓인 걸림돌들을 딛고 뛰어넘어 자율성을 확보하고, 주민자치의 길을 모색해

안전, 인권 등) 결정 과정에서 기획 단계부터 조사와 토론을 거쳐 살기 좋은 지역을 만들고, 동시에 주민의 삶의 수준을 향상시키기 위해 지방정부 정책에 그 뜻을 반영시키고자 하는 과정을 포괄하는 정치적 행위라 할 수 있다. 이 같은 행위는 주민들이 인간다운 삶을 영위하게 하고, 상호 간의 이해를 조정·협의하며, 지역의 정치질서와 사회질서를 바로잡는 역할과 실천과정이라 할 수 있다.

'담론정치(discourse politics)'란 어떤 문제에 대해 여럿(개인, 공동체, 결사체 등)의 이익들이 충돌해 다듬어지고 이해되며 양보하는 가운데 합의된 이익이 사적에서 공공적으로 변화되는 민주적 과정이다. 예를 들면 담론정치는 이미 정해진 선택지 가운데 선택하기 위한 투표나 거수기를 하는 것이 아니라, 차이들이 충돌하는 과정을 거쳐 선택지를 정하는 민주적 과정이다. (박철 외, 『한국주민자치 이론과 실제』, "2장 풀뿌리 민주주의 토대로서 주민자치", 대영문화사, 2019. 4. 25. pp. 51-53.)

관용과 책임에 입각한 소통과 협력의 장을 마련해야 한다. 하지만 우리나라, 특히 지역사회는 각자 이익을 달리하는 주민들과 지역 결사체·공동체들의 네트워크적 공론장을 구축할 역량과 체화된 경험은 미미하다.

특히 무한 경쟁사회에서 주변부로 밀려난 평주민이 자치적인 삶을 살아갈 수 있도록 하고, 능력이 있음에도 한정된 자리 때문에 쉬고 있는 주민의 잠재적인 능력들이 지역사회에서 마음껏 발휘(기여)될 수 있도록 무대를 만들고 지원하는 구심체가 필요하다. 따라서 자칭이든 타칭이든 주민자치 원리를 실천하고 있는 여러 민간조직들은 누군가 혹은 어딘가의 다스림에서 주민 스스로 주체가 돼 자신과 지역사회를 다스릴 수 있도록 하는 마중물과 틀거리가 돼야 한다. 하지만 열악한 재정과 법제도적으로 인정받지 못하고 있는 민(民)조직의 힘만으로는 주민 개인의 이익이 정치와 정책에 반영돼, 다시 주민 개인의 수혜로 돌아오도록 하기 어렵다. 더 나아가 국가기본운영체제를 엘리트정치 중심에서 민주정치 중심으로 개혁하거나, 주민 삶과 밀접한 생활세계를 활성화할 수 없는 것이 현실이다.

그럼에도 기존의 국가 중심과 엘리트권력 중심의 체제나 법제도 틀 안에서, 또한 정부와 지방정부[9] 정책에 의해 살아가던 '하향식' 삶을 주민 스스로 개혁해야 한다. 우선 주민의 뜻에 의해 지방정부가 정책

---

9)   지방정부(地方政府): 지방자치에서, '지방자치단체'를 중앙정부에 상대하여 이르는 말. 연방제 국가에서, 연방을 구성하는 각각의 자치정부를 중앙정부에 상대하여 이르는 말.(국어사전)

을 펼치도록 하려면 인식부터 바꿔야 한다. 즉 주민자치 원리를 실천하는 주민자치조직이 정부가 현재 추진하는 '주민자치회'[10]만이 아니라는 것을 인식하고, 다른 결사체나 공동체, 그리고 여타 주민조직들과 협업해야 한다. 또 읍·면·동 내 결사체나 공동체, 그리고 주민조직들도 주민자치회를 중심으로 공론장 구축에 적극 나서야 한다. 그리고 주민자치회가 지역의 '민민협력체'이자 '민관중간지원체'인 '주민자치주체기구(the Residents' Community Association)'가 되려면, 스스로 제역할을 다해야 하고 법제도도 마련돼야 한다.

만일 주민들이 자신의 생활과 밀접한 정책 결정 테이블에 앉을 권리를 찾으려면, 분연히 일어나 주민자치 원리에 입각한 다양한 지방자치단체의 기관구성 형태와 운영, 주민자치주체기구 설치·운영을 주민 스스로 할 수 있도록 법제도를 개혁해야 한다고 요구해야 한다. 오늘날 주민은 대체로 주권자인 개인으로서, 또 자발적으로 가입한 공동체·결사체 구성원으로서, 더 나아가 그들의 협의체이자 행정과 주민을 연계·연결하는 민관중간지원체인 주민자치주체기구를 자율적으로 운영할 수 있는 사람들이기 때문이다.

두 영역 세 가지 형태의 주민자치 논의

현재 관(국가)이나 민(시민사회) 측에서 요구하는 '주민자치회'라는 조

---

10) '주민자치회(the Residents' Association)'는 풀뿌리자치 활성화와 민주적 참여의식 고양을 위해 「지방분권법」 제27~29조에 의거, 읍·면·동에 설치되고 주민으로 구성돼 주민자치센터를 운영하는 등 주민의 자치활동 강화에 관한 사항을 수행하는 조직을 말한다. (행정안전부, 「주민자치회 시범실시 및 설치·운영에 관한 조례 개정(안)」 제2조, 개정 2019. 8.)

직과 주민자치회가 운영하는 '주민총회'를 살펴보면, 영역은 2개 층위, 형태는 크게 3가지로 논의되고 있는 것 같다. 우선 '영역'은 국가에서의 주민자치(관의 주민자치)와 시민사회에서의 주민자치(민의 주민자치)다. 또 3가지 형태는 다음과 같다.

첫 번째 형태, 최근 '읍·면·동 자치'를 표방하며 읍·면·동장을 직접 선출하자는 이야기가 심심찮게 논의되고 있다. 물론 읍·면·동장이 자치단체 기관이 되면, 이 기관을 보좌해 운영하는 구성원들이 공무원들로 채워질 가능성이 크다. 또 읍·면·동을 아예 지방자치단체로 만들자는 이야기도 거론되고 있다. 게다가 일부에서는 읍·면·동 자치단체화에 주민자치회와 주민총회를 끌어들이는 것 같다. 즉 '읍·면·동 자치단체'와 '읍·면·동 의회'를 만들자는 것이다. 이는 읍·면·동 자치를 표방하며 주민자치회를 지방자치단체화하자는 의미로 들린다. 이렇게 되면 읍·면·동은 행정체계와 정치체계 단위가 된다.

그렇다면, 또다시 읍·면·동 지방자치단체 아래 단위(통, 리)에 주민들이 자율적으로 운영하는 주민자치조직을 만들자는 목소리가 터져 나올 것이다. 이렇게 되면 지방자치단체는 시·도-시·군·구-읍·면·동 3계층이 된다. 이 논의는 '국가 영역'에 주민자치회를 설치·운영하자는 것과 같다. 이는 그동안 논의가 돼 왔던 읍·면·동 단위에서의 주민자치회는 참여민주주의·숙의민주주의를 통해 직접 다스려 보자는 직접민주제를 포기하는 것과 같다.

두 번째 형태, 읍·면·동 내 주민총회 형태의 '주민의회'와 '집행부'

로서 주민자치회를 구성해 '시민정부'로 만들자는 것이다. 그리고 시민정부 운영은 공무원이 아닌 '민료(民僚)[11]'들로 운영하게 하고, 또 위원(혹은 주민의원)은 주민총회에서 직접민주제 방식으로 추대나 선출, 혹은 자발적 대표로 나선 주민들 중 선정한다. 이 논의는 시민사회 영역에 주민자치회와 주민총회를 설치·운영하자는 것이다.

세 번째 형태, 정부가 기구 설치는 했지만, 주민들이 정부의 행·재정 지원을 받아 직접 운영하는 형태로, 현재의 주민자치회다. 또 이런 주민자치회의 사업 선정과 예산을 결정·집행·운영하는 주민총회도 주민들이 운영한다. 이 논의는 '시민사회 영역'에 주민자치회를 설치·운영하자는 것이다.

주민자치회보다는 주민자치 활성화

또 현재 정부가 추진하고 있는 주민자치회를 둘러싸고 벌어지고 있는 논의들은 크게 두 가지로 나눠 볼 수 있다. 즉 현재 정부나 정치권, 일부 학자·연구자나 현장에서 주로 논의되고 있는 것은 '주민자치회 활성화'에 중점을 두고 할 것인가, 아니면 '주민자치 활성화'에 중점을 두고 할 것인가다. 당신이라면 어디에 중점을 두겠는가? 다시 강조하지만, 주민자치회는 주민자치를 활성화하기 위한 수단, 즉 주민자치는 주민자치회 설치·운영의 지향점이자 목적이다. 즉 주민자치보다

---

11) 민료(民僚)는 민간인 신분의 관리자를 말한다. 민료들로 주민자치회가 운영된다면, 주민자치회가 주민들의 의견보다는 내부의 회장단·사무국·분과운영위원회 등 관리부문이 지나치게 주도권을 장악해 자칫 관료주의로 흐르는 것은 경계해야 할 것이다.

주민자치회에만 치중된 정책과 활동은 꼬리(수단)가 몸통(목적)을 흔드는 격이다.

따라서 이 책은 주민자치회 구성 형태 3가지 중 세 번째를 시민사회 영역에 설치·운영하는 것에 초점이 맞춰져 있다. 그리고 주민자치회에 주민자치주체기구 역할을 부여해 의사결정기구로 활성화시키는 데 많은 비중을 할애하고 있다. 다시 말해, 현재 주어진 주민자치회 조직 자체를 활성화하기 위한 논의보다, 주민자치회가 왜 설치·운영돼야 하는지에 앞서 주민자치를 활성화하기 위한 논의다. 또 하나, 이 책에는 주민자치 활성화 방안이 구체화돼 현재의 주민자치회보다 더 나은 조직 형태가 있다면, 당연히 수단인 주민자치회를 다른 조직으로 바꾸거나, 아니면 설치·운영을 재설계해야 한다는 제안을 담고 있다.

엘리트 주민자치부터 시민권력까지 구성

이 책은 실천론이 아닌 관념론, 즉 이론적 측면에서 주민자치 제도가 제대로 작동돼야만 하는 당위성과 필요성을 말하고 있다. 왜냐하면 주민자치회가 제대로 구성되지 않았다는 현실적 전제에서 출발하기 때문이다.

우선 1부에서 거론되는 '관의 주민자치(citizen autonomy)'는 '주민의, 주민에 의한, 주민을 위해' 결정과 집행은 지역과 주민의 대표인 선출직 장이 하고, 운영과 실행은 공무원이 하는 것을 의미한다(대의민주제). '민의 주민자치(resident autonomy)'는 '주민의, 주민에 의한, 주민을 위해' 결정은 주민들이, 집행은 주민자치주체기구의 장(혹은 주민자치회 회장)이 대리하고, 실행과 운영은 주민자치위원과 주민들이 한다(직접민주제). 또 주민자치의 본질로서 풀뿌리민주주의와 주민자치 원천으로서 민본주의를 결합했다.

2부에서 논의된 '주민자치회 조직 자체 활성화 지원'에 중점을 둔 현상을 '엘리트 주민자치'라고 칭하고, 2013년 7월부터 주민자치회 조직 자체를 활성화하기 위해 관과 민이 각자 어떻게 추진하고 활동해 왔는지 살펴봤다. 반면 3부에서는 주민자치회라는 조직이 존재하도록 하는 '주민자치 활성화 지원'에 중점을 둔 논의를 '발칙한 주민자치'라 칭하고, 2013년부터 주민자치 활성화를 위해 정부가 내세운 정책과 일부 학자·연구자와 현장에서 주장하고 제안한 것들(아이디어)에 관해 논의해 봤다.

4부는 주민자치에 요구되는 핵심 제도로서 주권자 민주주의, 직접민주주의, 생활정치와 담론정치, 지역정치와 지역정당, 정치적 측면의 주민자치주체기구, 시민사회의 정치적 권한과 책임을 다뤘다. 5부에서는 주민자치회와 주민자치주체기구에 대한 근본적인 물음과 주민자치주체기구 형태 사례와 각계의 주민자치주체기구 활용법에 대해 알아봤다.

6부는 주민들이 왜 소중한지, 새로운 시민의 권력 요소들과 우리네 삶을 누가 결정하는지에 대해 살펴봤다. 7부에서는 바야흐로 '주민자치적 시민권력'의 시대적 요청에 부응하기 위해 주체로서의 주민과 새로운 시민권력의 탄생, 그리고 더 나은 세상을 위한 우리의 계획과 새로운 패러다임을 만들기 위해 우리는 어떻게 행보해야 할 것인가를 함께 생각해 보는 코너를 마련해 봤다.

자신의 이익을 대변하는 시민권력

특히 6·7부에서 다뤄지는 시민권력은 '주민자치적 시민권력 (Residents' Autonomous civil rights)'으로 시민성을 갖춘 '시민적 주민'에 의해 행사되는 권력이다. 이 부분은 생소하게 다가올 수 있어 미리 엿보기로 한다. 뒤에서 설명하겠지만, 이 책에서 주민자치적 시민권력이라 함은 지역의 시민사회에서 시민적 주민에 의해 '생활세계'에 행사되는 권력을 말하며, 그 권력은 이미 의사결정을 좌우하는 권력을 쥔 자가 아니라, 의사결정 테이블에 앉지 못하는 약자와 세상의 변화를 꿈꾸는 도전자들에게 생성되는 권력이다. 이 주민자치적 시민권력은 패권정치·정당정치·이념정치를 위한 권력이 아닌, 공공성 (publicness)을 바탕으로 주권적 주체인 시민으로서의 주민 개개인의 이익을 대표하는 권력을 말한다.

미국 롤린스 대학 명예교수이자 사회학자인 에드워드 로이스(Edward Royce)는 저서 『가난이 조정당하고 있다』[12]를 통해 "가난은 자본의 문제이기 이전에 권력의 문제며, 자본만큼이나 불평등하게 분배된 권력을 바로잡지 않고서는 우리 사회에서 부의 불평등을 몰아내는 일은 불가능하다."라고 말한다. 또 로이스 교수는 특별한 사례 몇몇을 제

---

12) 에드워드 로이스, 『가난이 조정당하고 있다』(Poverty and Power), 배충효 역, 명태, 2015. 11. 27.

외하면, 가난이 사라지지 않는 핵심 원인은 점점 더 왜곡돼 가는 불평등한 권력에 있다고 주장한다. 또 가난하다는 이유로 최소한의 생활과 미래를 꿈꾸는 일이 불가능해지는 현실을 타파해야 한다고 강변한다.

오늘날 '가난'은 여러 가지 불평등(예, 교육과 취업)에서 대물림되는 현상이 나타난다. 교육에서의 불평등은 향후 사회적·경제적 계급에서 뒤처질 가능성이 크고, 더 나아가 대의민주제에서 정치적 결정 테이블에 앉을 가능성은 매우 적다. 이는 가난의 굴레에서 벗어나기 힘들다는 것을 의미한다. 이는 가난한 자녀들은 자본의 불평등, 권력의 불평등한 상황에서 살아갈 수밖에 없는 암담한 현실을 반영한다.

주민자치를 이야기하면서 왜 갑자기 '부의 불평등'을 이야기하냐고? 로이스 교수는 부의 불평등을 조율하기 위해서는 합법적 국가의 권력을 소수가 아닌, 국민 다수가 원하는 권력으로 새로이 재편해야 한다고 역설한다. 즉 부를 이야기하면서 '부의 재분배'가 아니라 '권력의 재분배'를 강조하는 것이다. 그리고 로이스 교수는 시민들의 네트워크는 거대한 권력에 비하면 왜소해 보일지라도 일종의 정치권력의 기반이 될 수 있다며, 새로운 권력 재편에 있어 평범한 보통시민 한 명 한 명의 정치력을 기대했다.

부의 불평등도 이럴진대 하물며 정치·사회 불평등은 오죽하겠는가? 정치·사회 불평등을 해소하기 위한 새로운 권력 재편은 항쟁이나 혁명보다는 주민 한 명 한 명의 생활정치력과 담론정치력에 의해 변화돼야 한다. 그러기 위해서는 주민 자신의 삶을 좌우하는 정치나 정책에 참여하기 위해, 주민자치 원리가 작동되는 주민자치적 장이 항시 열려 있어야 하고, 그 참여의 장에서 자신의 이익을 대변할 수 있는 시민으로서의 주민이 행사하는 시민권력은 인정돼야 한다. 그리고 주민자치적 시민권력의 첫 출발은 개인주의적 '개인'에서 주민 자치적 '시민적 주민'으로 깨어나야 하며, 시민적 주민은 그 지역사회의 공동체성 내부에 예속돼 있는 '예속적 주체'를 벗어나, 자율적으로 공동체 경계선을 자유자재로 드나드는 '주권적 주체'로 위치하는 것으로부터 시작된다.

이 책이 던지는 화두

생활권력을 행사하는 시민권력 생성에 대한 고민은 "오늘날 부의 불평등에 대해선 불평·불만이 많지만, 그 부의 불평등을 해소하는 '권력의 불평등', 즉 자신의 이익을 대변하는 의사결정인 생활권력 불평등에 대해선 왜 관심이 없을까?" 또 "불평등 해소를 간절히 원하지만 시스템 구축이 안 돼서 어찌할 수 없는 건가?" 하는 물음에서부터 출발했다.

부의 불평등은 생활고와 직결되기 때문에 민심은 즉각 반응하고, 정치권은 표와 직결되기 때문에 이를 핵심으로 다루며, 이에 따라 각종 매스컴은 연일 이슈화한다고 치자. 그렇다면, 생활세계를 타격하는 정치와 정책 의사결정 권한 분배와, 그 권한을 적극 행사할 수 있는 정치적·사회적 시스템 구축을 당신은 요구해야 하지 않을까? 이런 연유로, 이 책은 그 정치적·사회적 시스템을 풀뿌리민주주의를 본질로 민본주의를 원천으로 하는 주민자치 제도가 제대로 정착됐으면 하는 갈망을 담고 있다.

혹시 당신은 다음과 같은 세상에 살고 싶지 않은가? 원칙과 상식이 존중받고, 특권과 반칙이 통하지 않으며, 그 나라의 국민과 주민이라면 누구나 공정한 기회를 보장받으며, 차별과 격차가 거의 없는 정의로운 나라말이다. 게다가 국민과 주민의 뜻이 국가정책과 지역정책에 반영되고, 국민과 주민 개개인이 국가정책과 지역정책 전 과정에 참여해 정책을 같이 만들어 갈 수 있고, 권력자 한 사람의 정부, 엘리트 중심의 정치가 아니라 '국민과 주민 모두의 정부'를 추구하는 국가라면 어떤가? 그리고 이런 정치적·사회적 질서가 가능하도록 국가기본운영시스템과 지역기본운영시스템 작동 원칙이 '평등한 기회, 공정한 과정, 정의로운 결과'라면 또 어떤가?

앞으로 이 같은 내용이 나올 때 오해는 말자. 이런 '정의'를 시대적 과제이자 핵심 가치로 삼은 것은 바로 문재인 정부다. 만일 당신이 이런 정의로운 세상을 인정한다면, 어떤 정부가 중요한 것이 아니라, 바로 정의로운 국가를 만들겠다는 철학이다. 따라서 이 책은 그 국정과제를 만든 정부를 옹호한다거나 비판하는 것이 아니다. 그 '정의로운 가치'의 중요성에 대해 이야기하고 있을 뿐이다. 즉 이 책은 어떤 정부(진보-중도-보수, 좌파-중도-우파를 떠나)가 국정을 이끌어 가든 국가와 지역이 발전할 수 있고, 국민과 주민의 삶이 풍요로울 수 있는 미래지향적인 철학이라면 당연히 추진돼야 한다는 점을 강조하고 있다.

그런 까닭에 눈치가 빠르시다면, 당신은 이 책이 현장성보다는 현실성에 초점이 맞춰져 있음을 눈치 챘을 것이다. 이 책의 내용은 상황에 따라 이리저리 급변동하는 현장성보다는 마땅히 실현돼야 하는 현실성(現實性)을 담고 있다. '현실성'은 현재 실제로 존재하거나 실현될 수 있는 성질이다(국어사전). 즉 이 책은 우리가 이성적으로 꿈꾸는 현실이 어떤 것인지에 대한 본질(이론적 측면)에 관한 것이고, 그 '이성적 현실'이 실현될 수 있도록 하는 것이다.

그렇다면 왜 당신에게 '실현될 수 있는 현실성'을 위해 본질적인 것을 건의 혹은 당부하는가? 저는 한 사람의 '상상'이 여럿 모이면 '이상'이 되고, 그 이상이 여럿 모이면 '현실'이 된다는 믿음을 갖고 있기 때문이다. 미래세대인 우리 아이들은 보통 아이들이 아니다. 그런 우리 아이들을 당신은 정치적·사회적·경제적 불평등으로 인한 불만과 분노의 질곡(桎梏) 속에 방치해 두겠는가? 더욱이 저와 당신이 살고 있는 오늘보다 아이들이 살아갈 미래가 더 암담하다면? 우리 아이들의 미래를 방치하는 것은, 우리 어른들이 아이들에게 엄청난 죄를 짓고 있는 것이다.

우리는 아이들이 서로가 편 가르지 않고, 못 배웠다고 혹은 못 가졌다고 무시하거나 예속하지 않고 서로 존중하며, 서로의 존재 가치를 발휘하도록 도와가며 이끌고 밀어 주는 그런 세상을 만들어야 한다. 즉 자신의 이익을 스스로 대변할 수 있는 정치체제, 타인의 이익을 위해 자신의 이익을 흔쾌히 양보할 수 있는 담론정치(토의·토론·합의 등 숙의민주적 과정)가 공론장에서 상시적으로 작동하는 사회시스템이 구축돼야 한다.

고로 저는 이 책을 읽고 있는 당신에게 적극 권하고 싶다. 우선, 왜곡된 현실 세계는 우리가 감당하고, 미래세대인 우리의 딸들과 아들들이 자신의 꿈을 맘껏 펼칠 수 있는 '좋은 사회'에서 행복하게 살아가고 있는 모습을 그려 보라. 그런 다음, 우리 아이들이 자신의 뜻을 정책에 반영할 수 있는 언로(言路)가 씨줄 날줄로 소통되는 좋은 사회를 위해 지금부터라도 주춧돌 하나라도 깔아 보자. 자 그럼, 우리 상상의 나래를 활짝 펴고 '발칙한 주민자치', '주민자치적 시민권력' 형성을 시작해 보자.

1부

풀뿌리민주주의 ·
주민자치 · 민본주의

1

새로운 패러다임을
요구받고 있는 한국사회

정의로운 대한민국이란

문재인 정부가 2017년 7월 19일 밝힌 국가비전 '국민의 나라 정의로운 대한민국'에서 '국민의 나라'는 ▶엘리트 중심 정치에서 탈피해 ▶국민의 목소리를 정치에 제대로 반영하고 ▶국민주권의 헌법정신을 국정운영 기반으로 삼은 ▶새로운 정부 실현을 의미한다. 국민의 나라는 두 가지 목표를 추구한다. 첫째, 국민의 뜻을 국정에 반영하고, 국민 개개인이 국정의 전 과정에 참여해 정책을 같이 만들어 갈 수 있도록 국정운영을 변화시켜야 하는 목표다. 둘째, 권력자 한 사람의 정부, 엘리트 중심의 정치가 아니라 '국민 모두의 정부'를 추구하며, '두 국민'이 아닌 '한 국민'을 지향하는 협치와 통합의 정치 모색이다. 이 때 우리는 환호했다.

그러나 5년 가까이 흐른 지금, 호기(豪氣) 넘친 그 정책들은 실종된 것 같다. 왜? 현장에서 일어나는 주민들의 요구와 뜻, 즉 '민본'에 의해 전 국민에게 두루두루 영향을 미치는 정치가 '진영논리'에 빠진 편향 정치에 의해 가려졌기 때문이다. 따라서 문재인 정부가 추진하고자 했던 ▲국민의 뜻 국정 반영 ▲국민 개개인이 국정 전 과정에 참여해 정책 같이 만들기 ▲엘리트 중심 정치 탈피 ▲협치와 통합의 정치는 지금부터라도 실시돼야만 한다.

뭐 그렇다고 수천만 명에 이르는 국민 각자가 직접 중앙정부 의사 결정 테이블에 참석해서 의견을 개진하는 것은 불가능하다. 즉 문재 인 정부가 꿈꿨던 '국민 개개인의 국정 전 과정에의 참여'는 애초에 불 가능했던 정책이다. 그러나 이 정책은 마을협의체인 주민자치회부 터, 즉 보충성의 원리에 의해 아래로부터의 참여고, 아래로부터 합의 된 민심을 국정에 적극 반영한다는 의지의 표명이라 할 수 있다. 이 지점에서 궁금했던 것은 아래로부터의 민심을 대표하는 '지방대표가 모인 민의의 정당'에 대한 논의다. 즉 입법기관을 '국가대표 국회'와 '지역대표 국회'로의 이원화(예: 상원, 하원)에 대한 공론화 필요성이다.

대한민국 역사 이래 거의 모든 정부와 정치인들, 그리고 공직자들 은 국민과 주민의 뜻에 따라, 국민과 주민을 위해 정책을 펴고, 민본 (民本)에 따라 정치를 한다고 외쳐 왔다. 정말 그럴까? 주민의 삶을 좌 우할 정책을 펼 때 과연 주민 개개인, 아니 하다못해 각 지역의 주민

대표조직들(혹은 주민자치조직들)에게라도 물어보고 했을까? 아니다. 그런데 어떻게 민본에 따라 정책을 펴고 정치를 한다고 했을까?

정책을 밀어붙일 때 가장 대표적인 답변이 '선거 때 공약 실천'이란다. 즉 주민들과 국민들이 뽑아 줘서 당선됐기 때문에 공약으로 내건 정책도 주민들과 국민들이 인정한 것이고, 더 나아가 선거 때 내건 공약이 국민들과 주민들의 뜻이라는 것이다. 대통령선거든, 국회의원선거든, 지방선거든 여야의 공약은 대부분 비슷하다. 특히 대통령선거 공약은 최소 백 가지가 넘고, 국회의원선거 공약도 수십 가지다. 만약 선거 때 내건 공약을 다 실행하려면, 장기집권하거나 민감한 몇몇의 정책에 대해 반대하는 국민들과 주민들의 요구와 뜻을 철저하게 묵살해야 가능하다.

그럼 어째서 문재인 정부는 '국민 개개인이 국정 전 과정 참여해 정책을 같이 만들기'를 할 수 있다고 생각했을까? 이에 대한 해답으로 일부 학자들과 현장 목소리는 '시민사회' 활성화와 '주민주권'에 입각한 지역의 주민자치조직 및 지역 공동체·결사체 생태계 구축을 위한 핵심으로 '주민자치회' 설치·운영을 꼽는다. 그래서인가? 문재인 정부의 국정과제 중 하나가 주민주권에 입각한 마을협의체이자 주민대표로 구성되는 '주민자치회' 설치·운영이다. 그러나 현재 정부가 추진하고 있는 주민자치회는 지역의 생태계를 연계·연결하는 '민민협의체이자 민관중간지원체'인 주민자치주체기구와는 거리가 있다.

자치분권은 주민자치 영역까지

대한민국은 정치, 경제, 사회, 문화 등 여러 분야에서 늘 새로운 패러다임을 요구받아 왔다. 그 새로움의 여러 요구 중 핵심이 19대 대선 (2017. 5. 9.)부터 급부상한 '자치분권' 개헌론이다. 자치분권의 축을 '주민자치' 관점에서 바라보면 ▲국가기본운영체제가 제대로 작동하기 위한 전제조건으로 지방자치 ▲지방자치를 실현하기 위한 전제조건으로 주민자치 ▲주민자치가 제대로 작동하기 위한 전제조건으로 시민사회 영역 활성화 ▲그리고 각 영역 간 자율성 보장의 전제조건으로 자치분권이다.

다시 말해 ▶시민사회 영역에서의 주민자치(민의 주민자치)[13] ▶시민사회와 지방자치단체 간 협업·협치의 연계·연결고리로서 주민자치 ▶지방자치단체가 중앙정부로부터 자율성을 확보하기 위한 지방자치 유형으로서의 주민자치(관의 주민자치) ▶국정운영의 근본인 민본사상과 민본정치로서의 주민자치다. 따라서 자치분권은 중앙정부 권한을 공(公)적 영역인 지방자치단체(지방의회 포함)로의 이양과 동시에 민의 공공(公共) 영역인 주민자치주체기구로의 권한이 이양돼야 '진정한 자치분권'이라 할 수 있다. 자치분권의 관점을 주민자치 중심으로 보고자 하는 것은, 자유민주주의 국가에서는 제아무리 막강한 패권을 쥔 중앙정부라 해도, 제 아무리 압도적 의원수를 장악한 정당이라 해도, 정책과 정치는 나라의 근본을 이루는 일반 국민(소위 백성: 보통시민

---

13) '민의 주민자치'와 '관의 주민자치'는 '1부-2. 주민자치는 카멜레온' 편에서 자세히 설명한다.

과 평주민)의 요구와 뜻을 근간으로 해야 되기 때문이다. 당연히 지방정부의 정책도 민본에 의해 집행되는 것을 원칙으로 해야 한다.

백성들이 바라는 것 중 가장 강렬한 것은 '내일은 더 나아질 것'이라는 '희망'이 실현되는 것이다. 또 이 희망을 꿈꾸는 것은 인간으로서의 특권이다. 그러나 현실은 어제보다 더 희망찬 내일이 될 것이라는 확신이 서질 않는다. 특히 중앙정치권(대통령과 국회의원 등)과 지역정치권(패권정치와 정당정치에 예속된)의 구조화된 관료적 시스템에 의해 개인의 삶이 좌우되는 정책이 펼쳐지는 현재의 패러다임으로는 희망이란 단어조차 꺼내기가 조심스럽다.

그럼에도 우리는 대한민국을 살아가는 시민이자 주민으로서 내일은 온정이 넘치고, 개개인의 의사결정이 최대한 정책에 반영될 수 있는 역동적인 한국 사회가 될 수 있다는 희망을 갖고 있다. 왜? 중앙정부와 지방정부 모두 다소 비틀대기는 하지만 자치분권과 주민자치를 어떻게 하든 실현하려고 힘쓰고 있기 때문이다.

국가형 주민자치와 미성숙한 주민의 자치역량

저는 서울시에 주민세를 납부하는 주민[14]이다. 당연한 이야기 같지만, 저와 같은 서울시민 대부분은 서울시가 집행하는 정책 과정을 잘 모른다. 주민 삶에 밀접한 정책을 어떻게 기획하고, 의견을 모으고, 결정하고, 집행하는지. 이는 제가 서울시 정책에 대해 매번 관심을 기

---

14) 서울'시민'이라 해야 하지만, 서울시에 주민세를 납부하고 있기 때문에 '주민'이라 표현했다.

울이고 면밀하게 분석·평가하지 못한 탓도 있겠지만, 정책 기획 초기 의사결정 테이블에 앉지 못하는 상황과 정보를 받지 못하는 원인도 있다. 이렇게 된 원인에 대한 저의 입장은 '나보다는 전문가인 서울시장과 공무원들이 서울시 살림을 더 잘하기 때문'에 믿는다는 것이다. 이 같은 관점은 국가경영에도 적용된다. 그래서 저는 열심히 돈을 벌어 흔쾌히 각종 세금들을 내고 있다.

우리 삶을 좌우하는 정책에 대해 우리가 잘 모른다면? 이건 뭔가 국정운영시스템이 잘못 돌아가고 있는 것이다. 아니면 국정운영시스템은 잘 돌아가고 있는데, 혹시 우리가 중요한 무언가를 놓치고 있는 것이다. 한 가지 분명한 것은, 주민자치 관련 학자와 연구자들이 외치고 있는 현 한국사회의 대의민주제 보완인 직접민주제에 대한 정치적·정책적 설계는 아직까지 보이지 않는다는 것이다. 그렇다고 행정의 최전선인 읍·면·동 내 시민사회를 대표할 주민의 자치기구(주민자치주체기구) 설치·운영에 대한 (암묵적이라도) 국민적 합의가 있는 것도 아니고, 주민들이 주도적으로 이 자치기구를 이끌어 갈 자치역량을 제대로 보여 준 적도 없다.

특히 풀뿌리민주주의 장(場)인 지방의회와 지방자치단체를 경영하고 있는 자치단체장들과 지방의원들도 '자치권'을 외치며 지방분권을 강하게 정부에 요구하고 있지만, 주민이 주인이라고 말하면서도 주민의 생활세계를 패권정치와 행정에 가두고 있는 느낌이 든다. 또 정부는 주민자치를 행정의 위임·위탁 권력이 작동하는 영역에 국한 시키려 하고, 정치권 대부분은 아예 뒷짐 지고 먼 산을 바라보고 있는 형국이다. 주민들은 자신이 살고 있는 지역을 살만한 곳으로, 또 자신의 뜻이 펼쳐질 수 있는 장으로 만들어 달라고 뽑은 단체장과 의원들도 이러한데 정부와 정치권은 오죽하겠는가.

게다가 지방자치를 할 역량이 부족하다고 지방자치단체에 자치분권(재정분권 포함)도 제대로 이양하지 않는 중앙집권시스템하에서 주민에게 시민사회를 운영하는 권한을 준다는 것은 대추나무 밑에서 배가 떨어지길 기다리는 것과 같다. 따라서 뜻있는 시민적 주민들과 학자들(정치인도 있으면 좋으련만)이 적극 나서야 하고, 정부와 정치권을 향해 주민들이 주민의 자치기구를 주도적으로 잘 운영할 수 있는 법제도를 장착해 달라고 요구해야 한다.

그런데 좀 의아한 것은 김대중 정부 때 만든 주민자치센터와 주민자치위원회를 더 강력하게 보강해 '풀뿌리자치 활성화와 민주적 참여의식 고양'을 하기 위한 주민자치회를 박근혜 정부가 설치·운영하겠다고 발표한 것이다.[15] 소위 진보라고 말하는 정부도 아닌, 보수라고 불리는 정부에서 말이다. 물론 박근혜 정부가 발표한 주민자치회가 주민 주도의 '주민의 자치조직'이 되기에는 한계가 있었지만 말이다.

그걸 진보라고 불리는 문재인 정부가 권한을 더 확대한 마을협의체로 설치·운영하겠다는 국정과제(74대)를 발표했다.[16] 게다가 정치권, 특히 21대 국회에 들어서는 주민자치 관련 제정 입법이 4건이나 발의

---

15) 여기서 박근혜 정부 때 주민자치회가 제대로 작동되게 했는지 안 했는지는 논외다. 단 주민자치회 시범실시를 2013년 7월부터 실시했다는 데 주안점을 둔다.

16) 물론 주민자치회를 '주민대표로 구성되는 마을협의체'로 만들겠다는 과제는 임기 말이 다 돼도 실현되지 않았지만 말이다

되기에 이르렀다. 드디어 국가대표 정치인(국회의원)들이 시민사회 영역의 주민자치에 대해 관심을 갖게 된 것은 환영할 만 일이지만, 이 입법안들이 심사숙고 없이 패권을 위해 표 계산으로 만들어진 것이 아니길 바랄 뿐이다.

여하튼 여든 야든, 진보든 보수든, 먼저 정치·행정 쪽에서 시민사회에 손을 내밀어 행정에의 참여를 요청하고, 더 나아가 생활세계를 함께 좋은 사회로 만들자고 '협업과 협치'를 제시한 것이다. 그렇다면, 시민사회 쪽에서도 주민의 욕구와 욕망을 담아 행정과 마주 앉아 정책을 논할 대표기구를 스스로 만들 필요가 있지 않겠는가? 더구나 주민의 대표 자치기구를 정부에서 먼저 설치까지 해주고, 운영은 주민들이 하도록 한다니 말이다.

2

주민자치는
카멜레온

관의 주민자치 vs. 민의 주민자치

관과 민은 '주민자치'라는 용어와 주민자치 원리를 실천하는 '주민자치회'를 놓고 서로의 시각이 판이(判異)하다. 주민자치는 사전적·법률적 용어로 분명히 단체자치(제도자치)와 함께 국가 영역인 지방정부와 지방의회 운영방식의 한 축이다. 이를 '관의 주민자치(citizen autonomy)'라고 하자. 여기서 citizen(시민)은 '국가의 공민권을 가진 시민'을 의미한다.

하지만, 오늘날 정부 관계자나 정치권, 주민 모두로부터 빈번하게 사용되고 있는 주민자치라는 용어는 지방정부와 행정기관, 즉 행정의 상대적 영역(그렇다고 시민사회 영역도 아닌)에서 주민대표를 표방하며 읍·면·동에 설치·운영하는 것에 초점을 맞춘 '새로운 해석의 주민자치'를 말한다. 즉 1999년부터 읍·면·동에 설치·운영되고 있는 주민자치위원회나 2013년 7월부터 추진되고 있는 '주민자치회'[17] 운영원리 혹은 주민자치위원회나 주민자치회 자체를 '주민자치'라고 부르고 있는 실정이다. 이를 '민의 주민자치(resident autonomy)'라고 하자. 여기서 resident(주민)는 '지역에 거주할 목적으로 일정한 주소 또는 거주지를 가진 사람'을 말한다.

헌법 제8장(제117·118조)에 규정된 '지방자치'는 오늘날 대부분의 학자들은 단체자치와 주민자치의 양자가 불가분의 요소로 어느 한쪽이 결여돼도 성립하지 않는다고 해석하고 있다. 사전적으로도 지방자치는 단체자치(團體自治)와 주민자치(住民自治)가 결합된 것으로서 자신이 속한 지역의 일을 주민 자신이 처리한다는 민주정치의 가장 기본적인 요구에 기초를 두고 있다. 주민자치가 '정치적 의미'에서의 지방자치인 것에 대해 단체자치는 '지방자치의 법률적·제도적 의미'다. 주민자치는 지방자치의 한 유형인 것이다. 또 학술적으로 주민자치는 주민들이 조직한 지역단체에 의해 지역의 공적 문제를 스스로 결정하고 집행하는 것을 의미한다. 즉 주민자치는 지역 주민이 주체가 돼 지역의 공공사무를 결정하고 처리하는 주민 참여에 중점을 두는 제

---

17) 2017년 7월 19일 문재인 정부는 '국정운영 5개년 계획 대국민 보고대회'에서 100대 국정과제 중 74대 국정과제로 '주민 주도의 실질적 마을협의체로서 주민자치회의 역할·지위 강화, 읍·면·동을 주민자치의 실현공간이자 서비스 제공의 핵심 플랫폼화'를 추진한다고 발표했다.

도를 말한다(두산백과).

종합해 보면, 오늘날 우리나라에서 논의되고 있는 주민자치는 ① 지방자치의 한 유형이지만 ② 정부가 추진하는 주민자치회를 설치·운영하는 유형이기도 하다는 것이다. 그렇다면 ①과 ②의 차이점은 무엇인가? ①은 지역의 공적 문제를 결정하고 집행·운영할 때 '지방자치단체에 의해' ②는 지역 시민사회의 공공적 문제를 결정하고 집행·운영할 때 '주민들의 대표기구에 의해'서다.

이 지점에서 주민자치(원리)와 주민자치회(기구) 두 개념을 구분해 볼 필요가 있다. 주민자치회는 '좋은 사회'를 만들기 위해 주민들의 주민자치 활동을 조직하고 발현하는 소중하고 효과적인 도구다. 이에 반해 주민자치는 '자치'라는 가치가 주민 활동의 모든 영역에 스며들어 간 일종의 생활방식이다. 즉 시민사회에서의 주민자치는 주민의 뜻에 따라 지역사회에 '주민의 자치'를 위한 '자치기구'를 설치하고, 그 기구를 주민의 뜻에 따라 운영되도록 하는 정치적 원리다.

그러나 일부 주민자치(위원)회 임원들과 일부 관련 학자들은 현재 '주민자치회' 설치·운영 방식을 정부가 주도한다는 것은 '관치'라며 "지원은 하되 간섭하지 말라."고 한다.[18] 즉 관의 "마중물 역할" 주장에

---

18) 일례로 2020년 1월 3일자 "주민자치 20년의 설움, 새해 첫 법안으로 발의됐다"는 「중앙일보」 온라인기사에서 '한국주민자치중앙회가 제공한 자료를 토대로 이학재 의원이 2020년 1월 2일 대표발의한 '주민자치회 설립 및 운영에 관한 법률(안)'에는 ▲주민들이 주민자치회 구역을 정하고 ▲주민들이 총회에서 구약을 정하며 ▲주민들이 직접 대표로 임원을 선출하며 ▲주민자치회를 회비, 기부금, 보조금 등으로 운영하되 ▲정부는 지원 하되 간섭은 하지 못하도록 하는 내용이 담겨있다."라고 보도했다(이 법률안은 20대 국회가 만료됨으로써 자동폐기됐다).

대해 '통제'로 보는 것이다. 그러나 이런 요구를 수년 동안 지속한 지역 주민자치(위원)회 임원들 혹은 한국주민자치중앙회 같은 단체도 주민자치회 같은 조직을 자발적으로 구성·운영한 곳은 전국에 단 한 곳도 없으니 참 아이러니한 현실이다.[19]

이 지점에서 짚고 넘어갈 것이 있다. 오늘날 우리나라에서 벌어지고 있는 현상을 보면, 민(民) 측은 지방정부를 주민자치 관치화의 주범으로 몰고, 중앙정치권은 지방정부가 주민자치보다는 단체자치로 운영되는 것이 당연한 듯한 모습이다. 그러나 지방정부는 주민과 국가를 연계·연결하는 민정중간지원기관으로, 그 운영에 있어서 주민자치 요소를 핵심으로 한다. 저자가 지방정부 운영 원리인 주민자치를 '관의 주민자치'라고 말했지만, 이는 어디까지나 관과 민을 구분하기 위해 지칭한 것뿐이다.

관의 주민자치는 풀뿌리민주주의인 지방자치의 핵심 요소로 우리에게 있어 역사성을 담고 있다. 지방자치는 1948년 제정된 제헌헌법에 명문화됐고, 1949년 7월 「지방자치법」이 제정·공포된 이후 실시되지 않았다가 한국전쟁 중인 1952년 4월 25일 제1회 시·읍·면 의

---

19) 저자가 주민자치회 관련 토론회나 세미나를 취재하다 보면(2012. 7. ~ 2020. 10.), 대다수 주민자치(위원장)회장과 협의회장들, 그리고 일부 학자들은 주민자치위원을 뽑을 때 이장 선거나 지방의원처럼 주민투표로 직선해서 선출하자(주민대표성 확보 차원)고 목소리를 높인다. 또 주민자치위원을 주민들이 돌아가면서 하는 것이 아닌, 주민자치회를 잘 운영할 수 있는 사람(일명, 지역유지)을 직선으로 뽑자는 요구가 많았다. 그리고 능력 있으면 연임에 제한을 두지 말자는 목소리가 거셌다. 이에 행안부의 「주민자치회 표준조례 개정안」(2020. 4. 22.)에서는 제11조(주민자치회의 장)에 주민자치회장 임기·연임 제한 규정은 지역에 따라 자율적으로 결정하도록 했으며, 제19조에서 위원의 임기는 2년에 연임할 수 있도록 했다.

회 선거와 5월 10일 전투 중인 서울·경기·강원을 제외하고 도의원 선거가 치러졌다. 이 선거는 당시 이승만 재집권에 반대하는 국회를 무력화시키기 위해 지방의회를 구성한 것이다.

1960년 11월 1일에는 전면적으로 「지방자치법」이 개정되고, 12월 12일 제3대 도의원 및 도지사(서울시장), 시장, 읍·면장 선거가 실시됐다. 그러나 5·16 쿠데타로 지방의회는 해산됐고, 지방자치는 폐지됐다. 1987년 '6·10항쟁'은 헌법에 지방의회 구성에 관한 유예 규정을 철폐시켰다. 13대 총선에서 여소야대가 된 야3당은 1989년 12월 31일 지방의회 및 단체장 선거법안을 통과시켰으나, 1990년 1월 22일 전격적인 3당 합당으로 지방자치 실시는 또 미뤄졌다. 그러나 풀뿌리민주주의에 대한 열망은 식을 줄 몰랐다. 당시 상황에 대해 원희복(2015) 주간경향 선임기자는 다음과 같이 설명한다.

> 1990년 10월 8일 평민당 김대중(DJ) 총재가 '지자제 전면 실시', '내각제 포기' 등의 4개 항을 요구하며 단식투쟁에 돌입했다. 단식 중 당시 김영삼 민주자유당 대표최고위원이 병실을 찾아왔다. 그때 DJ는 "나와 김 대표가 민주화를 위해 싸웠는데 민주화라는 것이 무엇이오. 바로 의회정치와 지자제가 핵심 아닙니까. 여당으로 가서 다수 의석을 가지고 있다고 해서 어찌 이를 외면하려 하시오."라고 말했다(김대중 자서전, 2010년). ……DJ의 단식이 단초가 돼 정치권은 "1991년 6월 30일 이내 기초 및 광역 지방의회를 구성하고, 1992년 6월 30일 이내 기초 및 광역 지방자치단체장 선거를 실시한다."라고 합의했다. DJ의 단식은 꺼

져가는 지방자치를 되살리는 불씨가 됐다. 1995년 6월 27일 드디어 지방자치단체장 선거가 실시됐다. 지방자치 실종 34년 만의 일이다.[20]

이처럼 풀뿌리민주주의인 지방자치는 시민들과 민주적 정치인들이 목숨 걸고 투쟁해서 쟁취한 것이다. 즉 민주투사들이 목숨 걸고 쟁취한 지방자치제도는 단체자치보다 주민자치일 것이다. 이처럼 '관의 주민자치'는 우리의 삶에 있어서 자유와 의사결정 권한을 가져다 준 매우 소중한 제도다. 한편, 1987년 당시 386세대는 현재 정부 주요 요직과 국회에 진출해 있다. 그러나 어찌된 일인지 35년이 흐른 오늘날, 많이 향상됐다고는 하지만 지방자치는 여전히 주민자치보다는 단체자치에 치중돼 있다는 평을 받고 있다.

개념의 엄격성과 명료성의 중요성

적어도 우리가 의미 있는 담론을 나누려고 한다면, 먼저 관련 대상에 대한 상이한 이해들을 명료화하는 일이 선행돼야 한다. 주민자치가 국가의 정책과제가 됐다면 분석적 엄격성, 개념적 명료성, 경험적 진정성, 정책의 적실성, 미래의 잠재성은 전부 검증받아야 한다. 그렇다고 해서 일부 진행된 선택적 비판, 학자적 제안, 그리고 보편적 합의를 강요하는 시도들이 이 문제를 해결할 수 있을 것 같지도 않다.

따라서 주민자치 정책이 미래로 나아가는 최선의 길은 무엇보다 엄

---

20)　원희복, 『주간경향』(1141호), "[광복 70년 역사르포](25) 여의도 대하빌딩 옛 평민당사……꺼져 가던 지방자치에 불 지핀 단식투쟁", 2015. 9. 1.

격성과 명료성을 통해서다. 왜냐하면 엄격성과 명료성은 심의의 장에서 장점과 단점들에 관한 상이한 해석들이 토론에 부쳐지도록 만들어 진리와 정의로 가장한 독단적인 신념이나 학설(dogma)을 들춰내 보이며, 더 나아가 이념을 구실로 사익을 챙기려는 속셈을 엿볼 수 있기 때문이다. 여기서 주의할 것은 심의의 장에 공동체 집단에 속한 사람들끼리 모여 화기애애하게 여러 번 토론해서 의견을 모았다고 표준화하는 것이다.

예를 들어, 주민자치회 정책이 실시될 때 관련 전문가들이 의심을 품고 "어떻게 그 정책이 수립됐는가?"라는 질문에 "수십 차례 토론과 세미나를 거쳐 정책안이 마련됐다."라는 답변이 나왔다면 검토해 봐야 할 것이 있다. 즉 관련 주민들과 전문가 대다수가 알고 있는 정책인지, 아니면 알지 못하는 정책인지다. 만일, 관련 주민들과 전문가들 중 다수가 모르는 상황에서 정책이 밀어붙이기식으로 추진됐다면, 정의로 가장한 독단적인 신념을 가진 비전문가들끼리 모여 만든 상황이라는 것이다. 이런 정책이 과연 제대로 지속성을 담보할 수 있을지 의문이며, 우리 사회에서 벌어지면 안 될 것이다.

주민자치 원리와 적용을 명확히 하지 않으면, 누구나 알 수 없게 되고, 누구에게나 균등하게 규범이 적용되지 않을 것이다. 이리되면, 소수의 엘리트권력과 직업 선수들이 모호한 주장으로 통제 권한과 예산을 독점하게 될 것이다. 주민자치 원리 실천 운동이 성공적으로 지속되기 위해서는 ▶첫째, 명확한 개념(강력한 신념과 정책 의제) ▶둘째, 이 개념을 정치, 정책, 미디어에 반영시킬 수 있는 효과적인 소통전략

▶셋째, 강력한 지지 세력과 사회적 토대 등이 어우러져야 한다. 그래야 성공적인 지속성을 담보할 수 있다.

관의 주민자치 정책의 역설

주민자치의 첫걸음은 자신의 삶에 큰 영향을 끼치는 정책에 내 주장을 내세울 수 있는 것에서부터 출발한다. 따라서 읍·면·동 주민자치회는 정부의 행·재정 지원에 의존해서 작동되도록 하기보다는 주민들의 자발성에 의해 작동되도록 하는 것이 최상이다. 그 자발성은 생활정치와 담론정치를 통해 더욱 강화된다. 즉 지역의 발전과 주민들의 삶의 질 향상을 위한 의사결정은 직접민주제 방식으로 풀타임화, 즉 생활정치가 담론정치를 통해 생활화될 때 그 자발성은 더욱 빛을 발할 것이다.

담론정치는 공론장[21]에서 나의 생각과 타인의 생각이 공유되며, '좋은 지역사회'를 만드는 것에 책임감을 높일 수 있는 실천적 지혜를 익힐 수 있는 과정이다, 물론 이 과정에서 지역 주민들이 자율성과 주민자치 역량을 갖추는 것이 전제돼야 함을 잊어선 안 된다. 담론정치가 지역 곳곳에서 활발하게 펼쳐지도록 하는 직접민주제의 장점은 '풀타임 민주주의'로 모든 주민이 준정치인이 돼 내가 지배하는 동시에 지배도 받을 수 있다는 것이다(치자와 피치자의 동일성의 원리[22] 내포). 그만

---

21) 공론장 혹은 공공 영역(公論場, Public sphere)에 대해 하버마스(Jurgen Habermas)는 일반인의 관심을 끄는 이슈가 토의되고 형성되는 공적 논쟁의 장으로 민주적 참여와 민주적 과정에 필수적인 것이라고 말했다.

22) 대표제도는 대표기관의 의사결정이 국민 다수의 의사에 합치되는 경우에만 '치자와 피

큼 직접민주제는 구성원들의 책임감을 강화시켜 주는 촉매제다.

그런데 현실을 보자. 정부(지방자치단체 포함)가 주민자치회를 추진하면서 기존 주민자치위원회(1999년부터 실시)에서 볼 수 있었던 '바쁜 시간을 쪼개 지역사회를 위해 봉사하던 자발성', '자신의 호주머니를 흔쾌히 열어 기부하던 즐거움과 뿌듯함'이 사라진 것 같다. 마중물 역할을 다짐하는 정부나 정부의 역할을 대신하고 있는 중간지원조직에 의해 관리되는 주민자치회는 법률적·행정적 권한이 많아질수록 신기하게도 정부의 세금·시설 지원만을 바라보는 처지가 된 듯하다.

〈표 1-1〉 주민자치회와 주민자치위원회 차이

구분	주민자치회	주민자치위원회
성격	읍·면·동 민관협치기구, 주민자치 대표기구	읍·면·동 자문기구
위촉	시·군·구청장	읍·면·동장
구성 (위원)	위원 20~50명(사전교육 이수 필수): 공개모집 추첨 및 기관 추천	위원 20명: 위원선정위원회, 공개모집 및 기관 추천
기능	주민자치사무, 업무 수탁 (작은도서관, 문화센터 운영·관리 등), 자치계획 수립, 주민총회 개최 등	주민자치센터의 운영, 심의 등
재정	수익·위탁사업 수입, 사용료, 참여예산, 주민세 등 다양	읍·면·동 사무소 지원 외 별도 재원 거의 없음(주민자치센터 보조금)

※ 출처: 행정안전부(2019. 12.)

치자의 동일성'이 확보돼 민주적이라고 할 수 있다. 대표기관의 의사와 국민의 의사가 일치하지 않는 경우에는 비록 대표기관이 선거로 구성됐다고 해도 비민주적이라고 봐야 한다. (이기우, 『프레시안』, "좋은나라 이슈페이퍼", 2017. 4. 17.)

3

주민자치의 본질은
풀뿌리민주주의

풀뿌리민주주의와 주민자치

항상 어떤 정책을 펼 때는 상황적인 것이 있고, 본질적인 것이 있다. 상황적인 것은 늘 변화가 심하다. 예를 들어, 집값이 떨어지면 부양책을 쓰고, 폭등하면 규제책을 쓰듯 말이다. 그러나 본질을 알지 못하면 변화된 상황에 대처하기 어렵다. 즉 주민자치를 실현하려 할 때 상황적인 여건으로 변화가 심하다 해도 본질인 '풀뿌리민주주의'에 어긋나지 않으면 변질될 가능성을 최소화한다.

예를 들어, 주민자치가 작동하는 현장에는 크게 세 가지가 있다. 즉 주민들의 역량에 따른 활동(사업, 사무 등)과 법제도, 그리고 지역의 사정(事情, situation)이다. 물론 기준은 「지방자치법」 혹은 「주민자치회 설치·운영 조례」 등 법이다. 그러나 우리나라 주민자치 관련 법(조례 포함)은 주민들의 뜻과 역량, 지역의 상태를 다 반영하지 못한다. 이럴 때 주민자치는 본질인 풀뿌리민주주의에 입각해야 한다.

풀뿌리민주주의(grass-roots democracy)는 '국민 개개인에게 골고루 영향을 미치는 대중적인 민주주의'로 1935년 미국 공화당의 전당대회에서 사용되기 시작한 말이다. 의회제에 의한 간접민주주의에 반대하는 시민운동·주민운동 등을 통해 직접 정치에 참여하는 참여민주주의가 여기에 해당된다. 한국에서는 민주주의 기초로서 지방자치를 의미하기도 한다(두산백과). 헌법재판소도 "지방자치는 국민자치를 지방적 범위 내에서 실현하는 것이므로 지방시정(施政)에 직접적인 관심과 이해관계가 있는 지방 주민으로 하여금 스스로 다스리게 한다면 자연히 민주주의가 육성·발전될 수 있다는 소위 '풀뿌리민주주의'를 그 이념적 배경으로 하고 있다."라고 판시했다.[23]

이처럼 풀뿌리민주주의는 주민들 저변에 파고들어 주민의 지지를 얻는 대중적인 민주주의로 기존의 엘리트 위주의 정치 행위 대신 지역에서 평범한 주민(평주민)들의 자율적인 참여를 통해 정치권력과 행정권력 획득보다는 자신의 이익을 대변하는 참여민주주의다. 물론 자신의 이익을 스스로 대변하기 위해서는 '의사결정에 참여할 수 있는 권력'을 획득해야 함은 당연하다. 즉 주민 개개인에게 골고루 영향

---

23) 헌법재판소, 「공직선거및선거부정방지법 제84조 위헌소원」, 99헌바28 전원재판부, 1999. 11. 25., 판결.

을 미치는 민주주의, 자신의 이익을 대변할 수 있는 민주주의, 즉 풀뿌리민주주의(지방자치)를 실현하기 위한 핵심 요소가 바로 '주민자치'인 것이다. 주민자치는 주민, 특히 평주민이 각성해서 자율적·자발적으로 자신의 이익을 적극 대변하기 위해 참여하는 정치적 원리인 것이다.

오늘날 일부 학자들은 대의민주주의 보완의 일환으로 시민사회 영역은 직접민주주의가 작동돼야 한다고 주장한다. 그리고 정부가 추진하는 '주민자치회'를 직접민주주의 실험장으로서 거론한다. 그러나 정부가 추진하는 주민자치회는 정치적 원리인 주민자치를 활성화하고자 하는 지역사회의 공동체·결사체 허브로서 '민민협의체'이자 행정과 주민들을 연결하는 '민관중간지원체'인 주민자치주체기구가 되기에는 거리가 있다.

주민자치는 우리 삶의 변화를 결정할 수 있는 법제도와 정책 의사결정권이 우리 생활 가까이로 오게 하는 자치분권의 조건이다, 이에 더해 직접민주주의는 시민사회 영역에서 대의민주주의를 보완함과 동시에 더욱 발전시키는 제도다. 풀뿌리민주주의인 지방자치가 정착되기 위해서는 민의 풀뿌리 자치조직들(지역 공동체·결사체 등)이 전국 각 지역사회에서 활발하게 작동돼야 한다는 것은 누구나 인정하는 바다.

주민자치가 껄끄러운 비민주주의

'민의 주민자치'는 비민주주의 사회일수록 껄끄러운 원리다. 고로 당연히 주민자치 원리를 실천하는 주민자치주체기구 또한 껄끄러운 존재다. 그렇다면 당연히 민주주의 사회, 특히 자유의 전제조건인 '자치를 존중하는 자유민주주의 사회는 '관의 주민자치(citizen autonomy)'든, '민의 주민자치(resident autonomy)'든 주민자치를 정치·사회질서로 받아들이는 사회다.

민주주의는 흔히 '국민에 의한 통치', '국민이 지배하는 정치형태'라고 말하며, 정치형태로서의 민주주의는 일반적으로 민주주의 국가를 의미한다. 민주주의 국가는 '국민주권'을 바탕으로 주권자인 국민이 정치에 참여하고, 정치 과정에 영향력을 행사한다. 주권자로서의 국민은 통치형태를 결정하고, 국가 통치권력을 형성하며, 형성된 권력을 바탕으로 국민을 통제하게 된다. 민주주의 국가에서는 이 모든 과정과 절차가 국민의 의사에 따라 이뤄진다는 것이다.[24]

그리고 현대로 넘어오면서 민주주의는 단순한 정치형태의 의미를 뛰어넘어 생활형태 또는 사회구성의 원리로 받아들여지게 된다. 『개념어사전(통합논술)』(2007)에 의하면, '생활원리로서의 민주주의'는 특정한 정치제도나 정치형태, 정치이념을 의미하는 것뿐만 아니라, 국민의 정신적 자세, 생활태도, 행동양식을 포함하는 '민주적 생활양식'을 의미한다. 첫째는 '관용'으로 상대방을 너그러이 이해하는 태도, 둘째는 사회와 국가 발전의 초석이 되는 '비판', 셋째는 각자의 처지를 서로 조정함으로써 대립관계를 해소하는 기술, 즉 '타협정신'을 말한다.

---

24) 한림학사, 『개념어사전(통합논술)』, 청서, 2007. 12. 15.

정부(입법기관 포함)형태와 그 구성원은 주권자인 국민 스스로 결정하고 선택한 것에 의해 이뤄진다(국민주권). '국민자치' 원리에 의하면 민주주의는 국민이 다스리고, 국민이 다스림을 받는 것이다. 이렇게 볼 때 풀뿌리민주주의인 지방자치제도도 국민자치 원리에 부합한 정치제도다. 따라서 지방자치단체 기관구성 형태 다양화는[25] 주권자인 주민 스스로 결정하고 선택해야 한다(주민주권). 물론 현재 지방자치단체장과 지방의원은 주민들이 스스로 결정하고 4년마다 선택하고 있다.

이렇듯 풀뿌리민주주의 한 요소인 주민자치는 지방자치단체 기관 창설로부터 권력과 권력 행사 과정에 이르기까지 광범위한 정치(생활정치 포함) 과정에 작동하는 원리다. 그러나 우리나라에서 모든 권력은 중앙에 집중돼 있어 생활정치가 패권정치와 정당정치에 예속돼 있는 실정이다. 그러다 보니 풀뿌리민주주의를 실현해 나가는 지방정부는 '국가와 민의 중간지원기관' 역할을 제대로 못하고 있고, 주권자인 주민은 주민 생활과 밀접한 정책 과정에 주체적으로 참여조차 힘든 상

---

25) 문재인 정부는 2018년 9월 11일 대통령소속 자치분권위원회를 통해 '자치분권 종합계획'을 발표했고, 종합계획 중 '자치단체 기관구성 형태 다양화 모델'은 인구규모, 재정상황 등 지역별 여건에 따라 제시했다. 기본방향은 ▶법적 근거 마련으로 다양한 모델을 마련해 ▶주민투표를 통해 주민이 선택할 수 있도록 하는 것이다. 문재인 정부가 밝힌 '기관구성 형태 다양화 모델(예시)'을 보면 다음과 같다. ① '단체장-의회형'은 감사·인사위원회 등 독립적 행정위원회를 설치하고, 직선단체장이 의회 동의를 받아 부단체장·행정위원장을 임명한다. ② '의회-행정관리자형'은 지방의회 의장이 단체장을 겸임하며, 의회에서 선임한 행정관리자에게 대부분의 행정권한을 위임한다. ③ '위원회형'은 주민직선 위원들로 의회를 구성, 각 위원이 집행부서의 국·과를 담당하는 형태로서 위원회는 집행기관과 의결기관 역할을 동시 수행하는 것이다.

황이다. 즉 민(民)의 욕구가 지방정부는 물론 중앙정부 정책에도 제대로 반영되지 못하는 구조인 것이다. 이런 구조하에서는 민의 뜻이 지방정부에서 중앙정부로 연계·연결되는 언로(言路: 소통길) 구조가 형성될 수 없다.

풀뿌리민주주의 주체는 주민

혹시 민심과 다른 정치나 정책을 펴고 있는 정치인이나 정책 결정자에게 "선거 때 약속한 민본에 입각한 정치나 정책을 펴는 게 어떠신지요."라고 건의하면 뭐라 할까? 아마 대체적으로 "그렇게 하고 있다." 혹은 "왜 까칠하게 구느냐 융통성 없게." 두 가지 반응으로 생각해 볼 수 있다. 당신은 전자인가 후자인가? 그런데 선거 때마다 후보자들은 왜 '주민이 주인'이라 외치는지 모를 일이다. 이런 현실은 정치적으로 민주화가 됐다는 대한민국의 아이러니다. 정치에 대한 정의를 이토록 혼란스럽게 하는 그 저의가 참 의심스럽다.

우리는 알고 있다. 국가 영역의 '관의 주민자치'(지방자치 요소 중 주민자치)조차 제대로 실시되지 않고 있다는 것을. 하물며 시민사회 영역의 주민자치가 제대로 작동되도록 하겠는가. 그래서일까? 주민자치를 통해 시민사회에 새로운 권력(의사결정 권한)을 생성해 보자는 외침은 무시되거나 심지어 변질(부패)시키는 현상이 나타나고 있다.

박원순 시장 당시 서울시는 주민자치회를 '서울시 마을공동체종합지원센터→ 구 주민자치사업단→ 동 지원관→ 주민자치회'라는 민간지원조직체계로 관리하려 했다. 물론 서울시는 이를 '마중물' 역할이라 했다. 또 정치권은 주민자치회를 활성화한다면서 관련 법률안을 국회에 발의해 놓은 상태다. 그러나 이들 법률안에 의한 주민자치회는 평주민이 의사결정 과정에 접근하기 어려운 구조다.

이 지점에서 의아한 것은, 국가대표(국회의원)들이 주민자치 관련 입법을 발의할 정도면, 왜 풀뿌리민주주의 실현 기관인 지방정부를 제도자치(단체자치)보다 주민자치에 의해 작동되도록 하는 것에는 소극적인가 하는 점이다. 현재 지방정부는 지방자치의 본질적 요소 중 주민자치보다 단체자치(제도자치) 제도에 치중돼 있다. 이는 풀뿌리민주주의인 지방자치가 중앙정치권에 예속(예: 공천권)돼 있어서 그렇고, 또한 지역정치(지역정당)가 법적으로 허용되지 않아, 지역의 '생활정치'가 중앙의 '정당·패권·이념 정치'에 묻혀서 그럴지도 모른다. 아니 정답은 그동안 선거 때마다 정치인들이 목 터져라 '지방자치', '자치분권', '주민주권', '국민과 주민이 주인'이라고 외쳐도 상황이 바뀌지 않는 것에 있을 것이다.

물론 지방단체장이나 지방의원들은 단체자치도 중요하지만, 풀뿌리민주주의를 실현하기 위한 핵심 요소인 주민자치가 더 중요함을 잘 알고 있다. 단지 주민자치가 후순위로 밀려 있을 뿐이다. 그 순위는 권력을 쥔 정부나 정당, 정치권에서 하향식으로 정해서다. 이를 아래로부터 올라가는 것이 선순위가 되게 하려면 민본을 원천으로 하는 주민자치가 제대로 작동해야 한다. 즉 주민의 삶과 직결된 정책과 입법 의사결정에 대한 불평등을 바로잡기 위해서는 주민이 '주체'로서 '민본(民本)'이 살아 있음을 알려 줘야 한다.

4

주민자치의 원천은 민본

민의 권력 생성과 주민자치 논쟁

앞서 말했듯 주민자치는 지역 주민들의 뜻에 의해 단체를 구성하고, 주민들의 뜻에 의해 운영되는 참여에 방점을 둔 정치적 원리다. 따라서 주민자치는 지향해야 할 하나의 목표인 동시에 그것을 성취하는 수단인 지방정부(지방의회 포함)와 주민자치주체기구는 이 목표와 수단을 서로 연결하는 일종의 틀이다.

특히 민의 영역, 즉 시민사회에서 주민자치를 하자는 것은 한마디로 새로운 민의 권력을 생성하자는 것이다. 그 권력은 자신의 삶을 좌우하는 생활정치 과정과 정책 과정에 참여해 의사결정을 내리는 것이다. 또 그 권력이 생성되고 실행되는 주민들의 자치기구(주민자치주체기구)를 구성하고, 그 자치기구를 주민들의 뜻에 의해 운영되도록 하는 것이 '민의 주민자치'다.

고로 중앙정부(국회 포함)와 지방정부(지방의회 포함)에 주민자치 제도와 이에 따른 정책 실행을 당당하게 요구하는 것은 지역의 주체인 주민들의 권한이다(주민주권). 민의 주민자치는 권력에 대한 보이지 않는 견제와 감시 기능 효과를 불러일으키고, 이에 따라 국가와 지역의 의사결정 대표자들(정치인, 특히 선출직 공무원들)에겐 무거운 임무로 다가갈 것이다.

그러다 보니 오늘날 한국 사회에서 주민자치는 논쟁적인 영역이다. 이 논쟁에서 주의할 것은, 다양한 이론과 정책의 개념적 혼동은 잠재적으로 강력한 설명력을 담지하고 있는 일련의 생각들을 잠식할 위험이 있다는 것이다. 그렇다고 주민자치 관련 지성(知性)[26]들을 공론장(public sphere)에 참가시켜 모두가 동의할 수 있는 보편적 합의를 이끌어 낼 수 있는 해법은 존재하지 않는다. 때문에 주민자치는 지역사회별로 역사성과 공간성을 지닌 구성원들이 현장성과 현실성에 맞는 주민자치 정책과 이론을 선택해서 추진할 수 있도록 할 필요가 있다.

그렇다면 대표자들이 풀뿌리민주주의인 '지방자치'라는 자동차를 안전하게 그리고 지속성 있게 운전하려면, 주민들이 원료를 충분히 주입해 줘야 한다. 그 원료는 바로 주민자치에 의한 '민본', 즉 '주민들

---

26) 지성(知性); 지각된 것을 정리하고 통일해, 이것을 바탕으로 새로운 인식을 낳게 하는 정신 작용을 말한다.(표준국어대사전)

의 합의된 뜻(이익)'이다. 또 그 민본을 형성하는 개체는 주민 개인의 뜻(개별이익)이고, 그 뜻은 지역별로 다를 것이며, 또 특정 지역이라도 주민마다 다 다를 것이다. 문제는 주민마다 다른 개별이익들을 어떻게 최대한 많이 충족시켜 합의된 뜻(공공이익)으로 만들 것이냐다, 즉 개인적 혹은 이기적 이익을 어떻게 공적 혹은 공공적 이익으로 이끌 것인가다.

풀뿌리민주주의는 주민 개개인에게 골고루 영향을 미치는 것이지만, '민의 권력'은 주민 '개개인의 뜻'으로 부여되는 것이 아니라 '합의된 뜻',[27] 즉 공의로 뭉쳐질 때 정당성을 획득하게 된다. 즉 이 민의 권력이 법제도로 부여돼 행사되면 '지역 발전과 주민 삶의 향상'에 동력이 되고, 민의 권력이 형성됐음에도 정책이 인정하지 않으면 항거로 표출될 수도 있다. 고로 민주적, 특히 참여민주적이고 숙의민주적 과정으로 생성된 민의 권력은 민심을 반영하며, 민심들이 뭉치면 민본이 되고, 이 '민본'은 국가와 지방정부(지방의회 포함)가 지향해야 할 하나의 목표인 동시에 그것을 성취하는 수단인 '주민자치의 원천'이다.

민본주의(민본사상·민본정치)

민본이라는 말은 『서경』 하서(夏書)에 있는 '민유방본(民惟邦本)'이라는 말에서 나온 것이다. "백성은 나라의 근본이니 근본이 견고하면 나라가 안녕하다."라는 것이다. 이는 우왕(禹王)의 훈계로서 우국경민(憂

---

27) '합의된'은 주민들이 옳다고 인정한 합의다.

國敬民)의 정신이 민본의 직접적인 계기로서 촉발된 것이다. 유교 경전 속에 나타난 민본의 개념 세 가지 특성을 보면 다음과 같다. 첫째, 정치적 주체로서의 민본이다. 맹자(孟子)는 천자의 자리가 "하늘이 준 것이요, 백성이 준 것이다."라고 함으로써 백성이 모든 정치 행위의 주체임을 나타냈다. 둘째, 정치적 객체로서의 민본이다. 이는 백성을 정치적 대상으로 삼는 것으로서 위민사상(爲民思想)은 백성을 정치적 대상으로 객체화한 내용이다. 셋째, 국가 구성요소로서의 민본이다. 맹자는 백성을 가장 존귀한 존재로 인식하고 군주를 가장 가볍게 평가했다(민귀군경설, 民貴君輕說).[28]

민본주의(民本主義)는 백성을 국가통치의 근본으로 삼는 것을 말한다. 고대 춘추전국 시대 이후로 유가사상에서는 민본주의를 국가통치의 근본으로 삼았다. 특히 맹자는 역성혁명사상을 주장, 군주가 군주답지 못해 백성을 살피지 못하면 교체돼야 한다고 강조했다. 우리나라에서도 고대 시대부터 백성들의 삶을 편히 하는 것이 국가 정책의 최우선 과제로 삼았다. 이렇게 고대로부터 내려오는 민본주의 이념은 현대사회에 이르러 인간의 존엄성과 가치의 이념으로 발전한 것이라 할 수 있다.[29]

민본사상(民本思想)은 민심(民心)을 근본으로 하는 사상으로 예로부터 우리에게는 '민심이 천심'이라는 의식이 잠재해 왔다. 이런 우리 민족의 민본적 토양은 만민을 널리 유익하게 하며, 합리적 교화로 세상

---

28) 『한민족문화대백과사전』, 「민본사상」, 한국학중앙연구원, 검색일 2021. 9. 28.
29) 『통합논술 개념어 사전』, 한림학사, 2007. 12. 15.

을 구제하려는 것으로 고조선의 '홍익인간' 이념과 '제세이화(濟世理化)'라는 단군왕검의 기본 입장에서도 엿보인다. 『조선사략(朝鮮史略)』 '단조기(檀朝紀)'에는 "나랏 사람들이 신인(神人)을 왕으로 추대하고 국호를 단(檀)이라 정했다."라고 했다. 이 표현은 오늘날 민주주의의 본보기로 우리 민족의 민본사상의 근원이라 할 수 있다. 이후 신라의 민주적 화백제도(和白制度)와 고구려의 태학(太學), 통일신라의 국학(國學), 고려의 국자감(國子監), 조선의 성균관(成均館) 등 국립대학을 통해 백성을 교화한 것도 모두 국가 발전과 중민(重民)·애민 의식에 입각한 국책이었다. 특히 조선의 세종은 '여민락(與民樂)'이라는 노래를 제작, 백성과 더불어 함께 즐기고자 했으며, 훈민정음을 반포해 백성들을 일깨우고자 했다는 점에서 위민 의식이 충만한 민본사상의 실천자라 할 수 있다.[30]

조선 중기 유학자이자 정치가인 이이(李珥, 1536~1584)는 "공론(公論)은 막을 수 없고, 공론이 막혀 민심이 흉흉해 뒤끓는 듯하다면 곧 붕괴될 것."이라고 경계했다. 이이에 의하면, '공론'은 민심에 의해 백성이 모두 옳다고 인정하는 것으로 곧 '국시(國是)'가 된다. 또 공론이 조정에 모아질 때 나라는 잘 다스려지지만, 만약 항간에 흩어져 있다면 나라는 어지러워질 것이며, 양쪽에도 없다면 나라는 망한다는 것이다. 즉 언로(言路)가 열리고 닫힘에 따라 국가의 흥망이 좌우된다는 것이다. 이는 민본사상의 핵심이다. 조선 후기 실학자인 정약용(丁若鏞,

---

30) 『한민족문화대백과사전』, 「민본사상」: 『두산백과』, 「민본정치」 검색일 2021. 9. 28.

1762~1836)은 "통치자가 백성을 위해 존재하는 것일 뿐, 백성이 통치자를 위해 있는 것이 아니다."라며 백성의 본래성과 근원성을 강조했다. 또 정약용은 "옛날에는 정치가 아래(民)에서 위(治者)로 향했다."고 주장하며, 정치의 급선무가 민본에 있음을 적극적인 원리로써 전개했다(한민족문화대백과사전: 두산백과).

민주주의와 민본주의

일반적으로 민주주의(民主主義, Democracy)는 서양, 민본주의(民本主義)는 동양의 정치이념으로 구분한다. 민주주의나 민본주의는 절대적이거나 만병통치약은 아니다. 둘 다 시대적 상황과 해당 국가(지역)에 따라 쓰임새(정의)가 달리 적용돼 왔다. 민주주의와 민본주의는 차이가 있다. 단순히 두 정치제도의 차이점을 말하면 다음과 같다.

우선 '책임' 측면에서 민주주의는 '국민에 의한 통치(국민주권)'로, 국민이 직접 선출한 대통령·국회의원·지방자치단체장·지방의원 등 정치인들의 정치 행위에 대해 국민들이 책임을 지는 것이 바로 민주주의다. 이 책임은 역으로 국민 누구나 대통령·국회의원·지방자치단체장·지방의원이 될 수 있고, 자신이 행한 정치에 책임을 지는 것이다. 즉 국민은 통치의 대상도 되지만, 통치자도 되는 '통치의 주체자'다. 반면, 민본주의는 왕이나 군주 등 통치자가 백성들의 행복과 삶을 고려해 정치를 하지만, 백성은 통치의 대상일 뿐 통치자가 될 수 없다. 즉 백성은 통치의 주체가 되지 않으므로 잘못된 통치자의 통치(정치) 행위에 대해 책임을 지지 않는다.

또 '시스템(권력 행사의 정당성)' 측면에서 민주주의는 자유 · 평등 권리 등 수평적 관계를 전제로 한다. 민주주의에서 권력은 국민(民)으로부터 나오며, 거기에서 권력 행사의 정당성을 갖는다. 반면, 민본주의는 수직적 · 계급적 · 신분제적 관계를 전제로 한다. 왕이나 귀족 지배층이 그 바탕인 백성(民)을 엄청 아끼고 사랑하지만, 백성은 언제까지나 피지배층일 뿐이며 지배층인 왕과 귀족이 될 수 없다. 즉 민본주의 지배층 권력 행사의 정당성은 세습이었지 민주주의처럼 권력이 민(民)으로부터 나오는 것이 아니다.

따라서 민본주의는 계급적 · 신분제적 전제이기 때문에 민주주의와 그 본질이 같다고 할 수 없다. 그러나 조선의 왕과 양반들은 '민유방본(民惟邦本)'[31]이란 말을 달고 다녔다. 민유방본은 조선 시대 부흥을 이끌었던 세종과 정조를 비롯 대다수 제왕들의 통치이념이자 리더십을 관통하는 정치사상으로 '백성이 근본'이라는 정신을 담고 있다. 그 핵심 덕목은 위민(爲民), 즉 백성을 위하는 것보다는 공경하고 두려워하는 경외(敬畏)에 있다.[32]

이처럼 민주주의와 민본주의 둘 다 국민(백성)을 위한 정치를 하지만, 민본주의는 정권을 잡은 세력의 자율적인 판단에 의해 이뤄지는 것이며, 민주주의는 국민들이 주권을 갖고 직접 정치에 참여하고 책임을 지는(국민의, 국민에 의한) 것이다. 따라서 민주주의가 현 시대의

---

31) '민유방본 본고방녕(民惟邦本 本固邦寧)'은 "백성을 가까이 친애할 것이나 하대해서는 안 된다. 백성이 나라의 근본이니 근본이 튼튼해야 나라가 편안하다"는 중국 우왕의 훈계로, 서경(書經) 하서(夏書)에 나오는 말이다. 민유방본의 줄임말이 '민본(民本)'이다.

32) 남문현, 『뉴시스』, 「데스크 창」 민유방본(民惟邦本)", 2013. 3. 13.

'자유와 평등'이라는 이념에 더 합당한 정치제도라고 할 수 있다.

민본주의와 주민주권

어쨌거나 조선에서 시대적 상황과 당시 정치인이나 학자(유학자, 성리학자, 실학자 등)들이 민본주의를 어떤 이유로 활용했든, 민본주의 밑바탕에 깔린 민본정신을 오늘날 우리네 민주주의 사회에 접목하고자 한다. 민본주의를 들먹이며 신분제·계급제에서 나오는 애민(愛民)·위민(爲民) 타령을 하려고 하는 것이 아니라, 민본의 활용보다 그 정신에 주목하고자 한다. 이에 덧붙이자면, 오늘날의 '위민'은 위에서 주어지는 수혜대상이 아닌, 민주주의의 핵심인 '국민의, 국민에 의한, 국민을 위한'[33] 것에 해당된다. 즉 통치 대상이 아닌 '통치 주체자'인 국민을 공경하고 경외하는 것이다.

따라서 민본주의는 백성을 근간으로 하는 정치이념으로 민(民)이 국가의 근본(本)이 된다는 뜻이다. 즉 민의 뜻을 받들어 인간의 존엄성을 바탕으로 민의 행복 증진을 위한 정치와 정책을 펼쳐야 한다는 이념이다. 그렇다면 정치나 정책을 펼칠 때마다 그 '민의 뜻'은 어떻게 알 수 있나. 4년마다 치러지는 선거를 통해서? 아니면 여론조사나 SNS의 검색어나 댓글을 통해서? 이 모두는 간접적인 것이며, 일반의지라기보다 개별적인 의지다.

---

33) "국민의, 국민에 의한, 국민을 위한 통치는 이 땅에서 사라지지 않을 것이다"(government of the people, by the people, for the people, shall not perish from the earth)라는 문구는 1863년 11월 19일, 게티즈버그 전투의 격전지였던 펜실베이니아 주 게티즈버그에서 열린 국립묘지 봉헌식에서 에이브러햄 링컨 미국 대통령이 한 연설이다.

다시 강조하지만 민본주의는 주권자가 누구인가라는 문제를 언급하기보다는 정치나 정책 결정을 '민의 의향'에 따라 결정한다는 사상이다. 그 '민들의 뜻', 즉 '민본'은 풀뿌리민주주의 핵심 요소인 주민자치의 원천이다. 주민자치는 지역의 권력이 모두 주민으로부터 나온다는 '주민주권'에 입각한 정치원리다. 주민주권에는 형식적인 것과 실질적인 것으로 살펴볼 수 있다.

'형식적 주민주권론'은 의사결정 능력이 없는 주민, 즉 추상적 주민 개념을 기초로 한다. 형식적 주민주권론 아래에서는 주민대표가 추상적 주민을 대신해 주민의 의사(意思)를 결정한다. 따라서 주민의 의사를 대신할 대의기구(지방자치단체, 지방의회)를 가질 수밖에 없다. 또 추상적 주민은 자치적인 활동 능력을 갖고 있지 않으므로, 주권을 행사할 수가 없다. 형식적 주민주권론에 의해 선출된 대표(지방자치단체장과 지방의원)에 대해서도 어떤 책임도 추궁할 수 없고, 선출된 대표는 주민으로부터 독립성을 갖게 된다.

'실질적 주민주권론'은 의사 능력과 주권 행사 능력이 있는 주민을 기초로 한다. 실질적 주민주권론에서는 주민이 자치적으로 어떤 문제든지 의사결정 능력이 있으며, 주민은 자치적으로 결정한 내용을 집행하기도 한다. 그러므로 주민은 자치적 결정을 집행하기 위해 집행자로서의 대표를 선출하고, 대표는 주민이 선택한 의사를 대리 집행하게 되는 것이다. 또 주민은 대표에게 명령적 위임을 하고 주민대표의 선택과 의사를 이후에 승인해 그 책임을 물을 수도 있다.

실질적 주민주권이 되기 위해서는 주민자치가 제대로 작동될 필요가 있다. 실질적 주민주권에서 '명령적 위임' 형태가 바로 주민이 옳다고 인정하는 '합의된 뜻', 즉 민본이고, 그 민본을 생성하기 위한 과정이 바로 주민자치 활동이며, 주민자치 활동의 방향과 수단을 결정하는 것 또한 민본이다. 풀뿌리 민주정치의 궁극적 주체는 주민이고, 민주주의 사회 주권자인 주민은 자기지배, 자기통치의 원리에 따라서 자신의 의사가 정치와 정책에 반영될 것을 원하고 있다. 그래서 선거 때마다 온 나라가 들썩이는 것이다.

따라서 주민의 의사가 정치와 정책 과정에 반영되는 것은 민주주의 사회에서의 가장 기본적인 참여의 한 방법이고, 풀뿌리민주주의 실현과제다. 그리고 풀뿌리민주주의 실현을 위해서는 주민자치 원리가 국가 영역의 지방정부(지방의회 포함)와 시민사회 영역의 주민자치주체기구에서 제대로 작동되도록 해야 한다. 특히 '관의 주민자치'가 제대로 작동되기 위해서는 그 원천인 '민본'을 알아야 하고, 민본을 알기 위해서는 '주민들의 뜻'을 생성하고 모으기 위한 '민의 주민자치'가 활성화돼야 한다. 즉 민의 주민자치가 선순위(보충성의 원칙)라는 것이다.

그리고 주민의 뜻을 생성하고 모으려면 관 주도가 아니라, 주민의 뜻에 의해 주민 스스로 구성한 주민자치주체기구를 자치적으로 운영해 민본을 형성해야 한다. 그 민본에 의해 정치와 정책의 의사결정이 되도록 말이다. 그리하여 정당하고 효율적인 정책 결정과 집행이 주민의 자발적 참여와 동의로부터 나오도록 말이다. 이런 과정에서 형성된 정책은 주민들로부터 지지를 받을 것이며, 주민들 스스로가 인정하고 실천할 수 있게 될 것이다.

앞서 말했지만, 다양한 주민들의 뜻들이 모여 합의된 공의가 민본이다. 이 민본에는 '차별'과 '틀림'이 없다. 따라서 민본을 원천으로 하는 주민자치 원리에는 근대 진보주의자들이 주장한 자유주의와 보수주의자들의 공동체주의, 그리고 오늘날 한국의 보수주의가 말하는 자유와 진보주의가 말하는 공동체 정신이 녹아 있다. 고로 주민자치 공론장에서는 민주주의는 물론 민본주의도 존중받아야 한다. 그리하여 시민적 주민들이 통치의 근본인 민본, 즉 공의를 만들어 정치와 정책에 반영시킬 수 있게 말이다. 그렇게 되면 우리가 선출한 통치자와 통치정부가 민본사상에 입각해 올바른 통치를 할 수 있지 않을까.

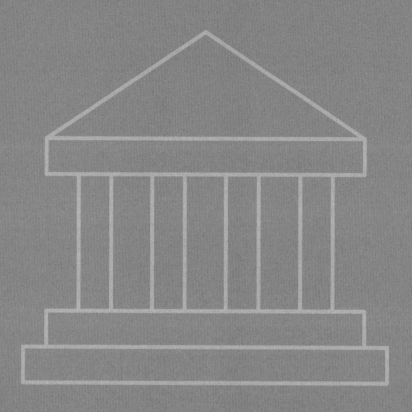

2부
—

엘리트 주민자치
(주민자치회를 위한 주민자치)

1

주민자치에 대한 비뚤어진 사랑

정부와 민간의 아이러니한 시각

2013년 6월 13일,[34] 우리나라 최초로 읍·면·동 '주민자치회' 시범실시 대상에 대한 워크숍이 개최된 이후, 문재인 정부는 물론 전국 지방자치단체, 시민조직에 이르기까지 주민자치란 용어에 사랑을 넘어 집착증세를 보이는 것 같다. 주민자치라고 표현할 수 있는 세상의 모든 파편까지 끌어모으고 있으니 말이다.

---

34) 박근혜 정부는 안행부(현 행안부) 주관으로 2013년 6월 13일, 천안시 서북구청에서 주민자치회 시범실시 지역에 선정된 31개 읍·면·동의 주민자치위원 및 공무원을 대상으로 워크숍을 열었다.

그런데 의아한 점은 주민자치에서 '주민'이란 용어 쓰임새가 쓰는 사람 위주라는 것이다. 우선 민간단체[35]는 주민자치회 구성원으로 지역의 행정 종사자와 지방의원은 배제하면서도 국회의원은 고문으로 추대했다(아시다시피 모두 주민이다). 또 정부는 주민들의 주민자치회 활동을 못 미더워하면서(심하게 말하면, 자치역량이 없다는) 마중물이란 미명하에 주민자치회를 관리하고, '자치'란 이름으로 자치체[36] 형태가 아닌 지역 공동체화(혹은 지역 결사체화)했다. 게다가 정부는 지역 특성을 존중하는 자치분권과 주민주권 정책을 국정과제로 삼고 있으면서도 주민자치회를 다원화·다양화보다는 동일화·획일화 형태를 띠었다.

운영 면에서도 일부 민간 측의 "정부가 주민자치회를 세금으로 지원은 하되 간섭과 관리는 안 된다."라는 주장과 "주민자치위원과 (회)장은 유능한 사람이 해야 하기 때문에 제한 없이 유임해야 한다."라는 요구[37]는 의구심을 불러일으킨다. 세금 지원은 관리를 동반하며, 주민자치는 주민 누구나 순환적으로 주민자치위원이나 장이 될 수 있는 기회의 평등을 조건으로 성립되기 때문이다.

이것이 '정부가 추진하는 주민자치회'나 '민간단체에서 주장하는

---

35) 여기서 '민간단체'라 하면, 2013년부터 민간 측 대표자임을 자처하며 전국 시·도 연합회 (시·도주민자치회) 구성에 전폭적인 지원을 해 온 한국주민자치중앙회, 그리고 창립된 전국 시·도주민자치회를 말함.

36) 자치체(自治體): 국가로부터 자치권이 부여된 공법상의 법인을 말한다. (국어사전)

37) 이런 요구는 지역 유지 혹은 관 밀착 (시민)단체를 위한, 즉 소위 마을권력을 거머쥔 자들만의 모임이 될 가능성이 크다는 오해를 낳는다.

주민자치회'의 아이러니한 모습이다. 여기서 민간은 크게 둘로 나뉜다. 하나는 민간단체를 포함한 주민자치(위원)회[38] 위원들과 관련 학자·전문가들이다. 학자·전문가도 크게 둘로 나뉘는데, 정부 정책을 옹호하는 부류와 주민자치 본질을 내세워 정부 정책에 비판적인(당연히 대안책도 제시하는) 부류로 나뉜다. 물론 주민자치위원들 중에서도 정부가 운영까지 해주길 바라는 주민자치위원들도 있다. 그러나 여기서는 주민자치위원과 학자·전문가 모두를 '민간'으로 분류하기로 한다.

이 같은 현상은 주민자치회를 둘러싼 헤게모니(hegemony) 쟁탈전 같다. 즉 민간에서는 정부가 제도적으로 행·재정을 투입해 주민자치회를 설치했지만, 주민자치회는 '주민'이 '자치'하는 '회'이기 때문에, 운영의 주체는 주민(앞서 말했듯 정의 모호)이 자치적으로 해야 한다는 논리다.

이에 반해 정부는 '주민은 주민자치회를 제대로 운영할 능력이 부족해 도움을 받아야 한다.'라며 일부 지역의 지방정부와 주민 사이에 중간지원조직인 시·군·구 주민자치사업단과 읍·면·동 자치지원관을 내세웠다. 그리고 그들로 하여금 주민자치회를 관리·운영하도록 했다. 예로 '서울특별시 총괄추진체계'에서 행정조직은 서울시 자치·마을부서(자치행정과)→ 자치구 자치·마을부서(자치행정과)→ 동사무소(자치팀)로 이어진다. 지원조직은 서울시 주민자치사업단→ 자치구 주민자치사업

---

38)　주민자치(위원)회는 주민자치위원회와 주민자치회를 말한다.

단→ 동 자치지원관→ 주민자치회로 구성돼 있다.[39] 정부와 서울시는 이 정책을 '주민자치회 활성화를 위한 마중물 역할'이라 한다. 어째 주객이 전도된 느낌이다.

주민자치회의 가치

마이클 샌델(2012) 의하면, 이 사회에는 돈으로 살 수 없는 것이 있는데 성, 입학자격, 노벨상, 환경, 사회봉사, 시민의 권리와 의무인 선거권 등이다. 이것들을 돈으로 사고팔면 인간으로서 지켜야 할 도덕적 가치가 밀려난다고 샌델은 주장한다.[40] 시장의 교환은 중립적인 것이 아니라, 재화의 가치를 변질시키게 된다는 것이다. 예를 들어 성적이 좋아서 아이들에게 돈을 주는 것은, 공부를 잘하게 하려는 본래 의도는 사라지고 아이들은 돈을 받기 위해 공부를 할 것이라는 것이다. 시장적 인센티브가 비시장적 인센티브를 밀어내기 때문이다. 만일 모든 것을 시장에서 교환 가능한 것으로 만들면 시민적 참여, 공

---

39) 행안부(2021. 3. 10)의 『2021년 주민자치형 공공서비스 구축사업』 '주민자치 분야 매뉴얼'에 따른 지원조직의 주요 역할(p. 26)을 보면, 서울시 주민자치사업단은 ▲서울형 주민자치회 사업 정책 협의 ▲서울형 주민자치회 사업 콘텐츠 생산 및 공유(매뉴얼 및 교육자료 등) ▲자치구 사업단 지원(교육 및 정례회의 등) ▲자치구 현장 지원(간담회 및 모니터링) ▲서울형 주민자치회 제도 개선연구 ▲사례 기록 등이다. 자치구 주민자치사업단은 ▲자치구 사업계획 협의(정책 제안) ▲동 자치지원관 업무 지원 ▲사업 실행단계별 지침 마련(동 현장 지원) ▲구 단위 주민자치 확산을 위한 홍보 및 공론화 활동 ▲구 단위 민간 협력 네트워크 구축 등이다. 동 자치지원관은 ▲주민자치 시범사업 및 주민자치회 운영 ▲사업 기획 및 현장 지원 ▲주민자치회 신규 구성 및 운영 촉진 ▲자치계획 수립 및 운영 기획 ▲주민자치회 협의·수탁·자치업무 기획 ▲주민자치 활성화·지속화 방안 연구 ▲주민자치회 회계 지원 등이다.

40) 마이클 샌델, 『돈으로 살 수 없는 것들』 안기순 역, 와이즈베리, 2012. 4. 24.

공성, 우정과 사랑, 명예 등 인간사회의 모든 덕목이 사라짐을 샌델은 경고한다.

같은 맥락에서 정부와 지방자치단체가 '이웃 간의 정, 나눔, 돌봄, 함께 더불어'를 내세워 추진하는 공동체사업이나, 주민참여권 보장을 통한 주민주권 강화[41] 차원에서 주민이 주도해 마을 의제를 수립하고, 주민이 직접 행정서비스 공동생산자로 활동할 수 있도록 하는 주민의 자치체인 '주민자치회'에 마중물을 내세우는 것은 좋지만, 지속성을 위한 수익사업과 효율성에만 초점을 맞추는 것은 다음과 같은 문제로 인해 재검토될 필요가 있다.

정부의 마중물이 지나치면 마을공동체나 주민자치회가 본래 취지를 벗어나 관료단체 혹은 영리집단이 될 수 있다. 즉 지속가능성을 위한 재원 마련 사업에 평가의 잣대를 강하게 들이밀면 시장경제 경쟁에 나설 수 있다는 것이다. 또 세금 투입이 임금과 사업에 집중되면, 그 자체가 사회봉사 명예직도 돈으로 대체할 수 있다는 신호를 우리 사회에 줄 염려가 있다. 게다가 주민자치회가 정당정치·패권정치 확장 도구로 이용되거나, 행정의 편의를 위한 동원수단으로 이용된다면, 그 자체가 사회봉사 명예직도 정치권력이나 행정권력의 도구로 인식될 우려도 있다.

그렇게 되면, 경제적 이익과 정치적 이득(권력)을 얻으려는 소위 (직업)선수들과 이익집단과 정당정치집단이 주민자치회를 좌우하려고

---

41) 행정안전부, 「보도자료」, "32년만의 지방자치법 전부개정 추진", 2020. 7. 3.

할 것이다. 이런 상황에서 우려되는 것은 주민들의 보람되고 즐거운 참여는 '동원', 자치 활동은 '노동', 명예는 '돈벌이 수단', 결사적 공동체는 '(진영)경쟁', 공공성은 '사적(특히 이기적인 사적)'으로의 변질이다. 따라서 세금 투입으로 효율성과 (행정)경쟁을 추구하기보다는 주민자치회를 설치·운영함에 있어 무엇이 정말로 소중한 것이고, 주민들이 주민자치회를 통해 어떻게 살아가고 싶은지에 대한 근본적인 질문에 우리 모두는 명쾌한 답변을 제시할 필요가 있다.

그렇다면, 이를 알아보기 위해 그동안 주민자치회를 둘러싸고 정부는 어떻게 추진해 왔고, 민간은 어떻게 움직여 왔는지 살펴볼 필요가 있다. 따라서 우선 2013년부터 현재까지 민간 차원에서 추진한 시·도 주민자치회(일종의 시·도 단위 연합회)와 관(정부)에서 정책으로 추진한 주민자치회, 그리고 국회의원들이 입법발의한 '주민자치(회) 관련 법률안'을 살펴보기로 하자. 그리고 이를 주민자치회 조직 자체를 활성화하기 위한 '엘리트적 시각'과 주민자치를 활성화하기 위한 '발칙한 시각'으로 구분했다. 이는 과연 주민자치회 설치·운영이 주민자치 본질에 부합하는 것인지, 아니면 그 가치를 변질시키는 것인지를 알아보고자 함이다. 우선 엘리트적 시각의 주민자치다.

2

엘리트 주민자치의 빛과 그림자

주민자치회 출범과 관에 의한 소외

주민자치 개념을 실현하겠다고 두 팔을 걷어붙인 정부와 민간 두 진영 측면에서 살펴보자. 우선 정부는 2013년 7월부터 시행된 '주민자치회 시범실시'를 기점으로, 민간에서는 2013년 7월 '한국주민자치중앙회' 창립을 기점으로 바야흐로 '주민자치회' 조직에 대한 관심과 기대가 폭발했다. 그리고 문재인 정부는 주민의 권한을 확대하는 '주민총회 개최'를 행안부의 '주민자치회 표준조례'에 명시했고, 21대 국회에는 4건의 주민자치 관련 제정 법률안이 발의[42]되기에 이르렀다.

---

42) 2021년 제21대 국회에 발의된 제정 법률안을 보면, 1월 29일 김영배 의원이 대표발의(19

발의된 법률안 중 김영배·이명수 의원은 향후 5년간 총비용으로 9조 2,439억 9,500만 원(연평균 1조 8,487억 7,900만 원) 추계했고, 김철민 의원은 '비용추계서 미첨부 사유서'에서 "현재로서는 제정안에 따라 설립될 주민자치회의 수, 각 주민자치회의 규모, 주민자치회에 대한 지원범위 등을 예측하기 어렵다."라고 밝혔다.

이렇게 오기까지의 과정을 살펴보자. 우리나라에서 마을공동체 정책을 광역 단위에서 2012년 처음으로 시도해 전국적으로 확산시킨 분은 박원순 전 서울시장이다. 당시 박 시장은 서울시 마을공동체 정책을 시작하며, 공동체 조직은 민간단체가 맡아야 한다며, 시민단체를 중심으로 '서울시마을공동체종합지원센터'를 설립했다.

당시 읍·면·동 단위에서 조례로 운영되며 민간단체 성격을 띤 것은 주민자치위원회가 유일했다. 그럼에도 박 시장은 기존 동 단위의 주민자치위원회를 관변단체이자 지역유지들의 친목모임이라 치부하며, 이후 구 단위의 주민자치협의회와 서울시 단위의 주민자치연합회가 결성됐음에도 외면했다. 주민자치위원회가 말 그대로 '주민'이 '자치'하는 '위원회'를 표방했음에도 말이다. 그렇다면 주민자치위원회가 관변단체인가, 민간단체인가? 물론 관의 시설(주민자치센터)과 관의 행·재정 지원을 받기 때문에 관변단체로 볼 수도 있다. 이런 논리라

인)한 「주민자치 기본법안」(의안번호 7787)은 향후 5년간 비용추계 총 9조 2,439억 9,500만 원, 2월 9일 이명수 의원이 대표발의(12인)한 「주민자치회 설치 및 운영에 관한 법률안」(의안번호 8048)은 향후 5년간 비용추계 총 9조 2,439억 9,500만 원, 3월 8일 김두관 의원이 대표발의(46인)한 「주민자치회 설립 및 운영에 관한 법률안」(의안번호 8620)은 비용추계서 미첨부, 3월 8일 김철민 의원이 대표발의(13인)한 「주민자치회 설치 및 운영에 관한 법률안」(의안번호 8632)은 비용추계서 미첨부 사유서 제출 등 4건이다.

면 관으로부터 행정과 재정 지원을 받는 중간지원조직 또한 관변단체다.

그리고 기존 주민자치위원회나 여타 민간단체가 하던 활동을 '마을공동체'라는 명목하에 주민들의 마을 활동(예: 꽃밭 가꾸기 등)에 3명 이상만 모이면 서울시는 마을공동체종합지원센터를 통해 재정적 지원을 별도로 했다. 이에 따라 서울시는 주민자치위원회를 거의 배제하다시피 했고, 마을공동체에 행·재정 지원을 쏟아붓는 동안 주민자치위원회는 거의 방치하다시피 했다. 이때 마을공동체종합지원센터는 민간단체가 아닌 서울시의 관리와 재정으로 운영되는 관변단체라는 의견이 있었지만, 이들은 자신들이 시민단체이기 때문에 민간단체임을 주장했다.

서울시의 이런 마을공동체 정책은 전국적으로 확산됐다. 따라서 전국적으로 주민자치(위원)회보다는 마을공동체에 행·재정을 전폭 지원했다. 시·도는 물론 시·군·구 행정조직에 마을공동체 관련 '과'나 '팀'이 생길 정도였다. 그리고 시·도는 물론 고양시처럼 대도시에 마을공동체를 중심으로 중간지원조직이 신설되고, 주민자치(위원)회는 그 중간조직지원의 관리 대상이 됐다.

한국주민자치중앙회 등장에 주민자치 리더들 환호

그동안 지역에서 활발한 활동을 하고 있던 주민자치위원 리더들(위원장, 협의회장 등)은 상대적 박탈감에 불만이 고조되기 시작했다. 이때 민간에서 등장한 것이 (사)한국자치학회 전상직 회장이 결성한 '한국

주민자치중앙회'다. 전상직 회장은 관의 도움 없이(일부 지역에서는 관의 방해도 일어났음) 순수 자비로 2012년 후반 서울시부터 2018년 대전광역시까지 전국 '시·도 주민자치회(일종의 광역 단위 주민자치연합회 성격)'를 창립했다.[43] 정보와 지원에 목말라 하던 주민자치(위원)회 리더들이 폭발적 반응을 보이며 모여든 것은 당연지사였다. 이어 한국주민자치중앙회는 2019년 4월부터는 전직 주민자치위원들의 경험을 중시해 각 시·도에 '주민자치 원로회의'와 '주민자치 여성회의'도 출범시켰다.

특히 한국주민자치중앙회의 이런 활동은 주민자치회 시범실시 초기부터 수년간 별 관심을 안 보이던 주민들과 정치권에 일정 부분 도화선이 됐다. 게다가 정부 지원 없이 순수 자비로 전국을 다니며 주민자치위원들과 자치단체장들에게 주민자치의 중요성과 필요성을 고취시키는 등 주민자치 활성화에 큰 공을 세웠다. 이런 연유로 제20대 국회에서는 이학재 의원(2020. 1. 2.), 제21대 국회에서는 김두관 의원(2021. 3. 8.)이 한국주민자치중앙회 자료를 토대로 「주민자치회 설립 및 운영에 관한 법률안」을 대표발의 하기에 이르렀다.

---

43) (사)한국자치학회가 지원한 기운데 2012년 9월 25일 서울주민자치회, 2013년 7월 15일 한국주민자치중앙회가 창립됐다. 그리고 한국자치학회와 한국주민자치중앙회 도움으로 창립된 시·도주민자치회는 2013년 11월 7일 경기도주민자치회, 2013년 11월 18일 강원도주민자치회, 2013년 11월 26일 부산광역시주민자치회, 2013년 12월 23일 울산광역시주민자치회, 2014년 1월 16일 전라북도주민자치회, 2014년 2월 14일 전라남도주민자치회, 2014년 2월 28일 충청북도주민자치회, 2014년 3월 3일 경상남도주민자치회, 2014년 11월 17일 광주광역시주민자치회, 2015년 4월 29일 경상북도주민자치회, 2015년 11월 10일 충청남도주민자치회, 2018년 10월 18일에는 대전광역시주민자치회가 창립됐다.

그러나 한국자치학회와 한국주민자치중앙회가 결성한 시·도 주민자치회는 현역 주민자치위원 임원들을 주축으로 국회의원을 고문, 교수를 자문위원과 공동회장으로 추대했다. 반면, 공무원과 지방의원은 주민이 아닌 주민자치회를 관치화시키는 주범으로 몰면서 국회의원이 고문인 것은 널리 홍보했다. 즉 주민에 대한 정의가 명확하지 못했고, 든든한 지원군이 돼야 할 지방공무원과 지방의원을 멀리했다.

게다가 민간 대표임을 자처하는 한국주민자치중앙회는 정부가 구축한 주민자치위원회나 주민자치회 위원들을 조직 구성원으로 내세우다 보니 한계가 있었다. 사실 주민자치위원회나 주민자치회는 정부가 제도로 설치하고, 지역 주민들이 제도하에서 운영하는 조직으로 (정부의 관리를 받는) 민간조직인 한국주민자치중앙회의 조직이 될 수는 없었다. 단지 지원단체로서 활동할 수 있을 뿐이다. 그럼에도 정부가 구축한 주민자치회에 기대다 보니 그 틀을 벗어나지 못했다. 즉 이론에 근거한 주민자치회 존재 개념 제시나 독자적인 모델, 정부 안에 대한 명확한 대안 모델을 제시하지 못했다.

아쉬운 것은 한국주민자치중앙회 스스로 설치·운영 모델을 지역마다(혹은 특정 지역) 제시해 지방자치단체나 정부가 받아들이도록 하거나, 혹은 그 모델에 대해 주민들이 동의해 민간조직(명칭을 '주민자치회'라고 하든, 다른 이름으로 하든)을 구성했으면, 정부·지방자치단체와 선의의 경쟁 관계 속에 주민자치회는 더 발전했을 것이다. 그럼에도 한국주민자치중앙회가 보여 준 왕성한 활동은 정부(지방자치단체 포함)의 주민자치 관련 정책에 대한 견제와 감시, 그리고 촉진 역할을 상당부분 한 것으로 보인다.

한편 2017년 박원순 서울시장은 '서울형 주민자치회 시범사업'[44]을 실시한다면서 마을공동체와 연대시켰다. 아이러니한 것은 관변단체와 지역유지 모임이라고 치부했던 그 주민자치위원회를 개편 확대(25명에서 50명으로)하면서 마을공동체와 마을계획단 구성원을 포함시켜 '서울형 주민자치회'로 만든 것이다.

이처럼 정부·지방자치단체의 지나친 관리와 자발적인 민간단체의 부재로 인해 주민들 스스로 주민자치회를 구성·설치한 곳이 전국에 단 한 곳도 없을 정도다. 여기서 우리가 명심해야 할 것은 다음과 같다. 주민자치가 지방자치의 한 유형이든, 주민자치회를 설치·운영하는 유형이든, 주민자치가 '주민주권' 차원에서 실행되는 것이라면, 주민의 권리인 주민주권을 타인에게 위탁하거나 특정 집단이 점유하는 것은 우리 사회와 주민의 품위를 손상시키고 잘못된 방식으로 가치를 평가하는 행위라는 것이다. 또 주민자치 활동(봉사, 명예)이 주민의 의무라면, 그것은 특정 집단의 것이 아닌 공공의 책임이다.

---

44) '서울형 주민자치회'는 서울시의 대표적 복지·자치 사업인 '찾아가는 동주민센터' 마을공동체 및 주민자치 활성화 사업의 하나로 2017년 4개 자치구(성동, 성북, 도봉, 금천) 26개 동에서 시범시행을 시작했다(서울시, 2018년 11월 19일자 「서울형 주민자치회' 1년 ……」 보도자료). 또 중간지원조직인 구별 사업단과 동별 자치지원관이 구성·배치됐고, 「서울특별시 주민자치 활성화 지원에 관한 조례」(서울특별시조례 제7641호)가 2020년 7월 16일 제정됐다.

3

관의 멸사봉공滅私奉公 주민자치

주민자치회 법적 권한과 과잉 입법화

「지방자치분권 및 지방행정체제개편에 관한 특별법」(약칭: 지방분권법) 제27~29조에 명시된 '읍·면·동 주민자치회 설치·운영 방안'은 풀뿌리자치 활성화와 민주적 참여의식 고양을 위해 주민의 지역에 대한 소속감 부여 및 주민 화합과 지역 발전을 위한 자발적인 노력을 확대하기 위해 마련됐다. 또 지역 내 관변단체, 민간단체, 사회단체, 직능단체 등과의 연계 구축과 지방자치단체와 주민 간의 유기적인 협력 관계를 확대해 현장 중심의 행정서비스를 공급하기 위해 추진됐다.

정부(주무부서: 행정안전부)는 2013년 7월부터 주민자치회 시범실시를 통해 주민자치위원 위촉을 기존 읍·면·동장에서 자치단체장이 하도록 격상시켰다. 이는 자문기구에 머물러 있던 주민자치위원회를 행정 하부기관인 읍·면·동에서 구성한다는 모순을 해소하겠다는 것이다. 또 주민자치회는 2017년 7월부터 마을계획 구성과 주민총회를 개최하며, 간사 선임 및 사무국 설치, 법인화, 주민세 상당액 지원도 받게 됐다.

특히 2013년 7월 주민자치회 시범실시를 추진하면서 밝힌 주민자치회 권한을 보면, 최소 읍·면·동과 '협의·심의'(협력형)부터 최대 '지휘·감독'(주민조직형) 권한까지 갖도록 돼 있었다. 여기에 읍·면·동 행정기능인 국민기초수급자 관리·증명서 발급, 차상위층 급여 지급 등과 지방자치단체가 위임·위탁 가능한 사무인 주차장 관리·요금 징수, 해수욕장 등 마을 휴양지 관리, 향토유적·문화재 관련 업무 등을 수행하게 된다면, 그 위상은 여타 지역 공동체·결사체와는 비교할 수 없을 정도로 높아진다.

이 지점에서 심히 우려되는 것은, 현재 주민자치회를 놓고 벌어지고 있는 국가 영역에서의 과도한 권한 부여 가능성이다. 이로 인해 지역 공동체·결사체는 차치하고, 지방의회를 능가하는 '옥상옥'으로서의 주민자치회를 바라보는 시각이 높아지고 있는 것이 현실이다. 이는 공적으로 주민자치회를 둘러싼 정부 정책이나 법제화를 추진하는 국회의원들에 기인한다. 국가대표인 국회의원들이나 중앙부처가 지역사회 (생활)정치·사회질서인 주민자치 패러다임(paradigm)에 적극 관심을 보이는 것은 반가운 일이지만, 이는 주민들이 자율적으로 운영하도록 하는 지원책에 머물러야지 직접 관이 관여하게끔 프레임을 짠다면, 이는 심히 우려되는 상황이다.

우선 「지방분권법」에 주민자치회는 '주민으로 구성'된다고 규정돼 있지만, 행정안전부의 「주민자치회 표준조례 개정안」(개정 2020. 4. 22.) 제2조(정의)에서 "주민자치회 위원"은 주민을 대표하는 주민자치회 구성원"이라고 규정해, 지방의원들과 지역의 대표권을 놓고 갈등을 부추겼다. '주민의 대표'라는 용어에는 자칫, 주민자치회를 지역 엘리트 층(지역 권력층)으로 구성된 대의제 형태로 관료화될 가능성을 함의(含意)하고 있기 때문이다.

또 김영배 국회의원이 대표발의한 「주민자치 기본법안」(2021. 1. 29.) 을 보면, 주민에게 권리에 따른 의무[45]는 모호하고, 주민총회 권한[46] 과 주민자치회 권한[47]은 막강하게 부여한 것을 들 수 있다. 게다가 주

---

45) 제2조(기본원칙) ① 주민의 풀뿌리자치 활동은 궁극적으로 지역사회 문제 해결 및 지역 발전에 기여해야 한다. 제8조(주민의 권리와 의무) ② 모든 주민은 주민자치의 중요성을 인식하고 주민자치 활성화를 위해 적극적으로 참여해야 한다.

46) 제9조(주민총회) ① 읍·면·동 주민의 최고 의사결정기구로 주민총회를 둔다. ⑤ 1. 읍·면·동 주민자치계획, 시행계획 승인, 2. 읍·면·동 자치규약 제·개정 승인, 5. 읍·면·동 주민투표, 조례 개폐 청구, 감사 청구 결정, 6. 읍·면·동 예산 편성, 읍·면·동 행정사무 평가 사항 심의, 7. 읍·면·동 주요 정책사업 사전 심의, 8. 읍·면·동 국공유재산 활용 계획 심의, 9. 「지방세법」 제78조에 따른 읍·면·동 주민세율(개인분) 제안 의결 등.

47) 제10조(주민자치회) ① 주민자치회는 읍·면·동 풀뿌리자치 활성화를 위한 집행기구로서 제7조의 주민으로 구성하며 법인으로 한다. ③ 1. 주민총회로부터 위임된 사항, 2. 주민총회 운영 및 결정사항의 수행, 4. 목적 범위 내에서의 수익사업, 8. 그 밖에 필요하다고 판단되는 읍·면·동 주민자치 사무 등. ④ 주민자치회는 그 기능을 수행하기 위하여 필요한 경우 해당 읍·면·동의 장 및 읍·면·동 관계 공무원에게 주민총회 출석을 요구할 수 있고, 중앙행정기관, 지방자치단체 소속의 관계 공무원이나 관계 전문가를 주민총회 및 회의에 참석하게 하여 의견을 듣거나, 관계기관·법인·단체 등에 대하여 자료

민자치회에 부여된 법률 권한도 「주민자치 기본법안」 제6조(다른 법률과의 관계) 제1항에서 "주민자치회와 관련해 다른 법률에 특별한 규정이 있는 경우를 제외하고는 이 법이 정한 바에 따른다."라고 했다.

특히 제18조(국가 및 지방자치단체의 지원 사항) 제1항에서 "국가는 주민자치 활성화를 위해 다음 각 호의 사항을 적극적으로 시행해야 한다. 이에 관한 구체적인 사항은 대통령령으로 정한다."라고 규정했다. 이 법률안에 따르면, 지역사회 문제를 다루는 주민자치회가 주민들이 자발적으로 해결하고 활성화해야 할 문제를 훌쩍 뛰어넘어 대통령이 살펴야 할 것이 됐다. 다시 말해 김영배 국회의원이 입법발의한 주민자치회는 막강한 조직이라는 것이다. 이는 자칫 주민자치회가 공론장과 주민 화합을 위한 주민의 자치기구가 아닌 국가 차원의 권력기구로 비춰져 이익결사체와 패권 · 이념 · 정당 정치적 단체들이 침투할 가능성을 열어 놓은 것이다.

이에 대해 반대론자들은 "주민자치회 운영에 관이 개입하도록 하는 것은 주민의 자치가 아니다."라고 말할 것이다. 하지만 우리가 알아야 할 것은 일부 정치 행위는 스스로 만족하는 욕구에 판단을 가하지

및 의견의 제출 등 필요한 협조를 요청할 수 있다. ⑤ 주민자치회는 주민 생활과 밀접한 관련이 있는 읍 · 면 · 동 행정기능 및 예산 수립에 관해 해당 읍 · 면 · 동의 장에게 협의를 요구할 수 있다. ⑥ 주민자치회는 관계 중앙행정기관(그 소속기관 및 책임운영기관을 포함한다)의 장, 지방자치단체의 장(「지방교육자치에 관한 법률」 제18조에 따른 교육감을 포함한다)에게 제7조에 해당하는 자의 성명, 「주민등록법」 제7조의2제1항에 따른 주민등록번호, 주소 및 전화번호(휴대전화번호를 포함한다) 등 인적사항 정보의 제공을 요청하여 활용할 수 있으며, 요청을 받은 자는 이에 따라야 한다. 제13조(주민자치회 재정) ① 국가와 지방자치단체는 주민자치회 운영에 필요한 경비의 전부 또는 일부를 지원해야 한다.

않는다는 사실이다. 그 정치 행위에 대한 판단은 애석하게도 4년마다 한 번 (당신을 포함한) 유권자들이 할 뿐이다. 당신이 주민자치 활성화를 위해 활동을 하는 주민자치회 위원이라면, 시민사회 문제에 대한 의사결정권을 국가 영역에서 (국가 차원의 시선으로) 일방적으로 이래라저래라 하는 것에 당혹스러울지도 모르겠다.

명예보다 돈·권력 우위인 주민자치 정책

이상과 같이 된다면, 주민자치회는 자치단체의 하부행정기관도 주민의 자치기구도 아닌, 이를 뛰어넘는 막강 조직으로 변모할 것으로 예상된다. 이 막강 주민자치회가 제대로 작동되기 위해서는 상당한 예산 투입과 행정 지원 등이 뒷받침돼야 한다. 그러나 현실적으로 제한된 예산, 공무원 수 증가의 한계성(어공[48]의 정규직화 논란이 있기는 하지만), 행정의 깔때기식(국가시·도·시·군·구·읍·면·동·통·리) 시스템, 직업선수들의 등장, 주민들의 참여 무관심(비자발적) 등은 선결과제다. 이중 행정체계 관리를 벗어난(혹은 초월한) 권한, 소위 무소불위의 권한은 주민들의 '비자발적 무관심'이 '자발적 배제'로 돌아서고, 관에 의한 주민자치에 대한 혐오감을 불러일으키는 계기가 될 수도 있으므로, 이는 경계해야 할 사항이다.

주민들이 주민자치회 위원 공모에 지원하게 하거나, 주민자치회 활동에 참여하도록 하며, 행정과의 협업에 함께하도록 하려면 인센티

---

48) 어공: '어쩌다 공무원'의 준말.

브(incentive)가 필요하다. 예를 들어, 현재 민의 주민자치 활동에 핵심인 주민자치회 운영에 있어 두 가지 인센티브를 갖고 있다. 물론 '봉사'[49]라는 또 하나의 인센티브가 있지만, 이는 '공동체 감각'이다. 국가나 사회 또는 남을 위해 자신을 돌보지 않고 힘바쳐 애쓰는 봉사(奉仕)는 타인의 평가보다 자신의 주관에 따라 남에게 영향을 미침으로써 '내가 누군가에게 도움이 된다.'고 느끼는 뿌듯함이다. 이는 자신의 가치를 실감하게 되는 '공동체 감각(공동체 정신)이다.[50] 그리고 자율(autonomy)로서의 '자유'로운 행동은 주어진 목적을 위한 최선의 수단을 선택하는 것이 아니라, 목적 그 자체를 선택하는 것이고,[51] 자치(=자기통치)는 스스로 부여한 법칙대로 행동하기도 하지만 통제를 받기도 한다는 것이다. 여기서는 '임금'과 '명예'만 비교하기로 한다. 물론 봉사도 명예로운 행위다.

인센티브 중 하나는 지방정부가 지급하는 '임금'(예: 서울시의 동 자치지원관, 구 자치사업단 단장과 단원 등 인건비)이고,[52] 다른 하나는 법률적으로

---

49) 「지방자치분권 및 지방행정체제개편에 관한 특별법」(약칭: 지방분권법) 제29조(주민자치회의 구성 등) ② 제1항에 따라 위촉된 위원은 그 직무를 수행할 때에는 지역사회에 대한 봉사자로서 정치적 중립을 지켜야 하며 권한을 남용해서는 아니 된다.

50) 기시미 이치로·고가후미타케, 『미움받을 용기』, 전경아 역, 인플루엔셜, 2020. 10. 12. p.236.

51) 마이클 샌델, 『정의란 무엇인가』, 김명철 역, 와이즈베리, 2019. 9. 20., P.170.

52) 예를 들면, 서울시의 동 자치지원관, 구 자치사업단 단장과 단원에게는 임금(급여)이 지급된다. 서울시 은평구(2018)의 경우, '구 시범사업단 운영' 예산을 보면, 구 사업단 2인의 (단장+단원) 연봉은 9,000만 원(5,000만 원 + 4,000만 원), 운영비는 700만 원, 사업비는 7,000만 원이다. '동 주민자치회 운영비'는 동 지원관 연봉 4,000만 원, 주민자치회 사업비 연 1,000만 원, 간사 지원비 연 1,200만 원이다. (성성식, 『주민자치』, "서울형 주민자치회 토론", 2018년 7월호, pp.24-25.)
　　또 서울특별시의회는 2022년 '서울형 주민자치회' 인건비 예산을 2021년에 준하는 125

부여하는 '명예'(주민자치회 위원은 명예직)다.[53] 여기서 중간지원조직에 부여된 직책에는 지방정부가 지급하는 임금에 더해 권력(행정력)과 재정 지원(공모사업 관리·운영)이란 뒷배경이 일정 포함돼 있음을 부인할 수 없다.

그렇다면 임금(급여)과 명예의 차이는 무엇일까? '명예'는 주민자치회 위원들이 주민자치회를 운영하고 지역을 위해 봉사하는 대가다. 지방자치단체가 지급하는 '임금'은 주민자치회 방향과 운영을 관리하고, 위원들을 교육시키는 대가다.[54] 이를 보면, 임금이 명예보다 상위에 있다고 볼 수 있다. 그러나 임금이 명예보다 더 가치 있다고 생각하는 사람은 드물 것이다. 임금은 노동력이란 상품의 대가로 받는 것으로 노동자의 인신이나 인격까지 포함한 것이 아니다.

인신이나 인격은 명예[55]에 관한 것이다. 게다가 명예는 도덕적 가치(정의, 희생, 선, 용기, 정직, 배려 등)까지 포함한다. 그러므로 명예직인 주민자치회 위원이란 자리와 그런 위원들로 구성된 주민자치회 가치(주민자치회 활동 가치)는 돈으로 사거나 통제할 수 없는 것이다. 임금은 지방자치단체가 주는 반면, 명예는 정부·지방자치단체와 법률(조례)이

억 원으로 의결했다. (서울특별시의회, 「보도자료」, "2022년 행정자치위원회 소관 실국 예산안 예비심사 수정안 의결", 2021. 12. 2.)

53)　행정안전부의 「주민자치회 시범실시 표준조례」 제19조(위원의 대우)를 보면 "주민자치회의 위원은 명예직으로 한다."라고 규정돼 있어 위원에게는 명예가 부여된다.

54)　행정안전부, 『2021년 주민자치형 공공서비스 구축사업』, "주민자치 분야 매뉴얼", 2021. 3. 10.

55)　국어사전에서 '명예'는 세상에서 훌륭하다고 인정되는 이름이나 자랑. 또는 그런 존엄이나 품위, 어떤 사람의 공로나 권위를 높이 기리어 특별히 수여하는 칭호를 말한다.

부여하기도 하지만, 궁극적으로 주민들이 인정해야 성립하는 것이다. 때문에 돈이 명예를 밀어내는 주민자치 정책이나 법제도는 경계해야 한다. 정부가 명예를 돈으로 살 수 있도록 한다면, 그것은 주민자치회의 품격과 가치를 떨어뜨리는 것이고 본질을 변질시켜 부패시킨다.

돈으로 살 수 없는 주민자치

주민자치는 '민심을 근본으로 하는 정치사상'인 민본주의(民本主義)와 일맥상통한다. 민심을 얻기 위해 시장 논리를 들이대고, 비시장 규범이 지배하는 주민자치회에 시장이 팽창하도록 한다면, 주민들은 주민자치를 시장 논리로 이해해서 '명예'라는 인센티브가 역풍을 맞을 것이다. 정부가 추진하는 주민자치회가 시장 규범에 의해 운영된다면, 그 조직은 주민들 단합이나 영리를 위해 끼리끼리 모여 만든 '사익추구 주민자치회'가 될 수는 있어도 '공공이익을 추구하는 주민자치 주체기구'는 될 수 없다.

주민자치주체기구는 공공성을 추구하는 비시장 규범의 지배를 받는다. 이런 비시장 규범의 지배를 받는 사회적 관행에 '가격효과원칙', 즉 '급여가 많을수록 우수한 인력이 몰리거나, 세금이 많이 투입될수록 주민자치회 활동이 더 효율적이라는 논리'가 적용될 때에는 신뢰성이 떨어진다. 차라리 급여가 많을수록 우수한 인력이 몰려들면 그래도 수긍은 가지만, 오히려 전문성을 지닌 봉사인력보다 직업선수들이 더 많이 몰려들 수 있는 것이 현실이다. 어쨌거나 돈을 위한 주민자치 활동이나, 돈으로 사는 정(情)은 본래의 가치가 사라지거나 변질된다.

물론 주민자치회 활성화를 위해 중간지원조직에 지방정부가 급여를 지급하는 것은 정당하다는 논리에 대해 부인할 생각은 없다. 단 문제는 주민자치회에 부여된 '봉사', '명예'라는 가치다. 주민자치회에 시장 규범이 침투한다는 비판을 잠재우려면, 법률에 봉사나 명예라는 규정을 바꾸거나, 아니면 민관중간지원 역할을 주민자치협의회[56]에 부여하면 될 것이다. 그러면 중간지원조직에 지원하는 예산을 절약하거나 시민사회의 다른 분야에 사용할 수 있을 것이다.

주민자치는 돈으로 살 수 없더라도 주민자치 활동은 어느 정도 살수 있다. 예를 들어 지역경제 활성화 측면에서 마을기업, 사회적 기업, 협동조합 등을 통한 자체 수익사업 등이다. 여기서 생각해봐야 할 것은, 공의로 형성된 민본을 바탕으로 사회질서를 유지하려는 측면에서 주민자치를 유지하는 사회적 관행은 어떤 규범·태도·미덕으로 구성돼 있다는 것이다. 하지만 이런 관행을 상품화하면 공감, 관용, 배려, 이타심, 사랑, 봉사, 희생 같은 규범의 자리에 시장경쟁 가치가 들어서게 된다.

그러므로 우리가 주민자치 관점에서 조심해야 할 것이 있다. 즉 '공공 봉사정신에 기여한 공로'로 부여되는 명예를 뒤로하고, '지방자치단체의 급여를 통한 활동과 관의 행·재정 지원'으로 만들어지는 것에 명예라는 타이틀을 씌워 준다면, 주민자치의 소중한 가치 구별을 모호하게 만들 수 있다는 점이다.

---

56) 시·군·구 단위의 주민자치회들의 협의회.

3부

발칙한 주민자치
(주민을 위한 주민자치)

1

움트는 민의 주민자치

지역사회 역량 결집시킬 기틀

한국주민자치중앙회와 각 광역시·도 주민자치회는 창립총회를 통해 "특별한 지도자의 시혜로 주어지는 주민자치보다는 스스로 '주민자치의 틀거리'를 구축하고자 창립했다."라고 선언했다. 따라서 한국주민자치중앙회는 전국 광역시·도 주민자치회 대표회장 및 공동회장, 광역시·도 주민자치회는 주민자치협의회장을 중심으로 지역 리더와 정책·학술·사업의 전문가들이 합심해 주민자치 실질화에 필요한 일들을 할 수 있도록 구성했다고 밝혔다.

이를 통해 전국 및 광역 단위의 주민자치회는 정치·행정·학술·정책 역량과 주민의 역량이 시너지를 발휘할 수 있도록 마중물 역할을 해 마을과 기초 시·군·구, 그리고 광역 시·도, 더 나아가 대한민국의 미래 성장 동력의 일원이 된다는 야심찬 계획을 밝힌 바 있다. 게다가 주민자치위원 활동을 경험한 전직 주민자치협의회장과 위원장(회장)들을 중심으로 '한국 주민자치 원로회의' 창립(2019. 4. 27.)에 이어 각 광역시·도 주민자치 원로회의도 출범했다. 창립식에서 원로들은 "축적된 경험을 발휘해 주민자치회 활동 지원 등을 통해 주민자치 발전을 앞당기는 데 최선을 다하겠다."라고 밝혔다.

이 당찬 야심들이 실행되기 위해선 탄탄한 인적 구성과 예산 확보도 중요하다. 우선 조직 시스템을 보면, 형식적으로는 지역사회 리더인 주민자치위원 대표인 협의회장과 위원장(회장)을 축으로 지역사회 리더와 학자 및 연구자들이 결합해 전국적인 네트워크로 구성돼 강력한 추진력을 수반하고 있다. 즉 한국주민자치중앙회와 광역 시·도 주민자치회는 현 읍·면·동 주민자치(위원)회만으로는 주민자치를 감당할 능력이 부족하다는데 인식을 같이해, 사회적 역량을 보충하고 학술 및 정책 역량을 보충하는 데 중점을 두고 전국 광역 시·도 주민자치회(연합회) 구조를 설계했다.

이처럼 민간에서 설계한 광역 단위 주민자치연합회는 대표회장과 주민자치위원, 주민·학술정책 직능을 담당하는 3개 축의 공동회장으로 구성돼 지역의 역량을 결집시킬 수 있는 기틀을 마련한 것이 특징이다. 비록 이 조직이 형식적이라는 의견도 있지만, 이로 인해 지역 주민들이 기획하는 자치사업에 구의원과 공무원, 그리고 각 분야

전문가들이 지역사회에 재능기부를 할 수 있는 기틀을 마련한다면, 그야말로 주민자치회들의 협의체와 연합체의 역량은 매우 높아질 것이다.

이렇게 형성된 지역생태계는 폭넓은 주민의 참여와 보다 많은 의견 개진과 활동은 공론장 구축과 더불어 지역사회에서 '풀타임 민주주의'가 실현되는 '직접민주주의'가 작동될 수 있는 토대를 마련할 수 있을 것이다. 이는 현재 엘리트 정치권과 행정에서 볼 때는 매우 발칙한 패러다임이 될 수 있다. 왜냐하면 시민사회에 새로운 생활권력과 담론권력이 형성되기 때문이다.

주민관치에서 주민자치로

이처럼 주민자치위원을 비롯한 종교(목사님, 스님, 신부님)·학술(대학교수)·정책(국회의원)·행정(행정가)·사업(기업가) 등 여러 전문분야로 이뤄진 인적 구성과 시스템이 '시·도 주민자치회'에 제대로 작동만 됐다면, 주민자치회 위원(엄밀히 말하면 주민)들의 자치 역량이 부족하다며 정부와 지방자치단체가 마중물 역할로서 시·군·구 자치사업단과 읍·면·동 자치지원관을 설계하진 않았을 것이다.

또 위의 인적 구성과 시스템이 제대로 작동된다면, 지방자치단체가 만든 선택지를 고르거나 읍·면·동 주민자치센터(서울은 자치회관) 운영 차원에 머물지 않고, 주민자치회는 주민자치주체기구로서의 제 기능을 발휘했을 것이다. 이리하면 주민자치회 활동 영역은 자치 원리인 정치적 활동, 즉 이념정치·패권정치·정당정치가 아닌 '생활정치'

를 중심으로 사회, 문화, 경제 등 다양한 부분으로 확대·강화됐을지도 모른다.

그러나 현실은 정치권과 정부·지방자치단체 및 대부분의 주민은 주민자치에 대한 인식이 낮고, 그로 인해 합의된 지향점이나 목표가 설정되지 않았으며, 하다못해 공의를 모을 공론장 또한 형성되지 못한 실정이다. 지금 우리 사회는 전문가들이 지적하듯 개인은 파편화되고, 가족은 해체되며, 지역은 파산지경이다. 또 공동체를 활성화한다면서 10여 년간 추진해 온 마을공동체 정책이 무색하게 지역 간, 세대 간, 계층 간의 갈등 위기는 만연해 있다.

광역 시·도 주민자치회가 이런 국가적·사회적·지역적 위기 상황에서 제 역할을 다하려면, 주민자치 실질화 걸림돌들을 딛고 뛰어넘어 자율성을 마련하고, 자립의 길을 모색해 관용과 책임에 입각한 소통과 연대의 길을 마련해야 할 것이다. 특히 무한경쟁 사회에서 주변부로 밀려나 자립적으로 살아갈 수 없는 주민들이 다시 일어나 자치적인 삶을 살아갈 수 있도록 하고, 능력이 있음에도 한정된 자리 때문에 쉬고 있는 주민의 잠재적인 능력이 지역사회에서 마음껏 발휘될 수 있도록 형식적인 인적 구성보다는 실제 활동하는 '민의 자치체'로 재구성되길 기대해 본다.

그렇게 되면, 광역 시·도 주민자치회가 외치는 '주민관치에서 주민자치로'라는 슬로건처럼 누군가 혹은 어딘가의 다스림에서 주민 스스로 주체가 돼 자발적, 자주적, 자율적, 자립적, 연대적으로 자신과 지역사회를 다스릴 수 있도록 하는 마중물과 틀거리가 될 수 있을 것이다. 그리고 그동안 국가를 통해 살아가던 '하향식'에서 이젠 자신의 시민의식을 통해 살아가는 '상향식'으로의 풀뿌리민주주의의 근간이 되는 '발칙한 주민들의 자치체'가 되길 기대해 본다.

2

활사개공^{活私開公57)} 주민자치

공동선협의체와 주민자치회

현재 정부가 추진하고 있는 '주민자치회'는 '주민자치주체기구'로
재설계돼야 한다. 그리고 정부는 주민자치회와 공동체 조직의 지속
가능성을 저해하는 사회적 문제들에 대한 해결에 우선 노력해야 한

---

57) 활사개공(活私開公)은 김태창(金泰昌, 1934. 8. 1. ~) 교토포럼 소장·공공철학공동연구소 소
장이 만든 용어로 '개인을 살려서 공공이익을 열어간다'는 의미다. 월간 『공공철학』 제2
호(2011년 2월호)는 김태창 소장이 2006년 9월 일본 공무원들을 상대로 행한 강연(사이타마
현에 위치한 공무원 연수원)의 일부를 '국가공무원과 공공철학적 구상력'이란 제목으로 소개
했다. 이 강연에서 김태창 소장은 "'활사개공'은 자치(自治)의 논리고, '공사공매(公私共媒)'
는 공치(共治)의 논리다. '통치'와 '자치'를 매개하는 '공치'의 발전과 정착과 성숙을 지향
하는 것이기도 하다."라고 설명했다.

다. 또 정부는 제도의 도입을 통한 직접적인 행위 규제보다는 주민자치와 지역 공동체 역량을 제고시켜, 주민조직 간 거버넌스를 통한 상생협력과 민관협력을 통해 다양한 사회적 문제들을 주민 주도적으로 해결할 수 있도록 행·제정 및 제도적 지원을 해야 한다.

현재 정부가 추진하고 있는 주민자치회는 주민 스스로 읍·면·동 단위 자치조직, 주민 단체 간 거버넌스, 행정과의 거버넌스를 동시에 추구하고, 특히 정부가 밝혔듯이 주민자치회는 읍·면·동 내 조직들 간의 협의체를 추구하고 있다고 볼 수 있다. 그러나 현재 국회에 입법 발의된 주민자치회 관련 법률안, 행안부의 주민자치회 표준조례안, 각 지방자치단체의 주민자치회 설치·운영에 관한 조례에는 문재인 정부가 추구하는 마을협의체로서의 주민자치회에 대한 구체적인 권한과 의무를 명시한 조항은 없다고 볼 수 있다.

다시 말해, 그 어디에도 지역사회 내 중대한 일을 의논하기 위해 구성한 자치체로서 '읍·면·동 내 주민 조직들의 협의체' 혹은 '읍·면·동 내 주민 조직들을 대표하는 기구'라고 명시된 것은 없다. 즉 각 결사체·공동체가 추구하는 다양한 '공동선협의체'는 아니라는 것이다. 이는 주민자치회도 지역 내 여러 공동체 중 하나라는 의미다. 왜냐하면 각 결사체·공동체도 각기 추구하는 환경, 방범·치안, 주택, 돌봄, 교육, 복지, 교통 등의 분야에서만큼은 지역과 주민들을 대표한다고 볼 수 있기 때문이다.

따라서 주민이 국가와 행정을 위한 멸사봉공(滅私奉公) 조직이 아닌, 주민들의 역량을 개화시켜 사회(공공이익)에 기여할 수 있도록 하는 활사개공(活私開公)의 자치체가 돼야 할 것이다. 그렇게 되려면, 정부가 2017년 7월 20일 발표한 대로 주민자치회가 '지역사회의 협의체가' 되고, 김두관 국회의원이 입법발의한 대로 '지역과 주민의 대표기구'(제2조 제3호)가 되기 위해서는 법률이든 조례에 그 당위성과 정당성을 부여할 절차, 역할, 지위, 의무 등에 관한 조항을 명시해야 한다.

그 내용은 지역 주민 조직 생태계의 허브 혹은 주민자치 활동을 하는 민간·관변 조직들의 협의체라는 규정과 함께 지역 내 민간·관변 조직들과 주민자치회와의 역할 관계 설정을 구체적으로 명시할 필요가 있다. 예를 들어 (좀 극단적이긴 하지만) 지역 내 환경·주차·방범·교육·인권·돌봄 등의 관련 단체들 간 상호 연계·연결된 문제는 주민자치회에서 협의·조정해야(민민협의체) 한다거나, 이들 단체에 지원되는 지방자치단체의 행·제정 지원 협의는 주민자치회를 통해서 해야 한다(민관중간지원체)는 조항을 삽입하는 것이다. 그래야 진정한 지역사회와 주민의 대표조직이라 할 수 있지 않겠는가?

국민의 나라 정의로운 대한민국을 만들고자 하는 시대적 상황에서 주민자치회는 지역사회 계획 수립 권한은 물론, 주민 생활과 밀접한 정책을 결정하는 과정에도 참여할 수 있는 실질적인 권한을 갖는, 명실상부한 주민의 대표기구로서의 주민자치주체기구가 됐으면 좋겠다. 그래야 주민이 봉사자에 머물지 않고, 봉사란 미명하에 행정의 동원수단에서 벗어나 지역사회 문제에 주체자로 거듭날 수 있지 않을까 싶다.

칸막이된 자치조직들의 구심점

정부의 최소 행정구역인 읍·면·동은 관과 민이 함께 만나는 최접점 지역이다. 이 영역에서의 행정은 관리나 통제를 최소화하고, 민의 활동을 활성화할 의무가 있다. 특히 시민사회의 주민자치 공간에서는 행정이 관찰자·지원자·조정자 입장이 돼야 한다. 그리고 공공서비스 중에서도 주민 생활과 밀접한 공공서비스는 주민들 뜻에 의해 주민자치주체기구가 할 수 있도록 했으면 한다.

국가 차원에서의 시민사회에서는 그래도 NGO·NPO 등의 시민단체들이 활동하고 있지만, 행정체제 최하위 단위이자 민간과의 접점 구역인 읍·면·동 내에서의 시민사회는 주민들 스스로 자신들의 욕구와 욕망을 담아내는 주민의 자치조직(단체)들은 파편화 혹은 칸막이화 돼 있어 국가와 지방정부의 정책 참여에 있어 공의를 결집하기 어렵다.

다시 말해, 기초자치단체 하위 단위인 읍·면·동의 시민사회 영역에서 주민자치를 실천하는 기구나 조직은 파편적 혹은 이득 논리에 의해 칸막이로 존재해, 읍·면·동의 시민사회를 주민들의 공의에 의해 총괄(總括)하는 주민자치주체기구가 없다. 그런 까닭에 국가 영역인 중앙정부나 지방자치단체들이 지역 현안을 주도하거나(공권력이 민의 공공이익보다 우선한다는 법률 규정을 내세운 집행), 아니면 우회적으로 인력을 투입해(준공무원화) 행정의 메뉴얼로 지역 주민들의 주민자치 사업이나 활동을 좌우하는 현상이 벌어졌다.

따라서 읍·면·동 이하 단위에서는 주민들의 욕구와 욕망을 의제화해서 담론과 토론을 통해 공의로 묶어 낸 후, 행정과 의회를 견제·협력하는 민민협의체와 민관중간지원체를 겸하는 주민자치주체기구가 필요함을 다시 강조하고 싶다. 왜냐하면 주민자치주체기구가 주민들의 욕구들을 촉발시켜 합의를 통해 만들어진 지역사회의 공공의(公共議)가 지방자치단체와 지방의회, 더 나아가 중앙정부와 국회에서 채택되는 것이 자유민주주의이자 민주공화국 체제에 부합하기 때문이다. 따라서 지역 주민들과 주민을 위한 공동체·결사체들이 자율적으로 연대해 지역사회의 현안들을 숙의하는 공론장 실현과 생활공공서비스를 제공하는 플랫폼으로서의 역할과 지위를 주민자치주체기구에 부여하는 정부 정책은 매우 중요하다.

또 이와 함께 행정과 함께 지역사회 문제들을 해결하고, 주민 생활과 밀접한 욕구들을 해소할 수 있는, 즉 대의민주주의와 행정의 사각지대 보완, 그리고 주민들 스스로 사회적 자본을 생성하고 확장하는 역량을 키울 수 있도록 지역 공동체·결사체들의 허브로서 역할과 지위를 주민자치회에 부여(주민자치주체기구화)해야 한다. 그러면 지역사회 풀뿌리 조직인 지역 공동체·결사체들의 생태계 구축을 통해 설치·운영된 주민자치회는 지방자치단체가 주민들의 욕구와 뜻에 맞게 구성되고, 주민들 의사결정에 따라 행정을 펴고자 할 때 '든든한 정책파트너'가 될 것이다.

평등한 기회와 공정한 과정의 장

문재인 정부는 국정운영 5개년 계획을 발표하면서 "국민의 나라,

정의로운 대한민국을 건설하겠다."라고 전 국민에게 약속했다(2017. 7. 19.). 이어 문재인 정부 출범 자체를 국민들이 '국민의 시대'를 만들라는 시대적 사명이라고 했다. 그리고 "국민의 시대는 '나 스스로 나를 대표하는 정치'의 시대, '모든 권력은 국민으로부터 나온다'는 헌법 제1조 제2항이 함의하는 국민주권 시대"라고 정의했다.

정부에 의하면, '국민의 나라'는 첫째, 국민의 뜻을 국정에 반영하고, 국민 개개인이 국정의 전 과정에 참여해 정책을 같이 만들어가며, 둘째는 엘리트(혹은 권력층) 중심의 정치가 아니라 국민 모두의 정부를 추구하며 협치와 통합의 정치를 펴는 나라다. 특히 문재인 정부는 '정의로운 제도'만이 공정한 사회를 만들 수 있고, 정의로운 제도 설계와 운영이 바로 정치와 정부의 가장 중요한 역할이라면서 ▲평등한 기회 ▲공정한 과정 ▲정의로운 결과는 문재인 대통령의 국정 철학에서 가장 우선하는 원칙이며 정부의 핵심 가치라고 했다.

마이클 샌델은 저서 『정의란 무엇인가』에서 정치가 절차적 민주주의만으로는 좋은 정치에 도달할 수 없고, 정치적 숙고를 통해 공동선에 대한 실질적 판단을 해야 한다며, 공동선을 산출하게 될 판단을 위해서는 공동으로 처한 상황에 대한 시민의 참여가 필요하다고 강조한다. 여기서 시민은 올바른 판단을 하려는 태도와 기본 소양을 갖춘 사람을 말한다.

이에 대해 김선욱 교수(숭실대 철학과)는 "자신이 원하는 정치인에게 표를 던지는 절차에 참여하는 것만으로는 의미 있는 공동선을 자신의 사회에서 만들어 낼 수 없으며, 자신이 봉착한 사안에 대해 가치의 문제를 자신의 관점에서 실질적으로 고려하고 소통할 수 있는 역량을 갖춰야 한다."라며 "이런 것이 가능하도록 하는 제도적 장치 또한 만들어 내야 한다."라고 강조했다.[58]

따라서 정부는 국민의 뜻을 국정에 반영하고, 국민 개개인이 국정의 전 과정에 참여해 정책을 같이 만들어 가기 위해서는 풀뿌리민주주의 출발점인 주민자치주체기구를 활성화할 필요가 있다. 왜냐하면 국민의 뜻이 형성되기 위해서는, 지역 단위부터 다양한 주민의 뜻들이 모이고 합의되는 공론장이 구축돼야 하며, 담론과 토론이 치열하게 전개되는 이 공론장이 활성화되려면 지역사회 생태계를 구축할 '민의 자치체', 즉 주민자치주체기구가 필요하기 때문이다.

그리고 주민자치주체기구가 정의롭게 작동되게 하려면, 국민주권은 물론이지만 앞으로 '지역사회의 모든 권력은 주민으로부터 나온다'(『지방자치법』에 규정 필요)는 주민주권에 대한 개념도 확립해야 할 것이다. 물론 문재인 정부가 출범한지 5년이 다 돼 가는 현재(2022. 2.), 슬프지만 주민주권은 고사하고 국민주권 시대도 열리지 않았지만 말이다.

---

58) 마이클 샌델, 『정의란 무엇인가』, "해제: 공동체의 사람들을 위한 정의의 길", 김선욱 감수, 김명철 역, 와이즈베리, 2019. 9. 20., p.423.

3

주민자치는 정의로운가

민의 공공 영역과 좋은 사회 만들기

　민의 공공 영역은 사적 심의, 공적 심의, 합리적 대화, 그리고 공공이익 추구의 일환으로 자율적 시민권(일명 '주민주권')이 행사되는 장(場)이다. 이런 장이 작동되기 위해서는 민의 공공이익을 생성하고 가치 있게 분배하기 위한 민민협의체이자 제1섹터(국가 영역)와 제3섹터(시민사회 영역)를 연계하는 민관중간지원체 역할을 하는 주민들의 일반의지로 구성된 자치체(주민자치주체기구)가 필요하다.

　또 지역사회에서 '상이함이 다양한 타인들'과 '동질성이 상이한 결사체·공동체들'과 더불어 함께 살아가는 곳은 '좋은 사회'로 매우 행복한 일이다. 즉 우리가 좋은 사회를 만든다는 것은 주민의 자유주의·개인주의와 결사체·공동체의 집단적 야망들과 조화시키고, 다원주의와 획일주의를 결합시킴으로써 다원성과 다양성이 혼재된 지역사회를 도덕성과 정의에 따라 기능하도록 만든다.

그러나 다양한 형태의 주민들과 결사체적·공동체적 삶이 하나의 규범적 합의나 공통된 정치적 아젠다를 공유하리라는 가정은 존재하지 않는다. 일반적으로 사람들은 이득이 없으면 모이지 않기 때문이다. 그렇다고 주민자치 원리가 작동하는 공공 영역은 사적 이익을 앞세우는 것이 아닌, 이타적 서비스와 선한 마음의 습관들을 배양하는 토대, 즉 협동, 신뢰, 관용, 비폭력, 인권 존중, 희생, 봉사, 공정, 정의 등과 같은 태도 및 가치들을 육성하는 영역이다.

주민자치의 본질과 특징

주민자치 논쟁에 대한 많은 난제들은 엘리트적 시각에 발칙한 시각을 접목할 때 풀릴 수도 있다. 우선 학자들과 전문가들이 내세우는 다양한 이론들이 서로 격리된 상태에서의 단독 제공보다 서로 상이한 이론은 잠시 내려놓고, 서로 교차되는 이론들부터 현장에 접목시키면 어떨까 한다. 또 의사결정 테이블에 앉은 입법자들과 정부 정책자들—더 확대하자면 지역사회 의사결정권자들까지— 이 내세우는 단 한 개의 모델, 또는 설명을 강제하려는 모든 시도들을 포기할 때 비로소 풀릴 수 있을 것이다. 그러나 이런 작업이 이념의 칼날을 휘두르는 사람 혹은 집단이 주민자치를 자기 자신의 아젠다를 위한 수단으로 사용할 때, 그것은 주민자치가 아닌 것이 된다.

주민자치는 관의(국가) 영역과 민의(시민사회) 영역을 구별해야 한다. 주민자치는 단순히 주민이 자치하는 것이 아니다. 만일 그렇다면 지방자치(단체자치와 주민자치 병행)를 추구하는 관도 민이 직접 다스려야 한다는 논리가 성립한다. 이렇게 되면 너나없이 통치자가 되기 위한 폭력이 지배하는 세상이 될 것이다. 주민자치는 우리가 지역사회를 움직이고 싶은 방식(원리)을 가리키고, 공공성(3요소: 인민, 공공이익, 공론장)[59]은 지역사회가 실제로 작용하는 방식(역할)을 가리키며, 지방정부와 주민자치조직은 지역사회를 실제로 작동시키는 방식(단체)을 가리킨다. 이런 의미에서 시민사회에서 '주민자치회를 작동시키는 주민자치'가 관과 정치의 영향을 받지 않는 원리라는 주장에는 의문의 여지가 있다.

주민자치 특징에는 '네트워크(지역 생태계)'가 있다. 즉 주민과 주민자치조직 간, 주민자치조직과 주민자치조직 간, 주민자치조직과 주민자치주체기구 간, 주민자치주체기구와 지방정부(지방의회 포함) 간의 연계·연결·연대 네트워크가 있다. 또 주민자치 특징에는 '거버넌스'가 있다. 즉 정부의 공(公), 민의 공공(公共), 개인·집단 사(私) 간의 투명하게 의사결정을 수행할 수 있게 하는 제반 장치를 통해 수평적이자 수직적인 협력·협치 시스템이다. 이 네트워크와 거버넌스가 작동되는 영역이야말로 주민자치 체계가 갖는 거대한 힘과 유연한 주민주

---

59) 조한상, 『공공성이란 무엇인가』, 책세상문고·우리시대, 2010. 6. 30.

권의 원천이다.

따라서 주민자치의 가장 중요한 특징인 '스스로의 동기 부여로 움직이는 자율성'이 약화될 경우에는 그 체제가 사라지게 될 것이다. 물론 그 어떤 경우에도 '자유'가 우선이다. 그래서 자치를 하자고 하는 것 아닌가. 또 주민자치 원리에 의해 운영되는 단체나 기구, 그리고 체제는 외부성들에 의해 얼마든지 폐쇄적-개방적, 독재적-민주적, 사적-공공적으로 변할 수 있는데, 그 외부성들은 평등과 정의의 문제들과 연결되며, 사회적 윤리(시민성)의 지평과 맞닿게 된다.

주민자치의 문제는 주민이 자기 일을 스스로 다스리는 '자치'의 문제가 아니다. 활동의 주체인 동시에 욕망의 주체이기도 한 '인간(주민)'이라는 존재들을 어떻게 자발적으로 참여시키고, 어떻게 평등하게 배치하고, 어떻게 보람되게 활동하고, 어떻게 공정하게 분배하고 받게 할 것인가다. 즉 인간을 어떻게 조직할 것인가라는 사회적 문제이자, 각 과정마다 얼마나 평등하고 공정하게 의사결정할 것인가라는 정치적인 문제다. 즉 주민의, 주민에 의해 더불어 함께 잘사는 '좋은 사회'가 되는 정의로운 풀뿌리민주주의를 하자는 것이 주민자치다.

문재인 정부가 꿈꿨던 주민자치회

주민자치회가 주민자치주체기구가 되려면, 주민자치 원리를 통해 민의 공공이익을 추구하고, 가정과 국가 사이에 존재하는 기업 이외의 모든 공동체·결사체[60] 및 네트워크를 아우르도록 설치·운영돼야 한다. 즉 기존의 각 민간조직들을 연계·연결해 시너지효과를 일으키는 정책을 펴야 하는 것이다. 반면, 정부는 (그렇지는 않겠지만) 공동체를 형성한다면서 지역사회에서 활동하고 있는 기존 주민자치 조직들을 제외(혹은 와해)시키고, 새로운 조직과 매뉴얼을 만들어 국민과 주민의 세금을 투입해, 지역사회를 간접통제(일명 아름다운 통제)하는 비민주적인 정책은 지양해야 한다.

주민은 상이하고 다양한 존재 방식과 삶의 방식을 가졌고, 결사체·공동체는 각자 자기만의 동일한 규범적 아젠다를 가졌다. 상이한 아젠다를 가진 주민들과 동일한 아젠다를 가진 결사체·공동체들의 협의체인 '민민협의체'는 이런 주민들과 결사체·공동체들로 구성되는 것으로, 정부는 이런 주민자치회(마을협의체)를 꿈꿨었다. 그러나 주민들의 합의(자율과 호혜)된 규범적 아젠다를 가진 주민자치주체기구를 배제하고, 동일한 형태의 주민자치회가 설치·운영되고 있는 것이 현실이다. 이렇게 되자 정부가 추진하는 주민자치회는 여러 공동체·결사체 중 하나로 보게 됐다.

문재인 정부가 꿈꿨던 주권자 민주주의 구성요소들이 제대로 작동하기 위해서는 지역사회, 특히 읍·면·동 단위에서의 시민사회 영역이 형성되고, 주민들이 직접 공론장을 만들어 취합된 공의가

---

60) 결사체(結社體, association)는 사람들의 특정한 관심에 따라 일정한 목적을 달성하기 위해 계획적이고 인위적으로 형성된 집단을 말한다. (두산백과)
공동체(共同體, community)는 특정한 사회적 공간에서 공통의 가치와 유사한 정체성을 가진 사람들의 집단을 의미한다. (한국민족문화대백과)

정책으로 연결될 수 있는 언로(言路), 즉 아래로부터의 의사결정이 읍·면·동과 시·군·구를 거쳐 시·도와 중앙정부까지 전달될 수 있는 통로가 필요하다. 그러기 위해선 지역사회 내 지역 공동체들과 주민 결사체들의 협의체이자 민과 관을 연결하는 중간지원체인 주민자치주체기구의 설치·운영이 절실하다. 아마도 이런 주민자치주체기구가 문재인 정부가 꿈꿨던 (행정과의 협업·협치에서) 주민대표체이자 마을협의체로의 주민자치회였을 것이다.

주민의 자치를 주체적으로 운영하는 기구(주민자치주체기구)의 핵심 역할은 다양하게 표출되는 민(民)의 생각들을 조정·합의하는 공론장을 운영하는 것이다. 또 지역사회에서 민본에 따라 다양하게 활동하는 결사체·공동체인 관변단체, 민간단체, 직능단체, 사회단체 등도 주민자치 조직이다. 이런 점에서 주민자치주체기구를 설치·운영하려는 주목적은 다음과 같을 것이다.

첫째, 불균형한 힘을 막기 위한 균형추 역할일 것이다. 즉 '민의 주권'을 대변하는 주민자치주체기구를 통한 지방권력의 (지방분권으로 인한) 과도한 영향력에 견제·감시를 통한 하나의 균형추(불균형한 힘을 막기 위한) 제공이다. 둘째, 지방정부(지방의회 포함)가 주민의 뜻에 따라 운영되도록 협업·협치를 촉발하는 역할이다. 즉 지방정부(지방의회 포함)는 주민자치 원리에 의해 형성된 민본에 따라 운영돼야 하고, 주민자치주체기구는 생성된 공의(합의된 민심)를 지방정부와 지방의회의 정책과 제도에 반영되도록 그 원동력인 '민심'을 발굴하고 민본을 형성하도록 최선을 다해야 한다.

주민자치 원리에 따라 지방정부(지방의회 포함)가 운영되려면, 민본을 형성하는 공론장이 구축돼야 하고, 그 공론장에서 검증되고 합의된 주민들의 민심은 공의며, 지방정부(지방의회 포함)는 그 민의 공의를 바탕으로 정책을 펴야 한다. 물론 공론장에서 합의된 주민들의 공의가 지방정부 정책에 반영되려면 주민총회에서 의제화돼 승인을 받아야 한다.

진리는 너 나 우리의 빛

주민의 자치를 주체적으로 운영해야 하는 주민자치회가 주민의 손을 벗어나 기관화된다면 주민들은 외면할 것이다. 먹고살기 바빠 실생활에 치여 살아가고 있는 평주민들은 지역 일에 참여하지 못하는 것에 대해 어느 정도 미안함을 갖고 있다. 하지만 이제는 정부가 세금과 인력을 투입해 운영한다고 하면, 세금이 올라갈까 걱정은 되지만, 주민자치회는 국가 소관이니 내 일은 아니라며 무관심하거나 외면하게 될 것이다. 아니 더 나아가 주민자치회 활동이 미진하면, 그 책임을 정부에 전가하는 빌미를 제공하게 될 것이고, 그렇게 되면 주민자치회 활동 평가는 자칫 정당정치화될 가능성도 있다. 그렇다면 권한을 강화하거나 활성화한다는 명분하에 주민자치회를 권력기구화시키는 것이 과연 정의로울까?

하나의 예를 들어 보자. 주민자치회 회장과 위원의 무제한 임기에 대해 반대 의견을 제시하는 사람들은 '불평등(不平等)'을 예로 든다. 권력과 재력을 갖추고 경험이 많은 사람만이 위원이나 회장을 계속해야 한다면, 주민자치 본질에 어긋난다는 것이다. 주민자치회 구성원은 주민이기 때문에 모두가 참여하는 시스템이 돼야 한다는 것이다. 다시 말해, 생계로 인한 시간적 불리함과 활동비용을 부담하기 어려운 조건의 주민은 주민자치 활동에 참여하기 어려운 불평등이 존재한다. 이렇게 되면 주민자치회는 주민 전체를 위한 것이 아니라 힘 있는 소수를 위한 것이 된다. 주민자치회가 활성화되려면, 주민 누구나 위원이 되기 쉬워야 하고 가급적 턱걸이는 낮춰야 한다. 회장은 위원이면 누구나 돌아가면서 하도록 하고, 위원 또한 주민들이 순환적으로 해 봐야 지역의 사정을 알게 되고 지역 일에 관심을 갖게 된다.

또 이런 행태에 대해 '불공정'하다고 하는 사람들도 있다. 아무리 공모라 해도[61] 위원이 하는 활동이 노동이거나, 정부가 너무 관여한다면(관의 일이 된다면) 주민은 공공생활에 참여하길 꺼린다는 것이다. 그렇게 되면 평주민은 지역에서 무슨 일이 일어나는지 관심이 없고, 내 일이 아니라 정부의 일, 소수 엘리트의 일이라 생각하고 주민자치회에 관심을 두지 않을 것이다. 이런 불공정은 평범한 주민에게서 차지 역량을 축적할 수 있는 기회를 빼앗아 정부와 소수의 엘리트가 주민자치회를 통해 자치역량을 함양하는 것을 독점하는 행위(특권)다. 시민의 덕성은 활발한 시민 활동을 통해 쌓이고, 주민의 자치 역량은 활발한 주민자치 활동을 통해 길러지기 때문이다.

게다가 주민자치회 참여를 돈과 권력으로 바꾸는 행위는 주민자치

---

61) 현재 주민자치회 위원이 되고 싶어 공모한 사람은 6시간 사전교육 이수 후 추첨.

회의 품위를 손상시키고 부패시킨다. 부패라고 하면 흔히들 부정 이득을 연상하지만; 마이클 샌델에 의하면, 부패는 뇌물이나 불법 거래 그 이상의 것을 의미한다. 어떤 재화나 사회 관행을 부패시키는 행위는 그 평판을 깎아내리는 행위고, 가치를 합당한 수준보다 낮게 평가하는 행위다.[62] 우리는 지금 봉사와 명예를 가치로 하는 주민자치회를 부패시키고 있지는 않은지 심각하게 고민해야 할 때다.

---

62) 마이클 샌델, 『돈으로 살 수 없는 것들』, 안기순 역, 와이즈베리, 2012. 4. 24., p. 59.

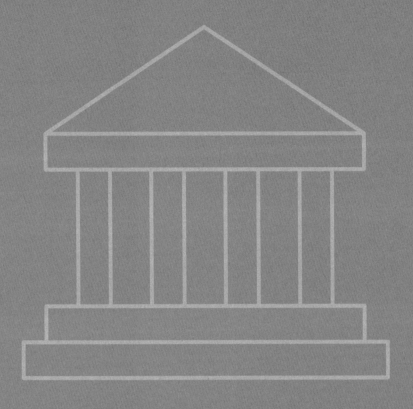

4부
—

주민자치에 요구되는
핵심 제도

1

주권자 민주주의

2017년 5월 10일 촛불집회 직후 출범한 문재인 정부는 '국민의 나라 정의로운 대한민국'을 비전 선포했다. 이 야심찬 문재인 정부의 초심으로 되돌아가 보자. 당시 문재인 정부가 제시한 주민자치회 관련 국정과제는 기대 반 걱정 반이었다. '기대'는 '국민의 나라는 주민자치 원리로부터' 출발한다고 생각했기 때문이고, '걱정'은 주민자치회가 과연 '마을협의체'로 실현될지 의구심을 품었기 때문이다.

문재인 정부의 정책 방향은 대체적으로 ▲국민은 나라의 주인 ▲정치의 실질적 주체와 주권자로서의 국민 ▲개개인의 국민주권 ▲국민 개개인이 권력의 생성과 과정에 직접 참여하고 결정 ▲국민 중심의

민주주의 ▲나로부터·어디에나·늘 행사되는 국민주권 보장 등이었다. 만일 이런 정책 방향들이 이뤄졌다면, 2022년 초의 지방자치단체는 단체자치형보다 주민자치형이 더 많은 비중을 차지하게 됐을 것이고, 수시로 시민(주민)발의와 국민(주민)투표가 선의로 작동되는 사회가 진행되고 있었을 것이며, 또 이를 통해 국가기본운영체제가 지배 세력의 인치보다 헌법과 법률, 이에 더해 도덕과 민본주의에 입각해 작동되고 있었을 것이다.

주민자치는 사전적 의미에서 '주민들이 조직한 지역단체에 의해 지역사회의 공적 문제를 스스로 결정하고 집행하는 것'을 의미한다. 즉 주민자치는 지역의 구성원인 주민이 주체가 돼 지역의 공공사무를 결정하고 처리하는 주민 참여에 중점을 두는 제도를 말한다.[63] 이와 관련 '민의 주민자치'는 '지역의 시민사회에서 주민들이 자율적으로 결사체나 공동체, 더 나아가 이들의 협의체이자 민간중간지원체인 주민자치주체기구를 조직해 지역사회의 공공적 문제를 스스로 결정하고 집행하는 것'이다. 즉 시민사회 영역에서의 주민자치는 지역사회 구성원인 주민이 주체가 돼 지역사회의 문제들을 처리하고 해결하는 활동들을 의미한다.

이런 주민자치 원리에 입각해 문재인 정부가 초기에 밝힌 '주권자 민주주의 정책'에 대해 살펴보자. 문재인 정부는 1987년 이후 열린 민주화 시대는 절차적 민주주의 성과에도 불구하고 ▲엘리트(혹은 권력)

---

63) 이종수, 『행정학사전』, 대영문화사, 2009. 1. 15.

중심의 정치 ▲국가 중심의 국정운영이라는 한계를 드러낸 것으로
보고, 이제는 '국민 중심의 민주주의'로의 이행이 필요한 시점이라고
판단했다. 또 현재의 민주주의 위기를 극복하는 방안도 정부·정치의
본래 목적인 '국민 중심의 민주주의'가 실현되는 국정운영의 회복에
초점을 두기로 했다(표4-1' 참조).

〈표 4-1〉 국가 중심의 민주주의와 국민 중심의 민주주의

구 분	국가 중심의 민주주의	국민 중심의 민주주의
국민의 성격	근대적 국민	주권자 국민
국민-국가 관계	국가 구성원으로서 국민	국가를 형성하는 국민
국민주권의 특성	대표되는 국민주권	개개인의 국민주권
권력의 성격	위임된 권력	생성적 권력
참여방식	제도화된 국민참여	일상적인 국민주권 행사
주권 실현방식	참정권, 투표권	국민제안, 국민숙의, 국민결정
역사적 사건	1987년 6월항쟁	2016년 촛불집회
사건의 의미	국민주권의 통로·제도 구축	아래로부터의 국민주권 표출
민주주의 형태	제도 민주주의	일상 민주주의
정치-시민 관계	제도정치와 시민사회의 괴리	제도정치와 시민사회의 연계
시민참여 기반	조직화된 시민사회 기반	자발적 개인들의 네트워크

※ 출처: 청와대(2017. 7. 19.)

문재인 정부가 규정한 '국민 중심의 민주주의'는 선거나 대표자 위
임에 국한되지 않고 '나로부터 행사되고, 어디에나 행사되며, 늘 행사

되는' 국민주권이 실질적으로 보장되는 '주권자 민주주의'의 실현을 의미했다. 문재인 정부가 밝힌 주권자 민주주의 구성요소는 ▲아래로부터의 민주주의(국민 개개인이 주권자) ▲직접 민주주의(내가 만들고 스스로 결정하는 정책) ▲일상의 민주주의(늘 행사되는 국민주권) ▲과정의 민주주의(공론과 합의에 의한 정책 결정) ▲풀뿌리민주주의(자치분권과 생활정치) 등 5가지다.

이 같은 주권자 민주주의 정책에 문재인 정부는 '주민주권'을 추가했다. 그것도 "획기적인 주민주권 구현"이라고 했다. 행정안전부는 '32년 만의 지방자치법 전부개정 추진'이란 제목으로 보도자료를 배포했다(2020. 7. 3.). 이 보도자료에서 문재인 정부가 말하는 주민주권은 '주민 참여 보장을 통한 주민주권 강화'였다. 즉 지방의 정책 결정 및 집행 과정에 대한 주민의 참여권을 「지방자치법」에 신설하고, 주민이 의회에 직접 조례안을 발의할 수 있도록 하며,[64] 주민이 주도해 마을의제를 수립하고, 주민이 직접 행정서비스의 공동생산자로서 활동할 수 있도록 풀뿌리 주민자치주체기구와 같은 '주민자치회'[65]를 정식 운영하게 한다는 것이었다.

'국민 중심'과 '민주주의'는 민본사상에 입각한 정치이념이다. 민주주의는 국가의 주권이 국민에게 있고, 국민을 위해 정치가 이뤄지는

---

64) 「주민조례발안에 관한 법률」(약칭: 주민조례발안법)(법률 제18495호)은 2021년 10월 19일에 제정돼 2022년 1월 3일 시행.

65) 2020년 12월 9일 국회를 통과한 「지방자치법 전부개정안」과 2021년 10월 19일 일부개정되고 2022년 1월 13일 시행되는 「지방자치법」(법률 제18497호)에서 주민자치회 조항은 제외됐다.

제도이기 때문이다. 또 주권자 민주주의에서 '국민주권(國民主權)', '주민주권(住民主權)' 또한 민본주의에 입각한 정치제도다. 국민주권은 민주주의 기본원칙으로서 바람직한 국가의 정치 형태를 최종적으로 대의기관을 통하거나 직접적으로 결정하는 권력이 국민에게 있다는 원리다. 주민주권은 지방의 정치 형태를 최종적으로 결정하는 권력이 주민에게 있다는 원리다.

　일부 학자들과 현장에서는 주민자치 실현을 '시대적 소명'이라고 한다. 시대적 소명은 국가나 중앙정부 중심의 시각으로 집행하거나(관치),[66] 특정 국민과 주민에게 많은 혜택이 돌아가게 하거나(진영논리),[67] 국민과 주민에게 '국가정책(행정, 정치)에 참여하거나 따르면 수혜를 받는다.'라는 식의 추진(동원)은 아니다. 다시 말해, 대한민국이 국민의 나라, 지역이 주민의 지역사회가 되기 위해서는 5가지 주권자 민주주의 구성 요소들이 아래로부터(읍·면·동 이하) 민심(民心)을 모으고, 그 민심을 근본으로 정책을 펴는 것으로 출발한다. 그러기 위해선 지방정부가 단체자치보다는 주민자치 원리에 의해 운영되는 비중을 크게 늘려야 하며, 시민사회에서는 민본의 주체인 주민들에 의해 운영되는 주민자치주체기구가 활성화돼야 한다.

---

66)　관치(官治): 국가의 행정기관이 직접 맡아 하는 행정. (국어사전)
67)　진영논리(陣營論理)는 자신이 속한 조직의 이념은 무조건 옳고, 다른 조직의 이념은 무조건적으로 배척하는 논리를 말한다. (국어사전)

2

직접민주주의

주민 참여와 주민주권

주민자치 본질인 풀뿌리민주주의에는 의회제에 의한 간접민주주의에 반대하는 시민운동·주민운동 등을 통해 직접 정치에 관여하는 '참여민주주의'가 여기에 해당된다. 참여민주주의에 있어서 '참여'란 민주주의 자체의 정통성의 원천임과 동시에 시민의 '운명 자결권' 행사를 의미한다. 따라서 참여의 범위는 선거를 통한 간접적 참여에 그치지 않고 정치 과정에 대한 직접 참여 또는 국가나 지역 등 모든 영

역에서의 참여로 확장된다. [68]

주민들은 일반의지(루소의 개념)로 참여해 주체로서 시민이 되고, 또 일반의지가 만든 법·조례에 따르는 객체로서 신민이 된다. 법·조례를 집행하는 공권력으로서의 지방정부는 입법부로서의 일반의지에 완전히 종속돼야 한다. 또 주민자치 관련 법·조례와 규약을 집행하는 민의 공공권력으로서의 주민자치주체기구는 주민의회로서의 일반의지에 완전히 종속돼야 한다.

앞서 말한 '실질적 주민주권'하에서는 주권의 소유와 행사가 분리되지 않고, 권력은 주민에게 존재하고, 주민이 모든 결정을 행사하게 된다. 따라서 실질적 주민주권론은 직접민주주의와 밀접한 관계를 맺고 있으며, 현대사회에서는 실질적 주민주권을 실현하기 위해 직접민주주의를 가미하고 있다. 이를 확장해서 엄밀히 말하면 대의민주주의는 민주주의의 기본적 이념에 부합하지는 않는다. 민주주의는 말 그대로 '인민의 지배'지만, 대의민주주의는 사실상 다소 귀족정의 속성을 나타내고 있기 때문이다. 대의민주주의는 실질적으로 대표자들에 의한 통치이기 때문이다(Manin, 2004). 따라서 풀뿌리민주주의를 실현하기 위한 민의 주민자치가 작동되는 영역, 즉 읍·면·동 내 시민사회 영역에서는 최소한 직접민주제가 실시돼야 하지 않을까?

---

68) 참여민주주의(participatory democracy)에 있어서 '참여'에는 ① 정치적 기능(가변적이고 실험적인 정치를 가능하게 하는 '열린' 정치제도의 구축) ② 사회적 기능(친밀한 커뮤니티의 창조), ③ 시민교육(공공심이 풍부한 자율적 시민의 육성, 정치적 유효성감각이나 정치 지식·기능의 향상) 등 다양한 기능이 기대되고 있다. 이런 '참여형 사회'가 성립되는 일반적 조건으로는 시민 간의 사회적·경제적 평등, 참여를 '옳다'고 보는 정치문화의 존재를 들 수 있다. (정치학대사전편찬위원회, 『21세기 정치학대사전』, 한국사전연구사, 「네이버 지식백과」 검색 2022. 1. 29.)

시민사회 영역에서 '민의 주민자치'를 필요로 하는 조건은 크게 두 가지로 볼 수 있다. 첫째는 강력한 지방정부 감시·견제·협력이다, 윤영근·정회옥(2018)에 따르면, 지방분권에 관련된 논의가 확대되고 있는 만큼 지방분권이 그 민주적 기초를 갖기 위해서는 주민자치, 달리 말해 지역 단위에서의 민주주의를 실현할 수 있는 방안에 대한 논의가 절실하다. 행정적 권한의 이양은 헌법 개정이나 관련 법·제도를 수정함으로써 이뤄질 수 있지만, 그와는 별개로 지방자치단체의 권한이 커지는 것에 비례해 지방의 민주주의도 강화돼야 한다. 지방자치단체 권력이 강화됨에도 주민들에 의한 민주적 통제가 이뤄질 수 있는 기초가 부재할 경우, 지방분권은 자칫 지방자치가 비민주적으로 수행되도록 만들 가능성이 있기 때문이다.[69]

둘째는 담론정치를 통한 의사결정 권력 생성과 생활정치 활성화다. 주민자치는 단순히 '참여'의 원리라기보다 이를 뛰어넘는 '의사결정'의 원리다. 의사결정은 정치적 원리고, 권력배분을 뜻한다. 여기서 말하는 '주민자치 원리에 의한 권력'은 정권이나 이념의 권력이 아닌 시민사회에서의 새로운 '시민권력', 명확히 말하면 '주민자치적 시민권력'이다. 그리고 주민자치는 현 풀뿌리민주주의 제도를 보강하고 활력을 불어넣기 위한 원리이자 제도다. 이 주민자치로 작동되는 시민권력이 우리나라에서 생성되기 위해서는 새로운 공공적 영역으로서의 '공론장'이 요구된다. 당연히 이 공론장에서는 패권정치·이념정

---

69) 윤영근·정회옥, 『사회혁신을 위한 주민자치제도의 발전 방안』, 「수시과제 2018-02」, 한국행정연구원.

치·정당정치가 아닌, 생활정치가 활발하게 제시·생성·산출돼야만 한다. 그런 면에서 정부가 추진하는 읍·면·동 단위에서의 '주민총회 설치·운영 목적과 역할' 등을 어떻게 할 것인가는 매우 중요하다.

직접민주주의로부터 얻을 수 있는 것

이정옥 교수(2008)[70]에 의하면, 스위스 직접민주주의는 대의민주제와 보완적이다. 이정욱 교수는 "스위스 내각사무처 선거담당부처 대표인 한스 우르스 윌리 씨는 스위스 직접민주제의 두 축인 시민발의를 자동차의 액셀러레이터, 국민투표를 브레이크, 정부는 핸들로 비유하고 있다."라고 말한다. 또 2008년 10월 1일부터 3일까지 스위스 아르가우 주 아라우 시에서 열린 '제1회 세계 직접민주주의 대회'에서 데이비드 알트만 교수[71]는 직접민주주의를 좁은 의미로 규정하면서 시민발의와 시민발의에 의한 국민투표(referendum)가 제도화돼야만 비로소 직접민주주의라고 할 수 있다고 했다. 따라서 주민소환제, 위로부터 기획된 국민투표(plebiscite), 또는 주민참여예산제는 직접민주주의로 볼 수 없다고 주장했다.[72]

유럽 최초의 현대 직접민주주의 싱크탱크인 IRI[73]에 의하면, 직접민

---

70) 이정욱 대구 가톨릭대 교수는 민주화운동기념사업회 국제사업단장, IRI-ASIA 추진위원, 『직접민주주의로의 초대』 편역자다.

71) 칠레 산티아고대학 정치학 교수.

72) 부르노 카우프만·롤프 뷔치·나드야 브라운, 『직접민주주의로의 초대』(The iri guidebook to direct demoracy), 이정옥 역, 리북, 2008. 12. 15., pp. 16-17.

73) IRI(the Initiative and Referendum Institute): 유럽 최초의 현대 직접민주주의 싱크탱크로 세계 여러 나라 특히 유럽 직접민주주의 역사와 실천을 연구하는 데에 목적을 두고 2001년

주주의는 사회에서 어느 부분이 가렵고 아픈지를 잘 드러내 주며, 직접민주주의 체계는 만족해하는 패자들을 만들어 낸다. 또 직접민주주의는 정치를 교란하는 요소로 작용하기보다는 오히려 정치에 생기를 불어넣고 활성화되도록 만든다. 그리고 단순 의회에서보다 사회의 전 부분에 대해 기대치가 훨씬 높아진다. 특히 민주주의 원칙에 따라 실천에 옮겨지는 직접민주주의로부터 우리가 얻을 수 있는 것에 대해 안드레아스 그로스(Andreas Gross)는 저서 『직접민주주의』(direkte demokratie)에서 다음과 같이 요약했다.

첫째, 직접민주주의는 보다 균등한 정치권력의 배분을 뜻한다. 그것은 정치에의 평등한 참여의 원칙을 강화하고, 정치인과 시민을 더욱 가깝게 하며, 그 관계에 새로운 질을 부여한다. 직접민주주의 권리는 시민의 지위를 '비상근 정치인'으로 끌어올린다.

둘째, 직접민주주의는 소수파들에게 공청회권을 부여하고, 그것을 행사할 수 있는 권리를 제공함으로써 갈등이 벌어질 때 폭력에 의존하게 될 위험을 줄여 준다. 그것은 미해결된 사회 문제와 갈등의 감지기 역할을 해 정치적 결정의 정당성을 높임으로써 사회 통합을 북돋아 준다.

셋째, 기본권과 인권에 대한 존중은 어느 민주주의든 기본 전제다. 직접민주주의적 권리 행사는 민주적 태도와 시민적 품성을 높인다. 그렇게 함으로써 인권을 보호·유지하게끔 한다. 민주적으로 사고하고 행동하

문을 열었다. 한국에서 2008년 12월에 출판된 『직접민주주의로의 초대』는 IRI의 '직접민주주의 가이드북'으로 직접민주주의에 대한 이해를 돕는 풍부한 입문서다.

도록 훈련된 사람들은 권위주의적 정치의 유혹에 잘 빠지지 않는다.

넷째, 직접민주주의는 시민들이 정부와 의회를 보다 효율적으로 통제할 수 있게끔 하고, 정치제도와 정치 과정, 주요한 정치 문제라는 세 가지 기본적 차원에 있어서 정치인들에게 그들 독자적인 영향력을 행사하게 하고 정치를 혁신하게끔 한다. 직접민주주의는 과두체제로의 표류에 저항하고, 정치 제도들이 외부세계에 대해 스스로 문을 닫는 것을 막는 역동적인 요소다.

다섯째, 직접민주주의는 정치를 보다 더 활발하게 대화하는 정치로, 정치 결정을 보다 더 투명하게 만들고, 일체의 행위와 거래들을 평가와 감시의 대상에 포함시킴으로써 공공 영역의 질을 높인다. 인민에 대한 인민의 제안으로서의 시민발의는 대화의 이념을 체내화한 것으로 여기에는 행정부와 의회도 포함된다.

여섯째, 잘 발달된 직접민주주의는 권리와 절차를 시민의 손에 쥐어줌으로써 그들로 하여금 단순한 저항이 아니라 건설적인 도전과 개혁의 길로 나아가게 한다.

일곱째, 효율성을 속도와 혼동하지 말아야 한다. 의사결정 기반이 넓으면 넓을수록 주요한 정책 결정의 과오로부터 안전하다. 그리고 결정에 주어지는 합법성이 크면 클수록 이행에 있어서 더욱 효율적인 길을 깔아 준다. 직접민주주의는 모든 정치 시스템의 제도적 합법성을 강화하는 하나의 수단이다.[74]

---

74) 부르노 카우프만·롤프 뷔처·나드야 브라운, 『직접민주주의로의 초대』(The iri guidebook to direct demoracy), 이정옥 역, 리북, 2008. 12. 15., pp. 143-144.

직접민주주의 기준과 풀타임 민주주의

　직접민주주의는 이론이나 실천에 있어서 늘 논쟁의 대상이다. 직접민주주의를 어떻게 정의할 것인지에 대해서는 아직까지 어떤 합의도 없다. 따라서『직접민주주의로의 초대』에서 IRI는 직접민주주의에 대해 두 가지 기준을 제시한다. 첫째 기준, 직접민주주의는 사람에 대해서가 아니라 '이슈'에 대해 결정권을 행사하는 것이다. 따라서 직선제(주어진 선택지를 고르는)나 주민소환은 직접민주주의에 속하지 않는다. 둘째 기준, 직접민주주의는 시민들에게 결정권을 준다. 직접민주주의적 절차는 곧 '권력배분'의 절차다. 따라서 넓은 의미에서 직접민주주의는 시민의 권력을 강화하는 것이라고 정의할 수 있다.

　직접민주주의 기준을 이렇게 하면, 직접민주주의가 반드시 '주민의 정치 결정권'만을 의미하는 것은 아니다. 예를 들어 주민들이 주민투표를 요구할 권리는 갖고 있으나, 결정권은 갖고 있지 못할 경우라도 넓은 의미에서의 직접민주주의라고 할 수 있다. 직접민주주의는 절차상 '주민투표, 주민발의, 역발의' 3가지 형식으로 구성된다. 매 절차마다 다양한 세부 절차들이 정해질 수 있고, 그만큼 이를 제도화하고 있는 방식도 다양하다.

　직접민주주의에서 IRI가 가장 주목하는 것은 직접민주주의가 대의제 민주주의를 대체하는 것이 아니라는 점이다. IRI는 "직접민주주의는 대의민주주의를 대체하는 것이 아니라 보완하는 것이며, 잘 디자인되고 잘 시행되고 있는 직접민주주의는 대의제 민주주의를 더욱 대의적이게 만든다."라고 강조한다.

21세기에는 과거 회기 때나 선거기간 동안만 작동되는 '파트타임 민주주의'가 물러가고, 그 자리에 일상생활에서 시민들이 준정치인이 돼 상시적으로 중요한 문제에 대해 결정권이 작동되는 '풀타임 민주주의'가 들어설 것으로 IRI는 예견한다. 이것만이 대의제 민주주의로 하여금 진정으로 민의를 대변하게 만드는 길로 보기 때문이다. 그러면서 IRI는 장자크 루소의 사상인 "공공생활을 다스리기 위해 인민들은 법을 필요로 한다. 만일 모두가 그 법을 만드는데 관여하게 되면, 결국 누구나 자기 자신에게만 복종하면 된다. 그 결과는 누가 누군가를 지배하는 것이 아닌 '자율규제'다."라는 것을 끌어온다. 이것이 직접민주주의의 기본 전제다.

2008년 IRI에 의하면, 유럽의 경우 헝가리, 이탈리아, 라트비아, 리히텐슈타인, 리투아니아, 스위스, 슬로바키아에서만 완벽한 형태의 시민발의와 국민투표(아래로부터의)가 존재하고 있고, 독일과 몰타는 국민투표에 관한 헌법조항 자체가 없다. IRI는 "유럽과 세계 여러 나라의 직접민주주의의 미래는 '표현의 자유'와 '시민권의 공정한 사용'에 달려 있다."라며 그를 위해서는 다음과 같은 최소 요구조건들이 충족돼야 한다고 말한다.

첫째, 시민들은 스스로 시민발의와 국민투표를 추진할 수 있는 권리를 갖고 있어야 한다. 둘째, 국민투표의 결과는 구속력을 가져야 한다. 구속력이 없는 단순한 자문은 문제를 풀기보다는 문제를 한층 더 모호하게 하고 때로는 새로운 문제를 만들어 낸다. 셋째, 최소 투표율 정족수 규정은 철폐돼야 한다. 기권의 전술적 사용과 결과의 무효 선언도 정족수 규정 때문이다.

한국형 주민투표법과 주민조례발안 법률안

우리나라에서도 직접민주주의와 관련 있는 법률이 제정돼 있다. 「주민조례발안에 따른 법률」[75]과 「주민투표법」[76]이다. 「주민투표법」 목적(제1조)은 지방자치단체의 주요 결정사항에 관한 주민의 직접 참여를 보장하기 위해 지방자치행정의 민주성과 책임성을 제고하고 주민복리를 증진함을 목적으로 한다. 「주민조례발안에 따른 법률」 목적(제1조)은 「지방자치법」[77] 제19조[78]에 따른 주민의 조례 제정과 개정·폐지 청구에 필요한 사항을 규정함으로써 주민의 직접 참여를 보장하고 지방자치행정의 민주성과 책임성을 제고함을 목적으로 한다.

우선 「주민투표법」에 규정된 주요 내용을 보면, 우선 자치단체장은 주민이 정확하고 객관적인 판단과 합리적인 결정을 할 수 있도록 일간신문·인터넷 등 다양한 수단을 통해 주민투표에 관한 각종 정보와 자료를 제공하고, 선거관리위원회는 주민투표에 관한 정보를 제공하기 위해 설명회·토론회 등을 개최해야 한다(제4조).

또 주민에게 과도한 부담을 주거나 중대한 영향을 미치는 지방자치

---

75) 「주민조례발안에 관한 법률」(약칭: 주민조례발안법), 시행 2022. 1. 13., 법률 제18495호, 2021. 10. 19., 제정.

76) 「주민투표법」, 시행 2020. 1. 29., 법률 제16883호, 2020. 1. 29., 일부개정.

77) 「지방자치법」, 시행 2022. 1. 13., 법률 제18497호, 2021. 10. 19., 일부개정.

78) 제19조(조례의 제정과 개정·폐지 청구) ① 주민은 지방자치단체의 조례를 제정하거나 개정하거나 폐지할 것을 청구할 수 있다. ② 조례의 제정·개정 또는 폐지 청구의 청구권자·청구대상·청구요건 및 절차 등에 관한 사항은 따로 법률로 정한다.

단체의 주요결정 사항은 주민투표에 부칠 수 있다. 단 ▲법령에 위반되거나 재판 중인 사항 ▲국가 또는 다른 지방자치단체의 권한 또는 사무에 속하는 사항 ▲지방자치단체의 예산·회계·계약 및 재산관리에 관한 사항과 지방세·사용료·수수료·분담금 등 각종 공과금의 부과 또는 감면에 관한 사항 ▲행정기구의 설치·변경에 관한 사항과 공무원의 인사·정원 등 신분과 보수에 관한 사항 등은 이를 주민투표에 부칠 수 없다(제5조).

특히 자치단체장 또는 지방의회가 주민투표 청구의 목적을 수용했을 때는 주민투표를 발의하지 않는다(제13조). 주민투표에 부쳐진 사항은 주민투표권자 총수의 3분의 1 이상의 투표와 유효투표수 과반수의 득표로 확정된다(제24조).

다음으로 「주민조례발안에 따른 법률」에 규정된 주요 내용을 보면, 우선 국가 및 지방자치단체는 청구권자가 지방의회에 주민조례청구를 할 수 있도록 필요한 조치를 해야 한다(제3조). 또 주민조례청구 대상에서 ▲법령을 위반하는 사항 ▲지방세·사용료·수수료·부담금을 부과·징수 또는 감면하는 사항 ▲행정기구를 설치하거나 변경하는 사항 ▲공공시설의 설치를 반대하는 사항은 제외된다(제4조).

아울러 청구권자가 주민조례청구를 하려는 경우에는 청구인의 대표자를 선정해야 하며, 선정된 대표자는 ▲주민조례청구의 취지·이유 등을 내용으로 하는 조례의 제정·개정·폐지 청구서 ▲조례의 제정안·개정안·폐지안을 첨부해 지방의회의 의장에게 대표자 증명서 발급을 신청해야 한다. 그러면 지방의회의 의장은 제1항에 따른 신청을 받으면 대표자가 청구권자인지를 확인하여 대표자 증명서를 발급하고 그 사실을 공표해야 한다(제6조).

직접민주주의 동력 주민자치

앞에서 나의 삶을 쥐고 흔드는 권력 독점의 부당함과 나의 삶의 변화를 결정할 수 있는 법제도와 정책 의사결정권이 나의 근처로 오게 하는 개념으로서 '주민자치'[79]를 말했다. 또 주민이 지역의 주권적 주체(主民)가 되는 주민의 주권(主權, sovereignty),[80] 즉 현재 미약한 '주민주권'이 제대로 작동되도록 최소한 시민사회 영역부터 대의민주주의를 보완함과 동시에 더욱 발전시키는 제도나 사상으로서 '직접민주주의'를 제의했다.

주민자치는 참여에 중점을 둔 정치적인 원리로서 '직접민주주의 동력'으로 작동한다. 왜냐하면 '민의 주민자치'는 나의 삶을 쥐고 흔드는 의사결정권을 내가 투표로 뽑은 대의자(혹은 대리자)에게만 맡기거나 역할을 가중시킬 것이 아니라, 그 의사결정권을 내가 직접 행사할 수

---

79) 풀뿌리민주주의 핵심 요소로서의 주민자치는 지방 주민이 주체가 돼 지역의 공공사무를 결정하고 처리하는 주민 참여에 중점을 두는 제도로(행정학사전), 풀뿌리민주주의를 보다 강화하기 위해 관료 중심의 중앙집권적인 지방자치를 배제하고, 주민이 지방자치의 '주권적 주체'가 되는 개념을 의미한다.

80) 주권(sovereignty, 主權)은 국가의 의사를 최종적으로 전반적으로 결정하는 최고의 권력을 뜻한다. 현재 주권이라는 말은 ① 국가권력의 최고성·독립성 ② 국가의 최고의사(국가 의사의 최고원동력 또는 국가정치 형태의 최고결정권)을 의미하며, 국민주권 또는 군주주권이라 할 때의 주권은 이 뜻이다) ③ 국가권력 또는 통치권 그 자체를 가리킬 때가 있다(두산백과). 이와 관련 여기서 '주민의 주권'은 지역의 의사를 최종적으로 전반적으로 결정하는 최고의 권력을 뜻한다.

있고, 또 그에 대한 책임을 내가 질 수 있기 때문이다.

그동안 국가 영역 중심으로 체계화된 정치권력과 사회권력, 그리고 시장경제 영역의 자본권력이 평주민의 생활을 지배했다면, 그 틈을 비집고 시민사회 영역에서 평주민의 권력이 생성될 수 있어야 한다. 그리고 시민사회 영역에서 각 지역사회 내 평주민의 자치를 위한 공론장 혹은 시민의 자치를 위한 공론의 장이 구축돼 국가 영역이 달라지면 정치권력, 사회권력, 자본권력의 절대성은 파괴돼야 한다.

이유는 그동안 절대적이고 보편적이라고 생각했던 중앙집권적인 권력이 자치분권(지방분권) 등으로 달라지고 있고, 평주민들이 행정 질서와 정치질서에 대한 눈높이가 높아지고 폭도 넓어졌기 때문이다. 그렇다면 직접민주주의 제도에 대한 논의가 학계는 물론 정치계 전반에서 활발히 논의될 필요가 있다. 즉 '한국형 직접민주주의'는 어떤 형태여야 하는지, 그리고 정부가 추진 중인 주민자치회는 어떻게 직접민주주의와 대의민주주의 동력으로서 작동될 수 있을지 말이다.

주민자치회와 직접민주주의

2013년 7월, 주민자치회 시범실시 당시 모델로 거론된 '주민조직형'을 놓고, 읍·면·동 단위는 대의제 민주주의도 보완할 겸 주민 스스로 다스리는 직접민주주의를 하자는 의견들이 학자들 사이에서 본격적으로 대두되기 시작했다. 이어 주민자치 목적으로 동네민주주의와 지방민주주의 활성화가 등장하면서, 이 제도들도 '주민자치회 설치·운영'의 목적으로 부상했다.

이어 2017년 7월 문재인 정부는 마을협의체이자 주민대표기구로서 '주민자치회 설치·운영'을 국정운영과제로 선정하면서 시·군·자치구 아래 단위인 읍·면·동은 직접민주제로 하자는 요구가 학계를 넘어 일부 자치단체장, 연구자를 중심으로 터져 나오기 시작했다. 현재 읍·면·동 단위에서 주민자치주체기구의 형태를 띠려고 하는 기구는 대한민국에서 주민자치회가 유일하기 때문이다.

물론 직접민주주의는 꼭 읍·면·동 단위의 주민자치회가 아니더라도, 그동안 대의제 민주주의의 한계를 지적하면서 그 보완책으로 도입하자는 주장이 심심치 않게 토론회에서 제기되기도 했다. 그러나 대의제 민주주의가 발달한 오늘날 아무리 한계가 있다고 해도, 우리나라 실정에서는 국가나 지역 단위에서 직접민주주의를 실시하기에는 주민수가 너무 많고, 범위도 너무 넓어 아래로부터의 숙의와 참여, 그리고 의사결정을 하기에는 중단기적으로는 실현가능성이 희박하다. 그래서 읍·면·동 단위의 주민자치회를 통해 직접민주주의를 한번 해 보자는 것이었다.

그 직접민주주의를 하는 방법 중 하나가 주민자치회 위원을 주민들이 돌아가면서 해 보고, 주민자치회 운영도 생활세계에서 주민의 삶을 크게 바꾸는 정책을 주민들이 직접 발의·투표해서 운영해 보자는 것이 문제 제기였고 방향이었다. 물론 그 제기와 방향은 정부, 지방자치단체, 전문가, 지역 리더들이 설계하는 과정에서 많이 달라지긴 했지만, 기본적 제기 중 하나인 '주민총회'가 행정안전부의 '주민자치회 표준조례안'에 명시돼, 전국 시·군·자치구 조례에 규정되는 단계에 이르렀다.

그러나 정부가 추진하는 주민자치회는 직접민주제가 지향하는 주민의 생활에 과도한 부담을 주거나 중대한 영향을 미치는 주요'정책결정 과정 참여권' 혹은 '정책결정에 대한 선택권'을 주민에게 보장하는 것과는 거리가 멀다. 직접민주주의는 '주민발의, 주민투표, 재발의'라는 수단을 통해 주민들이 조례안 혹은 정책안을 발의하고, 조례와 정책 등의 승인 또는 거부를 위해 찬반투표를 진행하는 것이다.

이를 적용해 보면, 우선 주민조례발의라는 수단을 통해 주민들이 조례 제정과 기존 조례에 대해 개폐를 청구하고, 조례의 제정 또는 개정 및 폐기를 위해 주민표결을 진행하는 것으로 볼 수 있다. 또 주민 생활과 밀접하면서 삶에 큰 변화를 주는 지방자치단체의 주요 결정사항에 대해 주민투표라는 수단을 통해 승인 또는 거부, 향후에는 지역과 주민 생활에 필요한 정책을 주민이 직접 제의하고 추진하도록 하기 위해 주민표결을 진행하는 것으로 볼 수 있다. 이는 여러 공론장에서 주민들에 의해 합의된 의제 중 주민총회에서 결정한 정책을 지방정부가 반영하지 않으면, 이를 반영하도록 주민투표에 부치는 것과 연관돼 있다. 이 문제는 국민적 정서가 수용하느냐와 정치권이 수용하느냐에 달려 있다.

현재 정부가 추진하는 주민자치회가 읍·면·동 단위에서 주민총회를 운영한다고 해서 직접민주제의 일환이라 하지만, 엄밀히 말하면 직접민주제가 아니다. 현 주민자치회는 주민이 직접 참여해 지역사회 문제에 대해 의사결정을 내리는 직접민주제를 적용하기 어렵다.

왜냐하면 주민자치회는 지역사회에 대한 의사결정권(주민들의 공의에 입각한)을 부여받을 수 없고, 특히 의사결정을 내리기 위한 숙의민주제에 의한 담론정치를 펼칠 수 있는 공론장 운영을 할 수 있는 구조가 아니기 때문이다.

현재 주민자치회는 읍·면·동 단위의 민민협의체도 아니지만 민관 중간지원체도 아니다. 서울시의 경우 구 자치사업단과 동 자치지원관의 관리·감독하에서 운영되고 있기 때문이다. 즉 주민이 자치하는 주민자치조직들의 주체적 플랫폼 기구(주민자치주체기구)가 아닌 것이다. 고로 주민생활을 크게 변화시키는 정책결정권은 사양하더라도, 하다못해 아래로부터 주민에 의한 정책투표권이나 조례발의권, 특히 이 투표권·발의권의 토대가 되는 지역 주민들의 공론장조차 주민자치회가 만들 수 있을지 의문이다.

3

생활정치와 담론정치

담론정치와 생활정치에 대한 소견

앞서 시민사회 영역에서 '민의 주민자치'를 필요로 하는 조건 중 하나로 '담론정치를 통한 의사결정 권력 생성과 생활정치 활성화'라고 제시했다. 그 담론정치를 통한 지역사회질서에 대한 의사결정은 주로 공론장에서 이뤄진다. 그만큼 공론장 형성은 매우 중요하다. 공론장은 공과 사, 개인과 정치, 정치와 사회 간의 관계를 끊임없이 재구성하기 때문이다. 이를 위해서는 새로운 공공적 영역, 즉 공론장이 구축돼 패권정치 · 이념정치 · 정당정치가 아닌, 담론정치(discourse politics)와 생활정치(life politics)가 활발하게 제시 · 생성 · 산출돼야 한다고도 말했다. 그리고 담론정치가 이뤄지는 공론장의 규모는 의제의 중요도와 범위, 그리고 의사소통 역량과 네트워킹 기술에 따라 정해진다.

생활정치의 근본을 이루는 것은 대가를 바라는 노동이나 일과 구별된 주민들의 '기여 활동'이 핵심이다. 또 생활정치는 이념·패권·정당정치와 구별된 주민들의 '자치 행위'다. 이 활동과 행위는 동력을 제공하는 공론장을 필요로 하며, 이 공론장에서는 의사결정을 위한 과정에서 담론정치가 이뤄진다. 그리고 이 의사결정을 위한 주된 논의 범위가 주민의 삶에 직접적인 영향을 미치는 주관적·일상적 세계인 생활세계[81]다.

박영욱(2015)[82]에 의하면, 위르겐 하버마스(Jürgen Habermas, 1929~)가 보기에 상호이해와 소통을 지향하는 활동이 일어나는 곳이 바로 우리의 일상, 즉 생활세계다. 하버마스는 생활세계 못지않게 체계 역시 사회 통합의 질서로서 반드시 필요한 것임을 강조하지만, 자본주의가 발전하고 국가의 행정력이 비대해지면서 체계의 질서가 일상생활 속에까지 침투해 버렸다는 사실도 강조한다.

국가가 생활세계를 체계화하는 것에 대해 하버마스는 '체계에 의한

---

81) 생활세계(Lebenswelt, lifeworld, 生活世界)는 학문적으로 수립된 객관적 세계와 대립되는 주관적·일상적 삶의 세계를 의미한다.

82) 박영욱 숙명여자대학교 교양학부 교수는 고려대학교 대학원에서 칸트 철학 연구로 박사학위를 받았다. 그는 사상이란 머릿속에만 존재하는 추상적인 개념이 아니라고 말하며, 예술을 통해 사상의 감각적 측면을 드러내 보이고자 한다. 저서로는 『보고 듣고 만지는 현대사상』 『데리다와 들뢰즈: 의미와 무의미의 경계에서』 『철학으로 대중문화 읽기』 『매체, 매체예술 그리고 철학』 『미디어아트는 X예술이다』 『필로아키텍처: 현대건축과 공간 그리고 철학적 담론』 등 다수가 있다.

생활세계의 식민지화'라고 부른다. 국가는 모든 행위를 '효율과 기능'이라는 잣대로 사전에 정당화한다는 것이다. 그러나 생활세계를 이루는 언어활동의 정당성은 오로지 참여한 당사자들의 상호이해를 통해서만 얻어진다. 정당성이 미리 결정되거나 강제로 주어질 때, 이는 폭력적이고 기만적인 것이 된다. 하버마스가 보기에 오늘날 가장 시급한 과제 중 하나는 바로 생활세계를 식민지 상태에서 해방시키는 것이다.[83]

지역사회에는 직업의 다양성보다 더 다양한 주민들이 살고 있다. 또 밤하늘의 별만큼이나 많은 생각과 욕구들과 욕망들이 존재한다. 그리고 주민들은 이 욕구와 욕망을 채우고자 하는 각자의 이익을 위해 국가 영역에서 정치인이나 공무원, 시장경제 영역에서 기업인이나 종업원, 학교나 전문직에 종사하고 있다. 그리고 그들은 돈(물질)보다 또 다른 이익인 보람과 명예를 얻기 위해 시민사회에서 비영리 공동체·결사체·동호회 등에 참가하고 있다. 물론 그 어떤 조직에도 가담하지 않고 집과 직장을 오가는 주민들도 있다.

이처럼 다양한 상황에 놓인 주민들의 욕구와 욕망들 중 '사적 이익'을 '공공적 이익', 공공적 이익을 '공적 이익'으로 만들어, 그 공공적 이익과 공적 이익이 결과적으로 자신의 사적 이익으로 되돌아오게 하기 위한 참여민주적·숙의민주적 과정으로서의 담론정치를 필요로 한다. 참여와 숙의 과정에서 펼쳐지는 담론정치는 자신의 욕구와 욕

---

83) 박영욱, 『보고 듣고 만지는 현대사상』, "식민지화된 생활세계를 해방시켜라", 바다출판사, 2015. 8. 25.

망이 반영되는 과정과 혹은 반영되지 못하는 과정을 직접 체험하게 한다. 따라서 담론정치는 자신의 욕구와 욕망이 채택되지 않더라도 인정 혹은 만족하는 '아름다운 패자'를 만들어 내며, 이 아름다운 패자를 돋보이게 한다.

담론정치를 통해 합의된 '공공적 이익(일반이익)'은 다양한 주민들과 공동체·결사체들의 '사적 이익(특수이익)'들 간 타협의 결과다. 이 결과는 읍·면·동 내 주민들이 공론장에 모여 각각의 사적 이익들을 제기, 공유, 토의, 토론하면서 불가피한 희생들을 인식하고, 그 희생들을 최소화하면서 조정과 타협을 통해 생성하게 된다. 이런 참여민주적·숙의민주적 과정을 '담론정치'라 한다. 이런 공론장에서 담론정치를 통해 합의된 의제는 개인적인 것부터 읍·면·동은 물론 시·군·구를 넘어 국가 차원에서 다룰 문제까지 논할 수 있다. 단, 의제는 생활세계에 관한 것으로 주민 생활과 매우 밀접한 것이어야 한다.

의제는 우선 분야별과 행정 단위별로 분류한다. 그리고 행정 단위별 의제는 다시 주민자치주체기구협의회(시·군·구)와 주민자치주체기구연합회(시·도) 단위의 공론장에서 다시 담론정치를 통해 의제를 도출한다. 이어 합의된 행정 단위별 의제는 지역 주민들이 해결할 수 있는 것은 주민들 스스로, 주민들이 할 수 없는 것은 지방정부, 광역정부, 그리고 국가 차원으로 분류해, 각각 단위의 정부에 의뢰 혹은 요청한다. 다시 말해, 읍·면·동과 협력할 의제는 주민자치주체기구에서, 지방정부에 요청할 의제는 시·군·구 주민자치주체기구협의회, 광역정부에 요청할 의제는 시·도 주민자치주체기구연합회를 통해 요청한다.

　주민자치는 정부에서 계몽이나 수혜로서 행정의 틀로 실시하는 것이 아닌, 새로운 가능성을 잉태하고 있는 생활정치와 담론정치의 근간이 되는 원리다. 또 '새로운 가능성'이란 평주민이 도구에서 '주체', 투명에서 '불투명', 대상적 주체에서 '주권적 주체', 통치적 대상에서 '자치적 주민(主民)'으로 거듭날 수 있는 가능성이다. 물론 주민자치에 있어 주민의 권리(혹은 주권)와 주민 참여 간에는 간극이 존재한다. 대의민주제하에서 주민은 투표를 통해 표면적으로는 의견을 개진하고 정치적 참여의 기회를 얻고 있는 것 같아 보인다. 또 참여로 인해 더 많은 주민들이 호명되고 인센티브가 제공되고 있다고 생각하지만, 그것이 주민의 권리 강화로 나아가고 있는지에 대해서는 고민이 필요하다.

　일본의 사상가·비평가 가라타니 고진은 "무기명 투표에 기반한 보통선거-대의민주주의에서 대중은 정치에 참여할 수 없다. 그저 대표자(유력자)에게 한 표를 던질 뿐이다."라고 지적한다. 즉 유권자는 무기명 투표에서 주권(주인된 권력)을 행사하는 것처럼 보이지만 그때뿐, 선거가 끝나면 유권자는 엄연한 현실 권력 아래로 돌아온다. 이런 현실 속에서 보통선거-대의민주제에서 유권자인 평주민은 자기 삶을 바꾸는 것에 있어서 어떤 선택을 할 수 있을까? 아무리 자발적이라 해도 그저 주어진 선택지 중에 고르는 것일 뿐이다. 그렇다면 대의제 보완으로서의 직접민주제를 실현할 주민대표기구인 주민자치주체기구의 정치적 역할, 즉 생활정치와 담론정치를 위한 역할을 어떻게 부여하면 좋을까?

주민자치 실현조건 생활정치

폴 슈메이커(2008)[84] 미국 캔자스대학 교수에 의하면, 공동체에서 살고 있다는 것은 정치적 삶의 전제조건이 된다. 모든 공동체는 정치적이다. 모든 공동체의 구성원들은 변하기 때문에 누가 구성원이 돼야 하며, 구성원들이 자기 공동체 내에서 어떤 지위를 가질 것인가 하는 질문이 제기된다. 공동체에는 문화 규범이 있어서 그 규범이 거주자들의 삶을 조건 짓기도 한다. 그러므로 공공정치철학을 구성하려면 정부의 역할과 시민사회의 요소들을 반드시 논의해야 한다. 공동체의 종류가 각양각색이고, 시민사회가 정치체의 구조를 형성하는 데 (잠재적으로) 중요하기 때문에 반드시 정부의 권위만이 여러 공동체들을 완전히 지배하고, 생활세계의 삶에 큰 통제력을 행사한다고 가정해서는 안 된다. 그래서 시민사회에서는 권력정치보다 생활정치가 필요한 것이다.

자유민주주의 국가인 우리나라에서 지역사회 정치질서는 주민자

---

84) 폴 슈메이커(Paul Schumaker): 1972년부터 미국 캔자스대학의 교수로 재직해 온 원로 정치학자. 오랫동안 미국 정치의 체계적인 편향에 관심을 둬 왔고, 이를 토대로 다원주의 정치이론의 재구성을 시도한 『Critical Pluralism』을 1991년에 출간했다. 이 책에서 슈메이커 교수는 지역 정치 공동체가 세 가지 정치 목표—정치 원칙과 정책의 융합, 책임 있는 대표성, 복합적 평등—를 달성할 수 있는 역량을 갖는가를 분석했다. 그 후 2008년에는 다원적 공공정치를 주창하는 『진보와 보수의 12가지 이념』(From ideologies to public philosophies)을 출간해 정치사상의 새로운 장을 열었다는 평가를 받았다.

치 원리에 입각해 지역정치를 펴야 하고, 특히 지역사회의 시민사회 영역에서는 생활정치가 필요하다. 조대엽(2015) 고려대학 교수에 의하면, 생활정치는 정당정치에서 이념과 제도, 그리고 권력을 걷어 낸 주민들의 삶의 주체적 구성과 관련된 자아실현과 일상생활의 정치를 중심으로 구축된 질서로, 일차적으로 일상적 삶의 영역에서 작동한다는 점에서 생활세계를 그 기반으로 한다. 이와 달리 기존의 제도정치는 정치권력이 매개하는 정치행정 영역과 화폐가 매개하는 경제 혹은 시장 영역을 기반으로 작동한다는 점에서 '체계정치'라고 말할 수 있다.[85]

따라서 '생활정치'란 지역 주민의 삶과 직접 관련된 공공정책인 환경, 복지, 주거, 어린이·여성 안전, 인권 등을 위한 결정 과정에 기획 단계부터 조사와 토론을 거쳐 살기 좋은 지역을 만들고, 동시에 주민의 삶의 수준을 향상시키기 위해 지방정부와 지방의회에 그 뜻을 반영시키고자 하는 과정을 포괄하는 행위라 할 수 있다. 이 같은 행위는 주민들이 인간다운 삶을 영위하게 하고, 상호 간의 이해를 조정·협의하며, 지역의 정치질서와 사회질서를 바로잡는 역할과 실천과정이라 할 수 있다.

시·군·자치구 및 읍·면·동 범위 이하에서의 생활정치는 폭넓은 민의를 반영하기 어려운 현실적인 문제를 안고 있는 대의민주제를[86]

---

85) 조대엽, 『생활민주주의의 시대』 나남, 2015. 3. 1.

86) 미국의 혁명가들에게 공화정은 민주정과 달리 '대의제 정부'라는 형태를 갖는 근대적인 정치체계다. 프랑스의 사상가 루소는 "영국인은 선거 때만 자유로울 뿐, 그것이 끝나면 다시 노예 상태가 된다."라며 대의제를 부정적으로 평했다.

보완하기 위해 시민사회 영역부터 직접민주제를 적용해 추진할 필요가 있다. 그 직접민주제는 ① 지역사회의 통합 측면에서 밑으로부터의 참여적·숙의적 민주주의를 정착하고 ② 지방정부의 정책 추진과 집행에 있어서 직접적인 관심과 지지를 이끌어 낼 수 있으며 ③ 주민들로 하여금 지방행정에 대한 신뢰감과 정치적 효능감과 일체감을 제고함으로써 성숙한 민주주의 발전에 기여할 수 있을 것이다.

특히 생활정치에서 일본의 '동경 생활자 네트워크'와 '가나가와 네트워크'의 '대리인 운동'을 참고할 만하다. 대리인 운동의 핵심 개념은 시민(주민)을 대표하거나 대변하는 것이 아닌 정책 결정 과정에서 그를 추천한 사람들의 목소리를 대신 전달하는 역할을 할 수 있는 지역 정치인을 만들자는 것이다.

이호(2003) 한국도시연구소 책임연구원에 의하면, 대리인 운동은 시민 스스로가 조사하고 발견한 것을 의원을 통해 정책 결정에 영향을 미치도록 하는 것이다. 따라서 시민들의 적극적인 참여가 전제돼야 한다. 대리인 운동은 시민들의 목소리를 그대로 의정에 반영한다는 것을 주요한 내용으로 삼는다. 이를 위해 후보자를 선출하는 과정 역시 자신이 후보자가 되기를 희망하는 사람이 아니라, 네트워크 구성원들이 후보자로 만들고 싶은 사람을 선출해 선거에 내보낸다.[87]

---

87) 이호, 『도시와 빈곤』(Vol.64), "생활 속에 뿌리내린 일본의 지역정당", 한국도시연구소, 2003. 10.

주민자치 실현조건 담론정치

토론은 찬성 측과 반대 측이 모여서 자신의 주장을 펼치는 일종의 싸움형식이 강하다. 백미숙(2014) 성균관대 교수에 의하면, 토론 문화는 한 국가의 민주주의를 평가하는 중요한 척도다. 그리스가 민주주의를 꽃피울 수 있었던 것은 정치적 · 경제적 · 사회적 · 법적 주요 사안에 대해서 토론을 의사결정의 수단으로 인식하고, 이를 활용해 왔기 때문이다. 영국과 미국에서 근대 민주주의가 태동할 수 있었던 것역시 토론 문화가 있었기 때문이다.[88] 반면 토의는 토론에서 나오는 주장과 주장이 맞붙어서 누구의 주장이 맞느냐를 다투는 것이 아니라 여러 사람의 의견, 생각, 판단, 주장 등이 서로에게 전달되는 일종의 공유형태의 모습이다.

담론(discourse, 談論)은 사전적으로 '대부분의 사람들이 지지하고 있는 의미나 생각, 가치체계, 해석, 세계관 혹은 많은 사람이 사용하는 언어의 집합체' 등을 일컫는 말이다. 레이첼 헤어 머스틴(Rachel Hare-Mustin, 1994)은 '담론'이란 진술, 실천, 보편적 가치를 공유하는 제도적 구조체제라고 정의했다. 즉 사람들이 보편적으로 생각하고 상식적이라고 생각하는 가치관 혹은 세계관 등을 포함하는 개념이 담론이며, 사람들은 이 담론에 입각해서 경험과 현상을 생각하고, 해석하고, 판단하고 행동의 방향성을 설정한다.[89]

담론주의(discoursism)는 오늘날의 대의민주주의가 대표성과 민주성

---

88) 백미숙, 『토론』 "토론은 합리적 · 민주적 의사소통 방법", 커뮤니케이션북스, 2014. 4. 15.
89) 김춘경(공저), 『상담학 사전 세트』 학지사, 2016. 1. 15.

을 상실했다는 관점에서, 정책결정 과정에 이해관계를 가진 시민들이 진지한 담론을 통해 공식적 정책결정자와 협상하거나 또는 대립되는 이해관계자들이 직접적인 협상을 통해 정책을 결정하도록 하자는 주장을 말한다. 하버마스의 생각에 뿌리를 두고 있는 담론주의자들은 이와 같이 정책 과정에 대한 시민 참여의 강화를 강조한다.[90]

정재철(2014) 단국대학교 커뮤니케이션학부 교수는 "담론은 현실에서 전개되는 각종 사건과 행위들을 해석하는 해석적 틀 혹은 인지적 틀을 제공한다."라며 "이런 해석적 틀을 토대로 담론은 사회의 구성원들에게 특정한 인식과 가치관으로 현실을 인식하도록 하고, 나아가 현실을 재구성하게 하는 효과를 갖는다."라고 말한다. 예를 들어 자본주의 사회에서 남성다움에 관련된 지배적 담론은 힘, 자신감, 자립성, 공적으로 일할 수 있는 능력으로 구성돼 있는 반면, 여성다움에 관련된 지배적 담론은 양육, 가사, 감수성, 방어의 욕구 등과 관련이 있다. 이런 결과로 남성다움에 관련된 담론은 남성들이 사회에서 많은 공적인 위치를 점유하는 것이 불가피하고 자연스러운 것처럼 보이는 해석 틀, 혹은 가치관을 제공하게 된다(Fiske, 1990).[91]

그러나 '담론정치'는 자아실현과 삶의 질 향상을 위해 '이미 정해진 담론'을 깨뜨려 발전적으로 나아가기 위한 정치적 행위과정이다. 담론정치가 행해지는 '공론'은 주민들의 욕구와 욕망을 해석하고 '재정의하는 담론'에 의해 구성되는 것이지 이미 정해져 있는 것은 아니기

---

90)　이종수, 『행정학사전』, 대영문화사, 2009. 1. 15.
91)　정재철, 『문화연구의 핵심 개념』, 커뮤니케이션북스, 2014. 4. 15.

때문이다(사이토 준이치, 2014). 담론정치는 어떤 문제에 대해 다양한 의견, 생각, 주장 등이 있을 수 있기 때문에 정답을 내리거나 정의를 내리는 것이 아니다. '정의'와 '개념'이라는 말에는 정해진 울타리가 있어서 여기에서 벗어나면 안 되는 '강요'라는 것이 있기 때문이다. 이미 사회적으로 정의와 개념이 서 있으면, 자신의 생각이 달라도 그 울타리 안에 들어가야만 하는 강요성이 존재한다. 담론정치에는 이런 울타리와 강요성이 없다. 그냥 자신의 생각을 제시하고, 타인의 생각을 이해하거나 수용하지 않을 뿐이다. 따라서 '내 말이 맞다.', '네 말은 틀리다.'라는 싸움이 아니다.

따라서 담론정치는 토의과정, 토론과정, 합의과정 등 참여민주적·숙의민주적 과정 모두를 포함한다. 즉 담론정치는 어떤 문제에 대해 여럿(개인들, 단체들 등)의 사적 이익들이 충돌해 다듬어지고, 이해되며, 양보하는 가운데 합의된 이익이 사적에서 공공적, 그리고 공적으로 변화되는 과정이다. 예를 들면 담론정치는 이미 정해진 선택지 가운데 선택을 하기 위한 투표나 거수기를 하는 것이 아니라, 차이들이 충돌하는 과정을 거쳐 선택지를 정하는 것을 핵심으로 한다.

주민자치에서 담론정치가 중요한 이유는 다음과 같다. 첫째, 주민자치주체기구가 시민사회를 향해서는 주민들을 설득해 동의를 얻고, 정책과 입법을 향해서는 지방정부와 지방의회를 설득해 동의를 얻을 수 있는, 즉 시민사회에서 평주민들이 헤게모니를 구축할 수 있는 일련의 과정을 담아내는 공론장을 제공한다. 또 주민 개개인을 포함한 지역 공동체·결사체들이 이 공론장을 통해 특정한 이익과 정치적 목적을 달성하고자 하는 새로운 사회적·정치적 담론을 생산한다.

둘째, 중앙정부는 주민자치 담론을 균형발전 차원(보편성, 국가 차원)에서 수행하려는 경향이 있고, 지방정부는 자치를 표방하기 때문에 권한 배분 차원(특별성, 지역 차원)에서 받아들이려는 경향이 있다. 그러나 지역사회를 구성하는 다수의 주민들은 주민자치 담론을 새로운 시민권력으로 생성하려는 경향이 있기 때문에 보충성에 입각한 권한 배분 차원에서 받아들이려는 경향이 있다. 따라서 담론정치는 이들 정책집행자들과 평주민들 상호 간에 이성적인 설득과 소통, 그리고 합의를 통한 '살기 좋은 지역사회 만들기'와 '주민의 삶의 질 향상' 달성에 효과적이다.

주민자치주체기구의 생활정치

흔히 '생활정치'의 관점을 거부하는 입장에서는 주민 생활의 일은 정치적 쟁점이 될 문제가 아니라 순수하게 행정의 공공서비스의 영역이라고 여기는 경향이 있다. 그러나 정치가 ▲가치의 배분 과정이고 ▲사람들 사이의 의견차이나 이해관계를 둘러싼 다툼을 조정·해소하는 과정이며 ▲공공적 사안에 대한 복수의 대안에 대한 집합적 선택을 해 나가는 과정이며 ▲주민들이 인간다운 삶을 영위하게 하고 ▲사회질서를 바로잡는 방향성을 제시하는 과정이라 보면, 지역의 쓰레기와 주차, 안전한 거리 조성 등의 문제 해결도 정치적인 것이다.

물론 지역 쓰레기나 주차 문제를 해결하는 데 있어 더불어민주당이나 국민의힘 등 중앙정당이 개입할 정도로 중요하지는 않겠지만, 정치적인 것이다. 쓰레기를 치우더라도 누가 치울 것인지, 치우는 방법, 치우는 장소 선정, 쓰레기 재활용 방법, 그 과정에 드는 비용 충당 방법, 쓰레기 발생원인 규명과 책임 부과 등에 있어 주민들 간 가치의 충돌은 정치적 속성을 갖고 있다. [92]

국가 하부의 작은 공동체·결사체들은 그들만의 문제와 포부 및 전통을 지니고 있다. 또 자유민주주주의 국가 내의 시민사회에 존재하는 여러 종류의 공동체·결사체들, 즉 종교단체, 교육기관, 사회단체, 문화단체, 환경단체, 복지단체, 방재단체, 경제단체, 상업단체 등은 국가 정치기구의 감독이나 간섭을 거의 받지 않고 공통의 이익을 추구할 수 있다.

토크빌에 의하면, 결사체는 진정한 매개권력으로서 정치적 자유를 위해 수행하는 투쟁을 결집한다. 결사체들은 원자화된 시민들의 허약함을 치료하면서 개인주의에 대한 해독제 역할을 한다. 결사체는 공적인 삶을 교육시키고, 사적인 이익과 공적인 이익을 결합시키는 기회를 제공한다. 토크빌(Alexis de Tocqueville, 1805~1859)은 새로운 정치학을 '결사체의 과학'이라고 부른다. 정치적 자유의 열쇠는 바로 결사체 정신에 근거하는 것이다. [93]

따라서 주민자치주체기구를 구성하는 지역 공동체·결사체들은 지역사회에서 주민의 삶을 변화시킬 수 있는 정치적 협력, 즉 담론정치

---

92) 윤영근·정회옥, 『사회혁신을 위한 주민자치제도의 발전 방안』, 「수시과제 2018-02」, 한국행정연구원.

93) 홍태영, 『몽테스키외&토크빌 개인이 아닌 시민으로 살기』, 김영사, 2015. 4. 11. p.108.

와 생활정치의 기반이 되는 세포조직이다. 그러므로 지역 주민의 자치조직으로서의 공동체·결사체는 더욱 다양화되고 활동도 적극 활성화돼야 한다. 특히 지역 공동체·결사체들의 협의체이자 민관중간 지원체인 '주민자치주체기구'는 지역정당을 보완하는 일종의 생활정치적 결사체로서 지역사회에서 생활정치를 활성화하는 역할을 담당해야 한다.

그러므로 주민자치주체기구가 지향하는 생활정치는 패권정치나 정당정치(자치단체장이나 지방의회 진출), 또는 이권을 노린 압력정치가 아니다. 주민자치주체기구가 수행하는 생활정치는 주민(나와 이웃)의 문제를 해결해 주고, 생활세계에 필요한 공공서비스를 제공하며, 나아가 주민들의 참여와 숙의를 이끌어 내 '살기 좋은 지역사회 공공질서'를 만들어 지역의 발전과 주민들의 삶을 풍요롭게 하는 것을 목적으로 한다.

주민자치주체기구의 담론정치

담론정치는 한편으로 시민사회를 통해 헤게모니를 획득하는 중요한 기제(機制)[94] 또 한편으로는 국가 영역, 시장경제 영역, 시민사회 영역이 교차하는 '공론장'에서 공과 사를 재구성하는 중요한 기제로 작용한다. 또 담론정치의 장은 단순히 다양한 세력들의 의미 투쟁의 장으로서만 기능하는 것이 아니라, 평주민들을 시민사회의 주체로, 주

---

94) 기제(機制): 인간의 행동에 영향을 미치는 심리의 작용이나 원리. (국어사전)

민들을 지역의 주인으로, 시민들을 국가의 주권자로서의 권한 폭을 재구성할 수 있다는 점에서도 중요한 개념이라고 할 수 있다.

문진수(2018) 서울신용보증재단 상임이사에 의하면, 경제성과 효율성 관점에서는 작은 수레를 이끌고 폐지 100kg을 종일 수집해 5,000원(1kg에 50원)을 버는 100명(총 50만 원)의 어르신보다 기계손이 달린 수거 차량을 이용해 1명이 100명의 생산성을 내는 것을 선택하는 것이 낫고, 공동체와 노인 돌봄 관점에서는 차량 운행을 즉시 중단해야 한다. 만일 폐지 줍는 어르신들을 위해 기업의 후원금을 받아 튼튼하게 제작된 수레를 제공하거나, 수레에 공익광고 간판을 달고 광고비 중 일부를 정부예산으로 지급하는 방법을 통해 어르신들의 수입을 늘리는 성과를 창출했다면 의미 있는 혁신경로를 찾은 것이라 할 수 있다. 문진수 상임이사는 이런 일이 현실화되려면, 노인의 존엄하고 자립적인 삶의 가치를 국정지표로 삼고 있는 정부와 소외된 이웃들에 대한 돌봄 사업을 마땅히 해야 할 사회적 책임 영역으로 바라보는 기업이 있을 때 가능하다고 말한다.[95]

이런 측면에서 볼 때, 주민자치주체기구는 담론정치를 통해 소수의 이익과 다수의 이익이 충돌하는 것에 대한 선택과 배제, 또 한편으로 다양한 차이들이 숙의(熟議)를 통해 합의된 주민들의 공의(公義)를 생성(生成)하고, 또 공적 기관인 지방정부(지방의회 포함)와의 협치를 논의하는 공론장에서 공(公)과 사(私)를 재구성하는 역할을 해야 한다. 주

---

95) 문진수, 『지방자치 이슈와 포럼』(Vol. 21), 「사회적 가치와 사회혁신」, "사회혁신의 조건", 한국지방행정연구원, 2018년 10월. pp. 34-36의 내용을 재편집한 것이다.

민의 삶을 변화시키는 정책과 조례에 평주민들의 욕구와 욕망을 반영시키는 것에 있어서, 주민자치주체기구의 대표적 담론 전략 중 하나는 지방정부(지방의회 포함)에 대한 견제와 감시를 통한 생활세계에 대한 협업과 협치라 할 수 있다.

주민자치주체기구의 지방정부(지방의회 포함)에 대한 견제와 감시는, 지방정부에서 이미 결정한 사안은 공적인 것으로 강조해 주민 참여의 폭을 확장시키고, 반면 평주민들의 공의는 사적인 것으로 치부하거나 무시해 주민 참여의 폭을 위축시킬 수 있다는 점에서 중요하다. 따라서 주민자치주체기구가 지방정부의 공공서비스 문제에 대해 정의를 내리고, 진단·평가를 통한 정책 추천 활동 등의 과정은 담론정치를 통해 이뤄져야 한다. 이런 담론정치는 참여민주적·숙의민주적 과정이며, 이를 통해 생성된 새로운 담론들은 사회적 관심들을 불러일으키고, 그 관심은 지방정부와 지방의회와의 협업·협치를 이끌어낼 수 있다.

시민사회 영역에서의 담론정치 근원은 '시민권력'이며, 담론정치는 시민권력의 생성·이동·변화에 초점을 맞춘다. 이 시민권력은 주민자치 원리가 작동되는 영역에서 효력을 발생하며, 시민권력은 모든 평주민이 지역사회 내에서 정치적·사회적·경제적·노동적 계급에서 자유롭고 의사결정에서도 평등하다는 의미를 갖는다. 또 민관중간지원체로서의 주민자치주체기구는 주민생활과 밀접한 공공서비스 가치 분배에 있어서 행정과 대등하게 한 축을 담당할 수 있다는 의미를 갖는다. 그러므로 담론정치는 대의민주제를 보완할 수 있는 직접민주제로 작동돼야 한다.

생활세계에서 담론정치는 인권, 환경, 주택, 안전(방범, 방재), 교통, 육아, 여성, 노인, 교육, 복지, 문화, 지역경제 등 주민의 삶을 크게 변화시키는 생활공공서비스 '가치 분배(이는 정치에 있어 핵심 기능이다)'에 주목한다. 고로 주민자치주체기구는 담론정치에 가장 많은 인적 자원들을 동원해 전문 지식과 현장 욕구들을 근간으로 다양한 식견(識見)들을 제공해야 한다. 그와 동시에 주민의 삶을 크게 변화시키는 정책과 법제도는 지속적으로 공론화해야 한다. 그러나 특히 주의해야 할 것은 ▲지배세력과 피지배세력 간 ▲의사결정권이 있는 세력과 의사결정권이 없는 세력 간 ▲정책집행세력과 정책수혜세력 간에 이분법적 투쟁을 중심으로 진행되는 담론정치는 지양해야 한다.

4

지역정치와 지역정당

정치와 정당과 지역정당

'정치'는 좋은 세상을 만들어 다른 사람과 함께 행복하게 살아가기 위해서는 꼭 필요한 것이나 한마디로 정의할 수 없을 정도로 의견이 다양하다. 그래도 쉽게 말하자면 '좋은 사회를 만들기 위해 사람들 사이의 의견 차이나 이해관계를 둘러싼 다툼을 해결하는 활동 과정'이라 할 수 있다. 이렇게 본다면, 국회의원이나 대통령, 지방자치단체장과 지방의원들이 국가와 지역의 중요한 결정을 내리는 활동만이 아니라, 학교에서 반장·학생장 선거부터 주차·쓰레기·환경 문제 등 내 주변과 생활을 바꾸는 결정도 모두 정치라고 할 수 있다.

사전적 의미에서 본다면 정치는 첫째, 가치의 권위적 배분 과정이다. 둘째, 그런 과정은 정책으로 표출되며, 정책의 결정은 정부와 같은 권위를 부여받은 기관에 의해서 이뤄진다. 셋째, 정책이 결정되는 것은 정부의 자의성에 의해서가 아니라 국민의 요구와 지지를 바탕으로 정해진다. 넷째, 한번 결정된 정책은 다시 국민의 요구에 어느 정도 부응하는가에 따라서 새로운 요구로 나타나게 되며, 이런 일련의 과정이 정치의 전반적인 과정을 형성하게 된다(두산백과).

정치체제(政治體制)는 여러 가지 뜻을 가질 수 있지만 기관과 정치단체, 정당 등의 이익단체, 노조, 로비단체 등과 그리고 이들 기관과 정치체계 사이의 관계(헌법, 선거, 법 등)를 뜻한다. 이스턴(D. Easton)[96]은 정치체계를 정치공동체, 정치제도, 정부 등 3가지 영역으로 나눠 설명한다.

'정당(political party, 政黨)은 현대정치의 생명이다', '현대정치의 특징은 정당체제다'라는 말에서 알 수 있듯이 정당이 없는 현대민주주의는 생각할 수 없다. '정당'은 대의민주제에 있어서 시민과 권력을 잇는 다리고, 권력의 관찰자며, 의회정치의 장본인이다. 정당이란 의회정치를 전제로 공통의 가치체계에 합의해 정치권력의 획득·유지를 목적으로 결집한 여러 사람들의 집합체다(21세기 정치학대사전).

호광석(2005) 동국대 교수에 의하면, 현대 민주정치는 대의정치를

---

96) 데이비드 이스턴(David Easton, 1917~2014)은 캐나다 출신 미국 정치학자다. 1950년대부터 1970년대까지 정치학계의 행태주의와 후기 행태주의 혁명을 이끈 학자로서, 이스턴은 '가치의 권위적 배분'(authoritative allocation of values for the society)이라는 정치의 가장 보편적인 정의를 제시했다. 그는 체계 이론을 정치학에 적용한 연구로 잘 알려져 있다. 정책분석가들은 정책입안 과정을 연구하기 위해 이스턴의 다섯 층 도식(투입, 전환, 산출, 환류, 환경)을 활용했다. (위키백과, 2021. 12.)

특징으로 하고 있고, 대의정치의 기본요소는 바로 정당의 존재에 있다. 다양한 국민의사는 정당을 통해 결집되고 표출되며, 그 정당에 의해 국민의사가 구체적인 정책으로 반영되기 때문에 정당의 매개 역할이 없다면, 국민들이 국가적 현상에 영향을 미칠 수 없고, 아울러 자신의 정치적 의사를 구체화시킬 수 없다. 따라서 현대 민주정치의 핵심은 정당에 있다고 해도 과언이 아니다.[97]

정당은 정견을 같이하는 사람들이 정치권력 획득을 목표로 결합한 정치결사체다. 정당이 획득하려는 권력은 일반적으로 '중앙권력'이다. 반면, '지역정당(local party)'은 지역의 문제 해결을 위해, 또 고유의 정책과제를 중심으로 주민들이 자유롭게 결성한 정당으로 목적·조직과 활동이 민주적이며, 주민의 정치적 의사 형성에 참여해 주민의 생활과 삶의 질을 향상시킬 수 있는 공약들을 제시한다.

지역정당은 중앙정치권의 영향력에서 벗어나 지역 특성에 맞는 정책을 펼칠 수 있다. 이미 유럽 등 지방자치 선진국에서는 지역정당들이 활발하게 활동하고 있다. 그러나 우리나라는 「정당법」상 지역정당 설립자체가 불가능하다. 국내 정당이 '중앙당 집중형'이라면, 해외 선진들은 '지역 분권형' 성격이 강하다. 또 대부분 우리의 (예전)'지구당' 형태를 갖추고 있고, 정당제도에 대한 법체계는 비교적 단순하며, 당원들의 자발적인 참여율이 높은 편이다. 정당정치에 있어서 풀뿌리민주주의가 잘 정착한 형태라고 볼 수 있다.

---

97) 호광석,『한국의 정당정치』 도서출판 들녘, 2005. 4. 25.

미국 정당의 조직 형태[98]

기본적으로 미국의 정당은 중앙당 개념이 없으며, 풀뿌리 당조직인 선거구위원회(precinct committee) 구성원들이 시 또는 카운티 당위원회를 구성하고, 또 이들이 주(州) 당위원회를 구성하는 상향식 조직구조를 형성하고 있다. 당의 전국 단위 조직은 당 대통령후보 지명이 전당대회 방식으로 바뀌면서, 전당대회 준비와 선거 캠페인을 보다 효과적으로 하기 위해 도입됐다.

미국 정당조직의 근간은 주 단위 이하의 지역조직이며, 선거직 공무원의 대부분은 지방당 조직에 정치력을 집중한다. 주에는 시나 카운티의 대표로 구성되는 주당위원회(state party committee)가 있는데, 주에 따라 크기나 구성, 기능 등에서 많은 차이가 있다. 주위원회는 전당대회 개최를 제외하고는 전국위원회의 간섭을 받지 않고 자유로이 활동한다. 또 주위원회는 전국위원회처럼 상근직원을 두면서 선거자금을 모금한다.

정당조직의 피라미드 구조에서 가장 기본이 되는 조직은 미국 전역에서 10만 개 이상의 선거구 단위별로 구성돼 있는 선거구위원회(precinct and ward committee)로, 이들 위원회는 시 또는 카운티 위원회를 구성한다. 지역 단위 조직은 대부분 자원봉사자로 구성돼 있어 조직체로서 결속력은 약하며, 선거에 즈음해서 조직돼 정치자금 모금, 당원 관리, 캠페인 등 정당활동을 전개한다.

---

98) 외교부, 『미국 개황』(Overview of United States of America), 2014. 7. 14.. pp. 91-92.

일본의 지역정당

일본에서의 지역정당은 특정 지역에서 뿌리 깊은 지지 기반을 확보하고 있으며, 기존 여야 정당과 다른 제3세력 이미지를 구축하고 있다. 지역정당은 지방의원 등 풀뿌리 정치인들이 모여 만든 정당들로 후보자 결정 및 정책까지 주민들과 함께하는 '지역 맞춤형 정책'을 내세워 기성 정당과의 차별성을 드러내고 있다. 그러나 일본은 군사, 행정, 재판, 경찰 등의 권한은 중앙정부 아래 일원화돼 있고, 지역은 정치적으로 중앙에 종속돼 있다.

『새로운 일본의 이해』 저자 공의식(2002)에 의하면, 이 같은 정치적 중앙집권화는 그만큼 지역에 견고한 정치적·문화적 독립성이 존재하고 있었기 때문이다. 옛날의 번(藩)[99] 의식을 중심으로 한 지역의 심리적 일체감은 정치적 중앙집권화가 실현된 이후에도 쉽게 사라지지 않고 있다. 그 비정치화된 지역의 에너지는 한편으로는 현인회(縣人會), 육영회(育英會) 등 문화단체의 형태를 위하거나, 다른 한편으로는 정당의 지역 지부나 현회라는 루트를 거쳐 국회에서 지역의 이해를 대변하는 국회의원의 형태를 취하며 나타나곤 했다. 일본인에게 있어서 중앙이라는 것은 지역의 집합체며, 도쿄는 그와 같은 의미에서 일본 최대의 촌락인 것이다. 중앙의 에너지, 문화적 다양성은 지역의 활력과 다양성의 반영이며, 이런 의미에서 중앙과 지역의 관계는 다

---

[99] 일본사에서 번(藩)은 에도 시대(江戸時代) 1만석 이상의 영토를 보유했던 봉건영주인 다이묘(大名)가 지배했던 영역이자, 그 지배기구를 가리키는 용어다. (두산백과)

원적 상호의존 관계에 있다고 할 수 있다.[100]

강내영(2010) 일본희망제작소 선임연구원에 의하면, 일본에서 지역
정당은 사전적 의미로 지역적인 주장을 근간으로 하며, 생활협동조합
과 노동조합 등 지역 생활단체의 활동을 바탕으로 형성되는 것이 많으
나, 엄밀하게 규정하자면 정당이 아닌 정치단체다. 일본에는 우리와
같은 「정당법」이 없다. 그 대신 「정당 조성법」, 「정치자금 규정법」, 「공
직선거법」 등에 관련 규정이 있는데, 현역 의원이 5명 이상이거나 선거
에서 유효득표율 2% 이상을 획득한 정치단체를 정당이라고 한다.[101]

일본에서 지역정당을 표방하고 있는 '동경 생활자 네트워크' 전신은
생활협동조합(생활클럽)으로 1997년 지역 여성이 직접 의원이 돼 생활
의 목소리를 행정에 반영해야 한다는 목적을 갖고 출발했다. 일반 회
원들의 주요 활동은 스스로가 지역의 문제점을 찾아내고, 이를 조사
해 그 정책적 대안을 만들고, 이를 의원을 통해 의회에 제출해 현실화
될 수 있도록 한다. 물론 동경생활자 네트워크는 지역정당을 표방하
고 있지만, 법적으로는 정당으로 인정받지 못한다. 일본의 정당법에
의하면 5인 이상의 국회의원을 내야 정당으로 인정해 주기 때문이다.

생활클럽으로부터 시작된 '가나가와 네트워크'도 1984년 7월 1일
정치적 '대리인'을 탄생시키고, 정치 활동을 펴 나가기 위해, 또 중앙
정치를 지역으로부터 변화시키려고 여성·시민에 의해 지역정당으로
출범했다. 가나가와 네트워크 운동은 국정에도 국회의원 후보자와

---

100) 공의식, 『새로운 일본의 이해』, 다락원, 2002. 2. 20.
101) 강내영, 『한겨레21』(제813호), "일본의 건강한 지역주의", 2010. 6. 3.

'정치계약'을 맺고 발언권을 행사하고 있다. 시민 정책을 각 자치체에서 만들고 제안하면서 '정치는 생활의 일부'라는 의식을 심화시키고 있다.

2010년 4월 26일에는 가와무라 다카시 나고야 시장이 나고야 시의 주민세를 10% 항구적으로 감세하는 것을 핵심 정책으로 한 지역정당 '감세일본'을 창당해 대표에 취임했다. 그리고 2017년 현재 일본 국정에 진출해 있는 '일본 유신회'의 전신인 '오사카 유신회(일본을 건강하게 하는 모임)'는 2010년 4월 19일, 무소속으로 자민・공명당의 추천을 받았던 하시모토 도오루 오사카부 지사가 지역정당으로 창당했다.

이외에도 '지역정당 이와테'는 이와테 현의회 다카하시 히로유키 의원을 비롯한 현의원 5명과 시의원 1명 등 지방의원 20여 명이 참가해 2010년 6월 결성했다. 이들은 주민조직 확충과 지역의료・교육기관의 충실화 등을 기본정책으로 내걸고 있다. '교토당'은 전 교토 도의회 의원 무라야마 쇼에이 등이 2010년 8월 말 창당했다.

서울신문(2011)에 의하면, 일본에서는 2010년을 전후로 지역정당이 급부상했다. 이런 현상은 기존 정당에 대한 염증과 정치권의 이전투구에 따른 국정 혼란, 중앙정치에서 소외된 지역의 반발, 하는 일 없이 높은 보수를 챙기는 지방자치단체 의회에 대한 주민의 반감 등이 복합적으로 작용한 것으로 분석된다.[102]

한겨레신문(2011)에 의하면, 2011년 4월 일본의 통일지방선거에 앞

---

102)　이종락, 『서울신문』 "중앙무대 넘보는 日 지역정당", 2011. 11. 30.

서 마이니치신문이 실시한 전화 여론조사에서 "도·도·부·현의 지사나 시장이 지역정당을 설립해 지방의원선거에 독자 후보를 낼 경우 어떻게 하겠느냐"라고 물은 결과 '지지하겠다'라는 대답이 67%에 이르렀다고 당시 21일 보도했다. '지지하지 않겠다'라는 응답은 26%에 그쳤다. 마이니치신문은 "민주당이나 자민당 지지자든 지지정당이 없는 사람이든 모두 70% 가까이가 지역정당의 움직임을 지지했다."라며 "기성정당에 대한 불신이 지역정당 지지의 한 원인이 되고 있다."라고 전했다. [103]

우리나라 지역정당과 정치결사체 현주소

21세기 들어 녹색당을 비롯한 많은 정치인들과 학자들, 그리고 시민운동가들은 아래로부터 작동하는 정치질서를 위해 누구나 참여가 쉽고, 덜 사유화되고, 덜 폐쇄적인 지역정당의 설립을 강력하게 요구하고 있다. 즉 위계적 통제구조, 중앙집중화된 권력, 유명한 지도자들보다 지역의 일꾼들을 위한 지역정당을 이제는 우리나라에서도 설립해야 한다는 요구가 점차 커지고 있다.

그렇다면, 과연 우리나라 실정에서 지역정당을 도입할 수 있을까? 아마 어려울 것이다. 우선, 지방선거 후보자들에 대한 공천권을 쥐고 있는 정당이나 국회의원들이 쉽게 놓지 않을 것이다. 18대 대선에서 (2012. 12. 19.) 여야 후보자들은 '기초지방선거 공천제 폐지'를 공약으

---

103)　정남구, 『한겨레신문』, "일본 지역정당 열풍 전국 확산 유권자 67% 후보내면 찍겠다", 2011. 2. 21.

로 들고 나왔으나 아직까지 시행되지 못하고 있는 것이 증거다. 중앙 정치권이 기득권을 놓을 생각이 없는 것이다.

「대한민국헌법」[104] 제8조 제1항 "정당의 설립은 자유며, 복수정당제는 보장된다." 제2항 "정당은 그 목적 · 조직과 활동이 민주적이어야 하며, 국민의 정치적 의사 형성에 참여하는 데 필요한 조직을 가져야 한다."라고 돼 있다. 이처럼 헌법 제8조 제1항과 제2항을 보면, 대한민국 사람이라면 누구나 혹은 어느 단체 · 결사체들도 균등한 기회를 부여받아 자유롭게 정당을 설립하고 활동할 수 있다. 즉 헌법에는 국가 차원에서 정치를 펴는 '더불어민주당'이나 '국민의힘'과 같은 정당만이 '정당'이라고 명시한 것이 아니다. 또 지역 차원에서 정치를 펴는 지역정당(local party), 그리고 정치결사체가 정치 활동을 할 수 없다는 내용도 없다. 따라서 국가 차원의 정치뿐만 아니라, 지역(기초자치단체 단위) 차원의 지역정치와 시민사회 영역만을 특화한 생활정치를 위한 정당과 정치결사체도 활동할 수 있다. 즉 다양한 정치질서 욕구를 충족시키기 위해 국가 차원의 전국적인 정당, 지역 차원의 지역정당, 그리고 생활 차원의 정치결사체를 설립하고 활동할 수 있어야 한다.

그러나 헌법 제8조 제3항에서 "정당은 법률이 정하는 바에 의해 국가의 보호를 받으며, 국가는 법률이 정하는 바에 의해 정당 운영에 필요한 자금을 보조할 수 있다."라고 돼 있다. 즉 정당의 설립과 활동은 법률인 「정당법」에 따른다는 것이다. 그렇다면 「정당법」[105]은 어떠

---

104) 「대한민국헌법」, 시행 1988. 2. 25., 헌법 제10호, 1987. 10. 29., 전부개정.
105) 「정당법」, 시행 2020. 12. 10., 법률 제17354호, 2020. 6. 9., 타법개정.

한가? 제3조(구성)를 보면 "정당은 수도에 소재하는 중앙당과 특별시 · 광역시 · 도에 각각 소재하는 시 · 도당으로 구성한다."라고 돼 있다. 제6조(발기인)는 "창당준비위원회는 중앙당의 경우에는 200명 이상의, 시 · 도당의 경우에는 100명 이상의 발기인으로 구성.", 제17조(법정시 · 도당수)는 "정당은 5 이상의 시 · 도당을 가져야 한다.", 제18조(시 · 도당의 법정당원수) 제1항은 "시 · 도당은 1천인 이상의 당원을 가져야 한다."라고 돼 있다.

한편, 헌법재판소(2006)는 '정당법 제25조 등 위헌확인' 판시에서 정당의 등록요건으로 '5 이상의 시 · 도당(제25조)'과 '각 시 · 도당 1,000명 이상의 당원(제27조)'을 요구하는 구 「정당법」[106] 조항을 합헌이라 결정했다. 헌법재판소는 결정요지에서 다음과 같이 판시했다.

이 사건 법률조항 중 제25조의 규정은 이른바 '지역정당'을 배제하려는 취지로 볼 수 있고, 제27조의 규정은 이른바 '군소정당'을 배제하려는 취지로 볼 수 있다. 우선 우리 헌법의 대의민주적 기본질서가 제기능을 수행하기 위해서는 의회 내의 안정된 다수세력의 확보를 필요로 한다는 점에서, 군소정당의 배제는 그 목적의 정당성이 인정될 수 있다. 또한 지역적 연고에 지나치게 의존하는 정당정치풍토가 우리의 정치현실에서 자주 문제시되고 있다는 점에서 볼 때, 단지 특정지역의 정치적 의사만을 반영하려는 지역정당을 배제하려는 취지가 헌법에 어

---

106) 구「정당법」은 2004. 3. 12. 법률 제7190호로 개정되고, 2005. 8. 4. 법률 제7683호로 전문 개정되기 전의 것.

긋난 입법목적이라고 단정하기는 어렵다. 따라서 이 사건 법률조항의 입법목적은 정당한 것이라고 할 것이다.[107]

따라서 우리나라는 시·도는 물론 그 이하 단위에서의 정당은 법적으로 인정하지 않는다. 「정당법」에 따르면, 대한민국에서 지역정당은 조직하거나 활동할 수 없고, 헌법재판소는 이를 인정했다. 따라서 시·도 단위 이하 각 지역은 저마다의 정치질서와 정치문화를 지니고 있지만, 패권을 추구하는 국가 단위의 정당에 의해서 관리·통제를 받는 처지에 놓여 있는 것이다.

그럼 정치결사체(혹은 정치단체) 조직과 활동은 가능한가? 「공직선거법」[108] 제87조(단체의 선거운동금지) 제1항에는 "다음 각 호의 어느 하나에 해당하는 기관·단체(그 대표자와 임직원 또는 구성원을 포함한다.)는 그 기관·단체의 명의 또는 그 대표의 명의로 선거운동을 할 수 없다."라고 하면서 ▲국가·지방자치단체 ▲향우회·종친회·동창회, 산악회 등 동호인회, 계모임 등 개인 간의 사적모임 ▲특별법에 의해 설립된 국민운동단체로서 국가 또는 지방자치단체의 출연 또는 보조를 받는 단체(바르게살기운동협의회·새마을운동협의회·한국자유총연맹을 말한다.) ▲법령에 의해 정치 활동이나 공직선거에의 관여가 금지된 단체를 명시했다.

또 제87조 2항에는 "누구든지 선거에 있어서 후보자(후보자가 되고자

---

107) 헌법재판소, "정당법 제25조 등 위헌확인", 2004헌마246 전원재판부, 2006. 3. 30., 판결.
108) 「공직선거법」, 시행 2021. 9. 27., 법률 제17981호, 2021. 3. 26., 일부개정.

하는 자를 포함한다.)의 선거운동을 위해 연구소·동우회·향우회·산악회·조기축구회, 정당의 외곽단체 등 그 명칭이나 표방하는 목적 여하를 불문하고 사조직 기타 단체를 설립하거나 설치할 수 없다"고 돼 있다. 즉 우리나라에서는 정치결사체나 정치단체도 조직하거나 활동할 수 없다.

지역정치와 중앙정치는 구별하자

지역정당 도입을 주장하는 학자들은 일반적으로 다음과 같은 필요성을 든다. 즉 지역정당은 중앙정당(본 책에서는 「정당법」의 '정당'을 지칭함)에 비해 지역과 주민 생활에 대한 이해도가 높고, 주민들의 참여와 숙의를 활성화시켜 주민들의 욕구들을 지방정부 정책에 반영시키는 데 있어 중앙정당보다 용이하다. 또 지방선거에서 경쟁을 활성화 및 강화시켜 지역정치가 중앙정치 종속에서 벗어나게 하고, 지역 주민들의 정치적 역량을 향상시킬 수 있다. 특히 지역정당은 기존의 지역주의 구도에 변화의 바람을 가져올 수도 있고, 또 지역에서 해결할 수 있는 일들조차 중앙의 힘을 빌려 해결하려는 의존도도 낮출 수도 있다. 이와 관련 박준범(2014)은 우리나라 정치행태에 대해 다음과 같이 말했다.

매 선거마다 나오는 캐치프레이즈는 '투표율을 높이자'다. 그러나 많은 사람들은 '투표를 해서 바뀌는 게 뭔데?'라고 묻는다. 물론 선거는 민주주의의 꽃이다. 하지만 꽃이 피었다고 봄이 온 것은 아니듯, 투표를 할 수 있다고 민주주의가 완전히 실현되는 것은 아니다. 더 많은 사람들이 스스로 꽃을 피울 수 있는 환경을 만들어 가는 것이 봄을 기다리는 우리가 해야 할 일은 아닐까.[109]

그리고 박준범은 사람이 사는 곳에는 정치가 있기 마련이며, 있어야 한다고 강변한다. 더 많은 민주주의를 위해 지역정당을 허가함으로써 소리 죽인 각 지역의 정치가 숨 쉴 수 있게 할 필요가 있다며 정당 설립조건의 완화가 시급하다고 목소리를 높였다.

2015년 1월 23일. 새정치민주연합 정치혁신실천위원회와 녹색당 조직강화특별위원회가 국회의원회관 제5간담회의실에서 공동주최한 '풀뿌리 정당 필요성과 정당법 개정방향' 토론회에서 원혜영 새정치민주연합(현 더불어민주당) 정치혁신실천위원장은 풀뿌리 정당(지역정당) 도입을 검토해야 한다고 주장했다. 원 위원장은 "현행 정당법은 정당 결성에 대한 과도한 제한을 두고 있어 다양한 이해관계를 대변하는 정치결사체의 등장을 어렵게 하고 있다."라며 "정치 혁신과 거대 정당의 기득권을 내려놓는 방안으로서 주민 생활과 밀접한 이슈를 다루는 지역 또는 마을을 기반으로 하는 풀뿌리 정당(local party) 도입을 검토하고자 한다."라고 토론회 개최 취지를 설명했다.

2011년 3월 29일, 부산분권혁신운동본부가 금정구 장전동 부산대 상남국제회관 효원홀에서 개최한 '2012총선·대선시민의제포럼'에서

---

109)　박준범, 『프레시안』, "정치가 '우리 동네 일'이 되려면…", 2014. 6. 21.

발제자로 나선 강재규 인제대 법학과 교수는 "우리나라 현행 헌법과 정당법상의 정당 제도는 중앙집권주의적인 성격과 운영으로 인해 정당이 지방선거를 예속시킴으로써, 헌법이 규정하는 지방자치의 본질을 현저히 해치고 있을 뿐만 아니라, 진정한 지방자치의 구현이라는 세계적 흐름에 역행하고 있다."라며 '정당 제도의 지방분권화' 필요성을 제기하고, 그 실현을 위한 대안으로서 지역정당 도입을 주장했다.

2009년 4월 28일, 국회 지방자치발전연구회가 국회 헌정기념관에서 '정당공천제 어떻게 할 것인가'란 주제로 개최한 토론회에서 강경태 신라대 교수는 발제문에서 "지역정당 도입으로 지역 문제를 자율적으로 해결할 수 있게 해야 하며, 이를 통해 불필요한 중앙정치의 개입을 차단함으로써 정치적 지역 주도를 해소하는 전기를 마련할 수 있다."라고 말했다. 또 강 교수는 "현대 정당이 시민사회의 다양한 이해관계를 대표하지 못하고 있다."라며 "시민사회단체에도 후보자를 추천할 수 있는 권한을 부여해야 한다."라고 제안했다.

또 김익식 경기대 행정대학원장은 "현행 하향식 공천제가 끊임없는 잡음과 비리를 양산하고 있다. 지방선거에 한해 지역정당의 참여를 검토해야 한다."라며 "지방선거에 중앙당이 나서서 정부를 중간평가하는 대리전 선거로 몰아가기 때문에 지방선거는 실종됐다. 이에 따라 올바르고 유능한 '지역지도자의 선출'이 제대로 이뤄질 수 없다."라고 주장했다.

이처럼 지역정당 도입에 대한 여론은 정치권과 학계에서 어느 정도 형성돼 있다. 이제는 그동안 형성된 여론을 현실화시킬 필요가 있다.

그리고 '지역정당'은 단지 특정지역의 정치적 의사만을 국가에 반영하려는 군소정당의 지역정당을 지칭하는 것이 아니다. 또 국민의 정치적 의사 형성과 전국 정당으로서 기능 및 위상을 갖추려고 하는 것이 아닌, 주민의 지역정치의사 형성과 지역을 단위로 한 지역의 정당으로서 기능 및 위상을 갖춘 지역정당이다.

지역정당은 주민과 지역의 중개자로서 지역정치적 도관(導管)의 기능을 수행해 주체적·능동적으로 주민의 다원적 지역정치의사를 유도·통합함으로써 지역정책의 결정에 직접 영향을 미칠 수 있는 규모의 정치적 의사를 형성한다고 할 수 있다. 또 지역정당은 오늘날 대중민주주의에 있어서 주민의 지역정치의사 형성의 담당자며 매개자이자 풀뿌리민주주의에 있어서 필수불가결한 요소다. 따라서 지역정당의 자유로운 설립과 활동은 자치분권·주민주권을 위한 풀뿌리민주주의 실현의 전제조건이라고 할 수 있다.

그러므로 이제 '삶의 가치와 물질풍요의 획득'을 위한 지역정치와 '권력 쟁취'를 위한 중앙정치는 구분할 때가 왔다. 중앙집권적 패권정치질서의 경직성으로는 더 이상 지역사회에서 다양하게 분출되는 주민 생활과 밀접한 욕구를 충족시킬 수 없다. 이제 국가 차원의 중앙정치와 지역 차원의 지역정치는 구별하자.

기초선거 공천제와 주민정당

제8회 전국동시지방선거(2022. 6. 1.)와 이후의 지방선거에서 '정당공천제 폐지'에 대한 울림이 커지더라도 큰 기대는 하지 않는다. 왜냐하면 정당공천제 폐지가 옳은지, 아니면 폐지로 인한 내천제[110]가 실시되다 해도, 그것이 옳은지 예단하기 어렵기 때문이다. 만일 기초선거 정당공천제가 폐지된다면, 지구당 위원장(혹은 지역구 국회의원)이 내천 형식으로 기존의 영향력에 더해 뒷돈의 개입 여지도 크고, 또 공천권에 준하는 헤게모니를 지역 토호나 이익·압력 집단이 챙길 가능성도 크다.

이런 우려에 대해 김수민 구미시의회 전 의원(전 녹색당 홍보기획단장)은 2013년 7월 23일 국가인권위원회 배움터에서 개최된 '풀뿌리 지역 정치 정착을 위한 지방선거 제도 개혁 방안 토론회'에서 기초선거 정당공천제 제3의 대안으로 '주민정당'을 제안했다. 김수미 전 의원에 의하면, 지역 토호나 이익·압력 집단의 영향력은 국회의원보다 더 나쁘다. 민주적 통제가 불가능하기 때문이다.

즉 주민들이 지방정치인을 비판하거나 심판할 때 어떤 집단에 책임을 물릴 수 없다. 배후 이익집단은 계속 숨어 있으면 되고, 자신이 미는 정치인의 인기도가 떨어지면 다른 인물로 교체하면 그만이기 때문이다. 또 이익집단뿐 아니라 유력정당 역시 '내천' 형식으로 여전히 지방정치에 영향력을 행사하면서도 공식적으로는 책임을 크게 회피할 수 있다. 김수민 전 의원은 이런 문제점들을 지적하면서 기초선거 공천제 대안은 폐지가 아닌, 주민정당에 의한 '다른 공천제'라고 주장

---

110) 내천제는 사실상 정당에서 공천을 주지는 않지만, 지구당 위원장(혹은 지역구 국회의원)의 의중이 실린 후보를 유권자에게 각인시킬 수 있는 방식을 말한다. 그 방식은 특정 직책일 수도 있고, 특정 후보에게만 지원 유세를 하는 것일 수도 있다

했다.

김수민 전 의원이 말하는 '주민정당'은 해당 지역에서 해당 지역의 이슈와 정치구도를 준거로 전국 정당과는 별개로 만드는 정당이다. 어느 주민정당의 당원들은 전국 차원에서는 제각기 다른 당적을 갖거나 무소속일 수도 있으며, 같은 전국 정당에 속해 있더라도 다른 주민정당에 몸담을 수도 있다는 특징을 갖는다.

풀뿌리 정치 씨앗 틔우기

현대 민주주의에서의 정당은 시민의 의견과 요구가 유권자로서 선거를 통한 방법 이외에도 다양한 방법을 통해 중앙정부와 지방정부의 정책 형성에 반영될 수 있도록 해 주며, 정치결사체와 정치단체도 그런 정당의 부류에 포함된다. 즉 정치결사체와 정치단체는 다양한 정치적 논쟁을 생산하고 가공하며, 이를 통해 법과 정책을 만들어 내는 '인간욕망의 공장' 역할을 한다.

따라서 국가, 시·도, 시·군·구 단위별, 또한 국가 영역과 시장경제 영역을 제외한 시민사회 영역에서 다양한 인간들의 욕망들을 담아내고, 삶의 풍요로움을 충족시킬 수 있는 정치결사체와 정치단체가 필요하다. 물론 우리나라가 선진 분권국가에 가까워질수록 지역정당 도입 가능성은 있지만, 중앙집권적인 체제와 지역정치에 대한 신뢰도가 낮은 국민 정서상 지역의 정치단체 도입조차 당장은 어려운 이야기다.

그렇다 해도 생활정치를 할 정치결사체는 필요하다. 특히 기초선거 정당공천제가 폐지된다면, 주민자치주체기구에 '민본 형성' 역할을 부여할 필요가 있다. 즉 ▶주민들의 뜻이 모이도록 하고 ▶공론장에서 그 뜻들이 숙의민주적 토의와 토론을 거쳐 합의를 도출하며 ▶여러 공론장에서 합의된 의제들을 주민총회에서 결정하며 ▶주민총회에서 의결된 공의를 지방정부 정책과 지방의회 활동에 반영되도록 하는 것이다.

주민자치주체기구의 생활정치 목적은 좋은 지역사회 만들기를 위한 '민본 형성'이다. '좋은 지역사회 만들기'라 함은 규범·규칙·도덕 형성, 공공이익 등 사회적 자본 형성, 공론장 활성화 등이다. 이와 함께 지역사회의 주민자치조직과 결사체들이 구성되도록 지원하고, 그 결사체들이 연계·연대하도록 조정·지원하며, 지역 주민들의 욕구와 욕망들을 모아 치열한 토론을 통한 공의가 정책에 반영되도록 하는 역할을 한다. 다시 말해 주민자치주체기구는 지역정당의 역할에서 후보자 공천과 선거운동을 제외한 생활정치(이념정치·패권정치·정당정치 배제)를 할 수 있는 (준)정치결사체로서의 역할을 담당할 필요가 있다.

물론 정치적 압력단체 역할을 하고 있는 시민단체들도 정치결사체로서 나설 수 있으나, 시민단체(NGO)의 목적은 권력에 대한 견제·감시이기 때문에 조직적 차원에서 직접 후보를 추천하거나 지지운동을 하면, 어느 특정 당에 붙어 권력을 추구한다는 비판을 받을 수 있기 때문에 지역정당을 대체할 수 없다. 또 시민단체는 전국적 차원, 최소 광역시·도 단위 이상에서 움직이기 때문에 풀뿌리자치 기초 단위인 읍·면·동에서 각 지역의 특성을 살린 공론을 모으고, 인재를 육성하기에는 너무도 큰 비용과 인력이 요구되며 효율성도 낮다. 반면, 전국 3,500여 개의 읍·면·동 주민자치회(주민자치위원회 포함)가 주민자치 주체기구로 전환된다면,[111] 경제·복지·문화·환경·교육·주거·교통·방범 등 각 분야의 지역 주민들이 분과위원회별로 참여할 수 있기 때문에, 주민들의 생활정치의사 형성에 기여할 수 있다.

마이클 에드워즈(2015)는 시민사회의 정치·경제·사회 부문의 에너지를 결집시키는 파트너십 혹은 협치의 중요성을 강조하며, 이 파트너십의 원활한 기능 수행을 위해서 어떤 건강한 결사적 생태체계의 구축이 필요하고, 이 작업은 국가가 책임지고 수행해 줘야 한다는 견해를 피력하고 있다.[112] 요컨대 국가가 나서서 모두가 동등하게 참여해 정의롭고 민주적인 방식으로 의견을 개진할 수 있는 담론의 장을 열고 관리해야 한다는 것이다.

정치가 생활정치를 떠나 오직 정당정치, 패권정치, 이념정치 차원에 머무를 때, 주민의 삶은 이념 논쟁, 권력 투쟁에 의해 소외되고, 자신의 삶의 질 향상을 위한 주민의 목소리는 힘 있는 집단과 국가(혹은 전체)에 밀려 침묵의 늪에 빠지고 만다. 이때의 정치는 국민과 주민을 위한 정치가 아니라, 권력 보존을 위한 억압과 통제를 위한 정치일 뿐이다. 이런 정치는 인간욕망의 1단계인 의식주, 특히 주거 문제조차 패권정치에 이용한다.

---

111) 현재 주민자치회와 주민자치위원회가 주민자치주체기구로 전환될 수 있다는 가정하에.
112) 마이클 에드워즈, 『시민사회』 서유경 역, 동아시아, 2015. 3. 13.

그런 나라의 정당들과 정부들은 그들만의 리그를 구축해 기득권층과 지배 세력, 특히 자신들의 코드에 부합하는 엘리트들을 보호하고, 체제 변화에 대한 국민과 주민의 요구를 외면하거나 무력화시킨다는 의구심을 받게 된다. 또 기존 정당과 정부의 위계적 구조를 사용해 지역정치질서와 생활정치질서를 행정이나 사회적인 것으로 치부하고, 기득권층의 지배를 더욱 공고히 하려는 의도를 드러낸다.

우리나라의 현행 「정당법」은 1962년 제정된 이후 여러 차례 개정이 이뤄졌음에도 여전히 군사정부 시기의 정치 결사와 정치 활동의 자유를 포괄적으로 제한하는 원리는 그대로 유지되고 있다. 기존 거대 주류 정당들은 자신들의 기득권 유지만을 추구하기 때문에, 불공정한 정치관계법을 개정하는 데는 무관심했다고 볼 수 있다.[113] 따라서 새로운 정치질서로서의 지역정치와 생활정치는 기성 엘리트정치와 진영논리에 갇힌 대한민국 정치권에 거센 개혁의 실마리가 될 수 있다.

(가칭)지역정당법 제정에 대한 소견[114]

'지방'이 '수도권'의 반대 개념으로 오인되고 있는 탓에 'Local Party'에 해당하는 개념으로 '지방정당'이 아닌 '지역정당'이란 용어를 썼다. 그러나 이 역시 특정 지역을 발판으로 전국 정치에 뛰어든다는 오해를 낳을 수 있다. 이는 헌법재판소(2006)의 '정당법 제25조 등 위헌확

---

113) 정하윤, 『프레시안』, "시민정치시평: 거대 정당 특혜성 선거제도 개혁해야", 2014. 2. 12.
114) 박철, 『시민정치연구』(제3호), "지역정치와 주민자치에 대한 이론적 고찰", 건국대학교 시민정치연구소, 2021. 12. 31.

인' 판시에서도 잘 드러난다.[115] '결정요지 4. 가.'에서 "지역적 연고에 지나치게 의존하는 정당정치풍토가 우리의 정치현실에서 자주 문제시되고 있다는 점에서 볼 때, 단지 특정지역의 정치적 의사만을 반영하려는 지역정당을 배제하려는 취지가 헌법에 어긋난 입법목적이라고 단정하기는 어렵다."라고 결정했다.

이런 제한에 대해 헌법재판소는 동 판시에서 '상당한 기간 또는 계속해서', '상당한 지역에서' 국민의 정치적 의사형성 과정에 참여해야 한다는 정당의 개념표지를 구현하기 위한 합리적이라고 설명했다. 즉 상당한 지역이 아닌, 일정 지역에 국한돼 주민들의 정치적 의사형성 과정에 참여하는 지역정당은 정당으로 인정되지 않는다.

그럼에도 지역정당 도입이 필요한 것은 다음과 같은 이유에서다. 우선 국가적 관점에서 보면 첫째, 헌법 제8조 제1항에 규정돼 있는 '정당설립의 자유'는 국민 개인의 기본권이라 할 수 있다. 둘째, 그동안 우리나라 정당은 패권정치·이념정치·정당정치를 해 왔음을 볼 때, 지역에서 점점 더 늘어나는 생활세계의 다양한 욕구와 지역의 문제에 효율적으로 대처하기 어렵다. 셋째, 국민들의 정치의식 수준이 향상됐고, 특히 정부가 국정과제로 강조하는 자치분권, 주민주권에 따라 새로운 지역정치질서가 요구되기 때문이다.

다음으로 지역 관점에서 보면 첫째, 중앙집권에서 탈피해 지방정부와 지방의회의 효율적인 운영·관리와 자발적인 주민 참여에 의한 지

---

115) 헌법재판소, "정당법 제25조 등 위헌확인", 2004헌마246 전원재판부, 2006. 3. 30., 판결.

역의 자율성과 자치력을 높이는 것이 매우 중요하다. 둘째, 지방선거 후보들은 지방자치(풀뿌리민주주의)를 실현하고자 하는 지역의 대표들로 패권정치와 이념정치를 위한 후보들이 아니다. 셋째, 기초지방선거는 골목과 생활정치를 펼 지역 일꾼들을 뽑는 것이지, 지역 주민들의 뜻을 거스르고 중앙의 정당정치에 따라 움직이라고 실시하는 선거가 아니기 때문이다.

이처럼 오늘날은 지역의 문제들을 냉철히 꿰뚫고 뜨겁게 껴안고 나아갈 지방자치단체장과 지방의원을 올바르게 선택하는 일이야말로 매우 중요한 시대다. 이런 지역일꾼들을 발굴하고 육성해 지방선거에 후보자로 내세워 당선시키고, 그 당선자가 지역일꾼으로서 제대로 일을 할 수 있도록 지원·촉진해 능력을 강화하며, 그로 인해 지역을 발전시키고 주민 삶의 질을 향상시키는 지역정당 도입이 필요하다.

따라서 지역정당 조직과 활동을 보장하는 법률 제정은 필수다. 우선, 우리나라 정치적 국민 정서를 반영해 '정당' 조직과 활동은 현 「정당법」에 따른다. 지역정당은 기초(선거대상: 시·군·자치구의 장과 시·군·자치구의원) 단위 이하에서 조직하고 활동하도록 '(가칭)지역정당법'을 제정한다. (가칭)지역정당법은 지역정당이 주민의 정치적 의사 형성에 참여하는 데 필요한 조직을 확보하고, 지역정당의 민주적인 조직과 활동을 보장함으로써 민주정치의 건전한 발전에 기여함을 목적으로 한다. 이때 '지역정당'은 정당이라기보다 '정치단체'로서의 자격을 부여한다. 그리고 이와 연관된 법률들은 지역정당이 정치단체로서 조직과 활동을 할 수 있도록 (가칭)지역정당법 내용에 따라 개정한다.

지역정당 도입 후 국민과 주민의 신뢰가 높아지고 지역정치에 대한 정서가 긍정적이며, 자치분권국가를 본격화한다면, 지역정당의 활동 범위를 확대해도 좋을 것이다. 그때가 되면 지역정당의 일정정도의 조직과 활동 여부에 따라, 예를 들어 국회의원을 3명이상 배출한다든 가 전국 득표율이 2% 이상이면 정당으로서의 자격을 부여하는 것도 고려해볼만 하다.

5

정치적 측면의 주민자치주체기구

주민자치는 정치적 원리

　1부에서 '주민자치' 개념에 대해 말했듯이 주민자치는 '자치'라는 가치가 주민 활동의 모든 영역에 스며들어 간 일종의 생활방식이다. 즉 시민사회 영역에서의 주민자치는 주민의 뜻에 따라 지역사회에 '주민의 자치'를 위한 '자치기구'를 설치하고, 그 기구를 주민의 뜻에 따라 운영되도록 하는 정치적 원리다.

　주민자치의 본질인 풀뿌리민주주의는 주민들 저변에 파고들어 주민의 지지를 얻는 대중적인 민주주의로 기존의 엘리트 위주의 정치 행위 대신 지역에서 평범한 주민(평주민)들의 자율적인 참여를 통해 정치권력과 행정권력 획득보다는 자신의 이익을 대변하는 참여민주주의다. 물론 자신의 이익을 스스로 대변하기 위해서는 '의사결정에 참여할 수 있는 권력'을 획득해야 함은 당연하다. 즉 주민 개개인에게 골고루 영향을 미치는 민주주의, 자신의 이익을 대변할 수 있는 민주주의, 즉 풀뿌리민주주의(지방자치)를 실현하기 위한 핵심 요소가 바로 '주민자치'인 것이다. 주민자치는 주민, 특히 주민이 각성해서 '시민적 주민'이 돼 자율적·자발적으로 자신의 이익을 적극 대변하기 위해 참여하는 정치적 원리인 것이다.

이 지점에서 질문 하나 하겠다. 시·군·자치구 자치단체의 장은 정치인일까? 아니면 공무원 수장인 행정가인가? 물론 둘 다라고 답하는 분도 있겠지만, 중앙이나 일부에서 행정가로 몰아 정치인으로서의 가치를 인정하지 않으려는 모습들을 많이 봐 왔다. 그러나 '정치인'에 더 가깝지 않을까 한다. 왜냐하면 행정에 대한 법적 책임을 넘어, 그 지역에서 일어난 모든 일에 대한 '도의적 책임'과 주민의 의사에 따라야 할 '응답적 책임(answerability)'[116]까지 지는 자세를 촉구하고 싶기 때문이다.

자치단체장의 입장에서의 정치 영역에는 행정과 주민이 있다. 자치단체장은 정치적 역할로 행정과 주민을 연결하고, 지방의원은 정치적 역할로 의회와 주민을 연결한다. 그렇다면 담론정치 영역에 있는 공론장과 주민(지역 공동체·결사체 포함)은 주민자치주체기구가 연결함이

---

116) 응답적 책임(answerability)은 행위자(공무원)가 위임자(국민)의 의사나 요구에 응해야 할 책임을 말한다. 응답적 책임은 학자에 따라 도의적 책임에 포함시키기도 한다. (하동석·유종해, 『이해하기 쉽게 쓴 행정학용어사전』, 새정보미디어, 2010. 3. 25.)

바람직할 것이다. 다시 말해 '수평적 정치 영역'에서 '관의 주민자치' 범위에는 관(행정, 의회)과 민이 있고, '민의 주민자치' 범위에는 민(자치기구)과 민이 있다. 또 '수직적 정치 영역'에서 관의 주민자치 범위에는 국가와 민을 연계하는 자치단체장과 지방의회가 있고, 민의 주민자치 범위에는 지방정부와 민을 연계하는 주민자치주체기구가 있다.

정치는 중앙권력의 독점물?

여기서 짚어봐야 할 것은 정치활동이나 정치적 목적을 갖고 주민자치위원이 되거나, 주민자치(위원)회 활동을 하지 말라는[117] 「지방분권법」과 「공직선거법」, 그리고 주민자치 관련 조례에서 의미하는 '정치'는 일반적으로 정권 쟁취가 목적인 패권지향·이념지향이나 사적 이득을 위한 압력지향을 의미한다고 볼 수 있다. 그동안 우리나라는 정치권과 행정관료 영역 안에서 강력한 틀을 구축해 국가주의 질서하에 시민(주민)의 삶을 좌우해 왔다. 그리고 시민운동은 대체로 국가 공권력을 구성하는 정치권력과 이와 결탁된 시장경제권력을 감시·견제·저항하는 운동이었다. 물론 이런 시민운동 또한 정치적이다.

우리나라에서의 정치권력 층위는 지배세력과 피지배세력으로 양분된듯하다. 지배(支配)는 의사결정권, 정책결정권, 법 제·개정권을

---

117) 「지방자치분권 및 지방행정체제개편에 관한 특별법」(약칭: 지방분권법) 제29조 제2항에서 주민자치회 위원은 "그 직무를 수행할 때는 지역사회에 대한 봉사자로서 정치적 중립을 지켜야 하며 권한을 남용해서는 아니 된다."라고 규정하고 있다. 또 「공직선거법 제60조(선거운동을 할 수 없는 자) 1항에서 주민자치위원은 선거운동을 할 수 없다고 돼 있고, 대부분의 시·군·구 「주민자치회 설치·운영 조례」에서는 주민자치회는 '정치적 이용 목적의 배제'를 명시하고 있다.

통한 통제 및 관리를 의미하며, '지배층'은 이런 권력을 가진 세력을 말한다. 이런 지배권력을 보편적(전국적), 특별적(지역적), 세부적(근린적)인 것으로 구별했으면 한다. 즉 정치 영역을 세분화할 필요가 있다. 중앙(대통령, 국회의원), 지역(지방자치단체장, 지방의원)으로 구분돼 있는 정치 단위를 시민사회의 생활세계까지 확대하는 것이다. 물론 현재 지방정부와 지방의회도 국가에 의해 통제되는 상황이지만, 주민의 삶에 직접적인 영향을 끼치는 생활세계의 생활정치는 무시되거나 억제되고 있는 실정이다.

따라서 주민의 생활세계에 영향을 미치는 정책과 법률, 조례, 규칙, 규범, 제도, 도덕, 책임 등에 대한 의사결정권은 중앙정치(정당)에서 지역정치(지역정당)로 그 권한을 넘기고, 더 나아가 향후에는 생활세계에서 주민의 삶에 직접적인 영향을 미치는 생활정치에 대한 의사결정권은 주민들에게 넘겼으면 한다.

현재 한국의 정치는 (중앙)정당들과 중앙정부들의 폐쇄적인 카르텔 형성에 의해 강력한 엘리트들(지배세력들)을 보호하고 체제 변화에 대한 시민(주민)의 요구를 외면(혹은 무력화)하려는 것으로 보인다. 따라서 주민자치주체기구는 주민들이 원하는 것을 자유로이 제시할 수 있고, 그 제시된 의견들이 치열한 토론과 참여민주적·숙의민주적 과정인 담론정치를 통해 합의된 공의가 정책에 반영되고, 제도와 법으로 제·개정될 수 있도록 권한이 부여돼야 한다. 주민자치주체기구는 지역정치에 활력을 불어넣는 동력이 될 수 있기 때문이다.

주민자치의 정치적 측면의 주민자치주체기구는 ▲정당과 정부(행정) 시스템, 정치적 규범들이 올바른 방향으로 작동되도록 감시하고 ▲아래로부터 작동하는 각 지역사회의 생태계를 투명하고 수평적으로 구축해서 접근 가능한 것으로 만들어야 하며 ▲생활정치를 덜 폐쇄적이고 덜 사유화된 것으로 만들어야 한다. 그리고 정부와 정당들은 지역사회에서 정치적 숙의, 제안, 결정을 향상시키기 위한 새로운 플랫폼(공론의 장)으로서의 주민자치주체기구들을 설계해야 한다.

지역의 일꾼 길러 내는 인큐베이터

제18대 대선(2012. 12. 19.)부터 각 당의 정책공약으로 쟁점이 된 기초자치단체장과 지방의원 선거 '정당공천제 폐지'가 매 대선 때마다 단골 공약메뉴다. 왜 그럴까? 지방선거는 지방자치단체와 지방의회를 이끌어 갈 지방자치단체장 및 지방의원을 선출하는 일이다. 지방선거 후보들은 풀뿌리민주주의인 지방자치를 실현하고자 하는 지역사회의 대표들이지, 중앙권력 쟁취와 이념을 추구하는 정당정치 들러리가 아니기 때문이다. 또 기초지방선거는 지역정치를 펼 지역 일꾼들을 뽑는 것이지, 지역 주민들의 뜻을 거스르고 정당(중앙정당)의 이익에 따라 움직이라고 실시하는 선거가 아니기 때문이다. 특히 복지와 자아실현 등 주민 개개인의 행복을 지향하는 오늘날엔 주민 생활과 밀접한 생활정치 또한 매우 중요한 시대이기 때문이다.

오늘날은 지방자치단체의 효율적인 운영·관리와 더불어 자발적인 주민 참여에 의한 지역사회의 자율성과 자치력을 높이는 것이 매우 중요한 시대다. 그러므로 지역사회의 문제들을 냉철히 꿰뚫고 뜨겁게 껴안고 나아 갈 지역의 단체장과 의원을 올바르게 선택하는 일이야말로 매우 중요한 일이다. 따라서 이런 지역 일꾼들을 발굴하고 육성해 선거에 후보자로 내세워 당선시키고, 그 당선자가 지역 일꾼으로서 제대로 일을 할 수 있도록 활동을 지원하고, 그로 인해 지역을 발전시키고 주민 삶의 질을 향상시키는 지역정당이 필요한 것이다. 특히 지방분권 국가를 지향한다면, 지역사회 정치질서는 단체(제도)자치보다 '주민자치 원리'에 입각한 '지역정치'를 허용해야 한다. 물론 그 지역정치는 패권정치,[118] 파벌정치,[119] 이념정치,[120] 정당정치[121]가 아닌 주민 삶과 직결된 '생활정치'를 중심으로 이뤄지는 것을 의미한다.

　지역정치질서를 형성하는 주요 주체로서 지역정당과 주민자치주체기구를 꼽을 수 있다. 지역정당 도입과 주민자치주체기구에 정치적 측면 부여는 이론으로 치부할 수도 있지만, 우리가 필요하다면 현실화시킬 수 있는 과제다. 이런 제안은 미래지향적인 것으로 우리가 한 번도 경험하지 못한 것이지만, 주민자치주체기구는 생활정치의 범위에서 담론정치를 작동시키기 위한 대표적인 주민자치주체기구다.

---

118)　패권정치(霸權政治): 권력 추구는 인간에게 있어 중요한 목표라는 가정을 전제로 한 정치. (국어사전)

119)　파벌정치(派閥政治): 일정한 사회적 조건을 공유하고 자신들의 이익과 세력을 확대하기 위해 무리를 지은 파벌에 의해 주도되는 정치. (국어사전)

120)　이념정치(ideological politics): 국민을 위한 정치가 아닌 정권을 위한 정치, 국민의 삶의 질 향상보다 이념 전파를 위한 정치, 상대를 아우르는 정치보다 자기와 이념을 같이하는 진영만을 위한 정치.

121)　정당정치(政黨政治): 근대 대의제 민주정치 하에서 정권을 잡은 정당의 정강(政綱)과 정책을 기초로 행해지는 정치. 정당정치는 의회정치와 분리해서는 생각할 수 없는 정치 형태로, 정당이 정치적 실권을 갖는 정치다. (두산백과)

지역사회에서 국가 영역인 '민의의 장'인 '지방의회'와의 연결선상에서 시민사회 영역의 '공론장' 활성화는 정치적 측면에서 주민자치주체기구의 핵심 역할이다. 민의의 장에서는 지역 주민의 대표인 지방의원이 민의를 바탕으로 의정 활동을 펼친다. 공론장에서는 '자유롭고 평등한 주민들'이 공개적인 의사소통의 숙의민주적 담론정치를 통해 공공복리를 추구한다. 이런 속성이 바로 공공성(조한상, 2010)이고, 이 공공성(publicness)을 실현하기 위한 지역 시민사회의 대표기구가 바로 민의 공공자치체인 '주민자치주체기구'며, 이 단체는 공공성 실현을 비전으로 '주민자치'를 작동 원리로 삼는다.

문재인 정부가 강조하는 '주민주권' 차원에서의 주민자치 주체는 '주민'이고, 공공성의 주체 또한 '주민'이다. 즉 주민자치와 공공성 모두 주체는 국가가 아니라 바로 주민인 것이다. 따라서 국가와 지방정부는 주민을 위해 지역 결사체·공동체들, 그리고 이 조직들의 허브인 주민자치주체기구들이 각 지역에서 지역 일꾼들과 인재들을 발굴·육성하며, 더 나아가 이 인재들이 지역사회와 국가를 위해 일을 할 수 있도록 국가와 지방의 기본운영체제를 보완해야 한다.

그렇다고 해서 주민자치주체기구가 지역정당처럼 후보자 공천이나 선거운동을 해서는 안 된다. 왜냐하면 현 우리나라 「정당법」에서 지역정당과 정치결사체는 인정되지 않기 때문이다. 향후 우리나라에서도 지역정당과 정치결사체가 합법화되길 바라며, 그때까지는 (아니 합법화되더라도) 주민자치주체기구가 지역사회 내에서 지역의 일꾼을 길러내는 인큐베이터가 될 필요가 있다.

주민자치주체기구는 민민협의체와 민관중간지원체 역할을 동시 수행한다. 민민협의체는 '수평 거버넌스'[122]로 읍·면·동의 시민사회 생태계 내 간극과 단절을 메우고 연결·연계시키며, 갈등을 조정해 화합을 이끌어 내며, 주민들이 자원(봉사)하는 일(volunteering)과 자발행위(voluntary action)를 진작시킨다. 민관중간지원체는 '수직 거버넌스'로 주민(조직)들과 행정을 연계, 주민들의 공의를 행정과 의회에 전달·반영한다. 즉 주민자치주체기구는 '수평-수직 거버넌스'로 시민사회 영역에서 공적 심의를 용이하게 하는 통로와 만남의 장을 확대하고, 사적 경계들을 가로질러 주민들이 서로 묶이는 데 필요한 역량을 구축하면서 커뮤니케이션 구조에 대한 접근성과 그것들로부터의 독립성을 촉진한다.

그러므로 우리나라 정치제도나 정치문화가 더 발전한다면, 주민자치주체기구의 정치적 측면 역할이 더욱 부각될 것이다. 왜냐하면, 주민자치주체기구는 민본주의에 입각한 정치적인 요소를 근간으로 하기 때문이다. 따라서 지방정부와 지방의회를 견제하고, 한편으론 지원하는 '서포트 주민의회'로서 (시·군·자치구 단위)주민자치주체기구협의회를 활용할 필요가 있다.

---

122) 거버넌스(governance): 공동의 목표를 달성하기 위해 주어진 자원 제약하에서 모든 이해 당사자들이 책임감을 갖고 투명하게 의사결정을 수행할 수 있게 하는 제반 장치.(국어 사전)

6

시민사회의 정치적 권한과 책임

남다른 기득권층의 도덕적 시각

기득권층과 비기득권층 간, 지배세력과 피지배세력 간의 우리 사회를 바라보는 시각을 극명하게 보여 주는 것이 정권 교체 시 고위공직자 인사청문회다. 어느 정권도 부정부패와 무관하지 않은데도 장관 후보자 인사청문회를 두고 회자되고 있는 말이 ▲내가 하면 로맨스, 남이 하면 불륜 ▲내가 하면 관행, 남이 하면 불법 ▲지지자의 목소리는 국민의 소리고, 반대자의 목소리는 국민의 소리가 아니다 등이다.

특히 문재인 대통령이 대선공약으로 내세운 인사원칙 '5가지 고위공직자 배제의 원칙'은 눈여겨볼 만하다. 즉 ▲세금 탈루 ▲병역 면탈

▲위장 전입 ▲부동산 투기 ▲논문 표절 5가지다. 그럼에도 인사청문회에서 이 5가지 배제 원칙 의혹이 있는 후보자들이 관행이라든가, 정책 능력을 내세워 별거 아니라는 듯 치부한다. 이는 16대 국회가 인사청문회법을 2000년 6월 제정해 도입된 이후 여야를 막론하고 정권이 바뀔 때마다 벌어지는 현상이다. 이를 보는 시각도 정권을 잡았느냐 못 잡았느냐에 따라 기준이 달라진다.

기득권층의 시각은 도덕성보다 정책 능력을 높이 사는 듯하지만, 비기득권층이자 피지배세력인 대다수의 서민들은 정책 능력보다는 사회지도층으로서의 인간됨됨이를 더 높이 산다. 다시 말해 ▼능력보다 자기 진영 사람 챙기기 ▼좌파-우파, 진보-보수 한쪽만을 위한 정책 펴기 ▼법망을 피한 비도덕적 행위를 관행이라 말하는 장관 후보자는 비호감이다. 반면 ▲어느 정도의 능력만 갖췄더라도 도덕적이고 ▲스펙이 좀 모자라고 고지식해 보여도 안 챙기며 ▲지위에 맞는 능력 있는 인사 ▲진영논리보다 전체를 위한 정책 펴기 ▲잔머리 안 굴리는 우직한 장관 후보자가 나랏일을 하는 데는 더 적합하다고 생각한다. 어차피 대통령중심제에서 국정 수행자로서의 능력은 법과 매뉴얼, 그리고 대통령의 기조를 따르면 된다고 보는 것이다.

기득권층 혹은 지배 세력 리그에서는 위장 전입이 관행이라 별거 아니라고 주장할지 모르나, 이유 여하를 막론하고 오늘날「주민등록법」제37조에 금지돼 있는 위장 전입 위반죄(개정 2009. 4. 1.)를 시도했다는 자체는, 법 개정 전이라도 도덕적으로 잘못됐다는 것이, 특히 사회지도층일 경우는 더욱 엄격해야 한다는 것이 서민들의 시각이다.

이런 시도는 몇억 원 이상의 여유로운 뭉칫돈이 있어야 하고, 고급정보에 접근할 수 있는 사람들만이 가능하며, 중산층 미만의 시민들은 생각조차 할 수 없다. 국정을 이끌어 가는 수행자들은 그에 걸맞은 사회적 책임과 의무를 다해 주길 바랄 뿐이다.

지도자들이 대놓고 반칙해서(합법적이지만 비도덕적인) 권력과 부를 누리는 것이 정당하다고 주장한다면, 대한민국의 미래를 이끌 다음 세대들은 그런 지도자들을 보고 무엇을 배우겠는가? 아들딸 보기가 부끄럽지 않은가? "너희들도 나처럼 살아야 잘 산다."라고 말할 것인가? 이 지점에서 말하고 싶은 것은 기득권층의 시각과 비기득권층의 시각이 판이하다는 것이다. 비기득권층 중에서도 땅 한 평, 집 한 채 없는 서민들은 세금 탈루, 위장 전입, 부동산 투기는 법을 떠나 하고 싶어도 못 한다. 즉 돈도 없고, 정보에 접근할 수 있는 권한(권력)도 없어 감히 꿈도 꿀 수 없는 다른 세상의 이야기일 뿐이다. 특히 나라와 지역을 이끄는 지도자라면 지위에 걸맞게 누구보다도 도덕성과 시민성, 거기에 의협심을 갖춰야 하지 않겠는가.

주민은 변화당하는 것을 거부한다

치자(治者)들은 '민본에 입각해', '국민의 눈높이에 맞춰' 정치를 하고, 행정을 편다고 아전인수(我田引水)식으로 말한다. 과연 그들이 진정한 민심을 훑어본 적이 있는지 묻고 싶다. 민심을 제대로 알기 위해선 우선, 현장(지역사회)에서 참여민주주의와 숙의민주주의가 제대로 작동되도록 공론장을 구축하고, 담론정치가 활발하게 펼쳐지도록 주민들에게 의사결정에 따른 정책 반영 권한을 부여해야 한다. 동시에 그 주민들 개개인이 '개인에서 시민'으로 거듭나도록 교육하고, 또 지역의 주민자치주체기구를 중심으로 한 외적 결사체·공동체 등을 지원해야 한다. 여기서 '시민'이란 자기 자신을 통제하고, 자신의 이해관심에 따라 행동하고, 타인과 연대할 수 있는 사람을 말한다.[123]

'민심'이란 주민들의 욕구와 욕망이다. 그러나 민심이란 이름으로 집행하는 정책과 제도가 개인 간 사익(私益)과 집단 간 사익이 충돌해서 갈등을 일으킨다면, 국가와 지역사회 전체를 위한 민심이라 보기 어렵다. 진정한 민심이란 주민들이 자율적으로 참여한 공론장에서 각기 자신의 이득과 욕구를 분출하는 가운데 걸러지고 합의된 '공의'다. 따라서 민주적 과정을 통해 밑바닥부터 모여든 각 지역사회의 민심들이 지방정부(지방의회 포함)와 지역정당, 그리고 중앙정부(국회 포함)와 중앙정당으로 올라오도록 하는 시스템을 구축해야 한다. 즉 제대로 된 민심을 형성하기 위해선 정부의 잣대로 시민사회를 통제·관리하듯 여론 몰이할 것이 아니라, 시민사회 스스로 정치질서를 만들도록 하는 권한과 책임을 부여해 생활세계와 밀접한 정책과 일들은 자율적으로 해결하게끔 해야 한다.

조대엽(2015) 고려대 교수에 의하면, '정치'는 내 삶에 필요한 것을 제공하는 제도다. 나아가 '공공성의 질서에서의 정치'는 참여와 숙의, 분권과 자율의 정치 과정을 통해 삶을 '나의 것'으로 실현하는 과정이

---

123) 바바라 크룩생크, 『시민을 발명해야 한다』 심성보 역, 갈무리, 2014. 4. 24. p. 21.

기도 하다. 공공성의 질서에서는 물리적 자원을 복지의 차원에서 공유하거나 협업 관리함으로써 '내 삶을 살 만한 것으로 만드는 것'이 정치다. 아울러 '공개성'의 수준에서도 '내 삶을 표현할 수 있고 공감할 수 있는 개방적이고 투명한 정치'야 말로 개인의 실존적 삶에 공공성을 내재화하는 실천적 과제라고 할 수 있다.[124] 따라서 정치는 내 삶의 문제를 해결해 주는 제도로 재구성돼야 한다.

'생활'은 개인의 실존적 삶이 구성되고 확장되는 사회적 장이다. 조대엽(2015) 교수는 "한국정치는 중앙집권적 대의정치의 본질을 크게 넘어서지 못했고, 정치에서 배제된 생활, 정치와 생활의 분리야말로 우리 시대 비정상의 뿌리다."라고 주장하며, 정치의 궁극적 목적은 시민의 안전하고 건강한 삶이어야 한다고 말한다. 또 아리스토텔레스는 "우리가 '각 정치질서에 적합하다'라는 말을 사용하는 것은 법률들이 정치질서에 적합하도록 만들어져야지, 정치질서가 법들에 맞도록 만들어질 수는 없기 때문이다."라고 말한다.[125] 이 말을 헌법 개정을 논의하고 있는 오늘날 우리나라에 접목해보면, 지방분권을 위한 「대한민국헌법」과 「정당법」, 「지방자치법」 등 주민주권 관련 법률 제·개정은 지역의 정치질서에 적합하도록 이뤄져야 함을 뜻한다.

"인간은 변화가 아닌, '변화 당하는 것'을 거부한다. 직원들은 강요당하는 것은 무엇이든 저항하지만, 반대로 똑같은 사안이라도 선택의 자

---

124) 조대엽, 『생활민주주의 시대』, 나남, 2015. 3. 1. p.52.
125) 아리스토텔레스, 『정치학』, 라종일 역, 올재클래식스, 2015. 4. 30.

유가 있다고 생각하면 기꺼이 받아들인다. 인간은 변화를 거부하는 것이 아니라 '변화 당하는 것'을 거부한다."

- (티어링크 할리 데이비슨 전 회장)[126]

주민들은 아무리 좋은 개혁이라도 강요당하면 거부하거나, 권력에 눌려 어쩔 수 없으면 불평불만으로 대한다. 또 삶이 변화되는 정책이나 제도 등의 결정 과정에서 자신이 배제된다면, 특히 그 결정으로 인한 자신의 삶이 어렵게 되면 불만은 고조된다. 게다가 자신이 배제된 결정으로 혜택을 받은 사람들이 떵떵거린다면 사회적 갈등은 증폭된다.

반면, 주민들은 스스로 선택하면 아무리 힘든 일이라도 즐겁게 일하고 보람을 느낀다. 즉 국민과 주민은 스스로 선택하고 결정할 수 있을 때, 비로소 국민은 나라의 주인이 되고, 주민은 지역사회의 주인이 된다. 다시 말해 자유의 전제조건인 '자치'가 중요하며, 풀뿌리민주주의인 지방자치는 단체자치보다는 주민자치를 핵심으로 운영돼야 하며, 주민자치회 또한 주민자치 원리에 입각해 주민자치주체기구로 전환 설치·운영돼야 한다는 의미다.

---

126) 행복한경영, 「오늘의 행경」(제3199호), "인간은 변화가 아닌, '변화당하는 것'을 거부한다", 2017. 6. 15.

5부

주민자치회와
주민자치주체기구

1

주민자치회에 대한 근본적인 물음

현 주민자치회 위치와 위상

우리나라는 자유민주주의 국가로 주권체는 국민이다. 그렇다면 지역의 주권체는 주민이라 할 수 있다. 주권체들이 선출해서 구성한 정부와 국회는 국가의 대표기관이고, 지방정부와 지방의회는 지역의 대표기관이다. 그렇다면 주민들이 자발적으로 연대한 '민의 자치체'인 주민자치주체기구가 지역의 시민사회 대표기구로서 권한이 부여된다면 어떨까? 물론 그 권한은 정부가 법률을 만들어 부여하기에 앞서, 지역 주민에 의해 정당성을 인정받는 것이 우선이다.

2013년 7월 안행부(현 행안부)가 제시한 주민자치회(the Residents'

Association) 조직 형태는 협력형, 통합형, 주민주도형이었다. 이중 안행부가 실시한 것은 협력형으로 현장의 목소리를 제대로 담지 못했다는 비판이 일었다. 그러나 3가지 조직 형태 모두는 지역사회의 의견이 충분히 반영되지 못한 것으로 관련 학자 및 전문가들은 더욱 다양한 형태의 주민자치조직이 형성돼야 한다고 주장해 왔다. 또 주민의 대표들이 운영할 주민자치회에 따라 주민자치 관련 행정부서도 신설 혹은 담당공무원도 확대돼야 한다고 요구했다. 게다가 각 지역의 기관, 관변단체, 시민단체, 직능단체, 사회단체, 동호회 등과의 관계 설정 및 네트워크 등도 주민자치회를 중심으로 재설계돼야 한다고 목소리를 높여 왔다. 이런 주장들의 논리는 주민의 자치기구는 '주민의, 주민에 의한, 주민을 위한 조직'이 돼야 한다는 것에 근거를 두고 있다.

현재 읍·면·동에 설치·운영되고 있는 '주민자치회'와 그 실천 원리인 '민의 주민자치'에 대한 정의는 정부나 지방자치단체, 관변시민활동가, 주민자치위원, 학자와 연구자들은 각자의 입장에 따라 제각각이다. 모두 이런 혼란스런 상황을 잘 알고 있다. 그럼에도 정부나 지방자치단체는 '주민자치회 설치·운영은 어떻게 했으면 좋을지'에 대해 전국 3,500여 개 읍·면·동 주민들에게 '숙의와 협의를 통한 의사결정'을 물어본 적이 없다. 또 주민대표를 자처하는(이는 주민들의 인정을 전제로 함) 주민자치회도 해당 지역 주민들에게 '숙의와 협의를 통한 의사결정'을 물어 조직을 구성해서 운영했다는 언론보도를 본 적이 없다. 이런 연유로 주민들은 주민자치회를 정부의 필요에 의해 결성된 여러 지역 공동체·결사체 중 하나로 보고 있는 것은 아닌가 한다.

그렇다면, 현 주민자치회 위치나 위상을 살펴보자. 「지방자치분권 및 지방행정체제개편에 관한 특별법」 제27~29조에 의해 설치·운영될 주민자치회는 정부가 지역의 주민대표[127]로 구성하려고 하는 회다. 문재인 정부는 100대 국정과제에서 '마을자치 활성화(74대 국정과제)'의 일환으로 "주민 주도의 실질적 마을협의체로서 주민자치회 역할·지위를 강화하겠다."라고 밝혔다(2017. 7. 19.). 이어 2017년 8월 11일에는 청와대가 발표한 '문재인 정부 생활기반플랫폼 행정혁신'과 관련해 하승창 청와대 사회혁신수석은 "풀뿌리민주주의 확대를 위해 주민자치를 강화하는 방안도 추진하겠다."라며 "주민자치위원회를 개편해 더 많은 참여를 유도하고 마을계획 수립 권한을 주는 등 실질 권한을 부여해 명실상부한 주민 대표기구로 만들겠다."라고 밝혔다. 과연 그럴까?

몸통과 꼬리가 바뀐 유사 주민자치회

현재까지 입법발의된 주민자치회 관련 제정 법률안을 보면 몸통과 꼬리가 바뀐 듯하다. 주민자치회는 주민자치를 활성화시켜 풀뿌리민주주의가 제대로 작동되도록 하는 데 있다. 즉 주민자치회는 주민자치 원리가 실현되도록 하는 도구이지 목적이 아니다. 그런데 도구 만들기가 목적이라면, 또 하나의 관변단체를 만들어 직업선수들 혹은 권

---

127) 행정안전부의 「주민자치회 표준조례 개정안」(2020년) 제2조(정의) 제2항은 "주민자치회 위원'이란 해당 읍·면·동(또는 동, 읍·면)의 주민을 대표하는 주민자치회의 구성원을 말한다."라고 규정돼 있다.

력층과 연결된 사람들(혹은 선거캠프 사람들)에게 지역사회 혹은 마을 권력과 일자리를 마련해 주려는 것이라면 혈세를 투입할 필요는 없다.

이 지점에서 주민자치회 사무와 활동에 대해서 짚어 보자. 우선 위임·위탁사무를 위주로 하는 주민자치회는 지방정부의 관치에서 파생된 관변단체(더 나아가 관료집단)가 될 가능성이 크다. 자치활동(혹은 사업) 또한 대부분은 여타 민간단체·직능단체·사회단체들이 주민자치회가 설립·운영되기 전부터 자발적으로 수행해 오던 활동들이다. 게다가 그 수많은 단체에 소속되지 않는 주민 개개인의 입장은 주민자치회나 지역 공동체·결사체들보다는 자신이 직접 권한을 갖고, 그 권한을 행사하는 것이 '주민자치 활동'이라 생각한다. 그러므로 주민이 낸 혈세를 주민자치회에 투입하려면, 주민 자신의 권한을 기꺼이 주민자치회에 위임해 줄 수 있거나, 주민 자신 스스로 주민자치회 활동에 참여할 수 있는 '존재의 가치'를 인정받을 수 있도록 구축해야 한다.

이런 점에서 주민자치회 관련 법률안을 만들려면, 주민자치회라는 조직을 만들어서 지원하기 위한 것이 아닌, 우선 주민의 권리(기본권)와 그 권리행사(역할)를 명확히 하고, 그다음 이런 권한과 역할을 주민들이 누리기 위해서는 어떤 주민자치회가 필요할지부터 설계돼야(구성과 역할 등) 할 것이다. 특히 읍·면·동 시민사회 영역에서 주민에게는 어떤 권한이 있고, 그 권한 행사는 어떻게 해야 하는지, 또 권한을 주민들이 누리도록 하기 위한 주민자치는 무엇이고, 그 주민자치 원리에 입각해 설치·운영되는 주민자치회 목적은 무엇인지 명확해야 한다. 그다음, 이를 활성화하기 위한 주민자치회 지원 방안, 그리고 더 나아가 시·군·구 단위에서 민관 협업과 협치를 위한 주민자치회 협의회는 어떻게 설치·운영하고 지원해야 하는지도 규정해야 할 것이다.

만일, 표 관리 차원이나 세금(주민세라는 독점적 예산도 포함)으로 자기 진영 사람들 일자리를 위해 그럴듯한 관변단체 하나 만들어 놓고, 이 단체를 주민자치회로 포장시켜 이용하고 싶은 욕망이 조금이라도 있다면 버려야 할 것이다. 특히 권력을 이용해 전문가인척 행사하면서 '주민자치주체기구와 유사한 주민자치회'는 만들지 않았으면 한다. 그러므로 주민자치 원리에 입각해 주민자치회를 설치·운영할 때에는 지역 주민들의 자기 욕구와 욕망을 정책에 반영시키려는 '의사결정'에 중점을 둘지, 아니면 자체 돈벌이 -지속성을 위한 재원 확보 및 일정 부분 이익금의 지역사회 기부라는 명분을 달기는 하지만- 를 위한 '사업'에 중점을 둘지, 아니면 이 둘을 조화시킬지 잘 판단해야 할 것이다.

현재 정부와 지방정부에서 추진하고 있는 주민자치회는 행정에의 참여와 사무(업무, 일)에 방점을 둔 경향이 강하다. 그러나 '주민자치(= 주민집단의 자기통치)', 특히 '민의 주민자치'는 단지 행정에의 참여와 지역의 일을 하는 것에 머물지 않는다. 따라서 주민자치 원리에 입각해 주민자치회를 설치·운영할 때에는 개인으로부터 출발해 주민, 결사체·공동체, 지방정부(지방의회 포함)를 연계·연결하는 지역 생태계와 거버넌스[128]도 고려해야 한다. 주민자치회가 주민자치주체기구가 되기 위해서는 별도 제정되는 '주민자치회 기본법'이든 또는 「지방자치법」에 명시되든, 주민자치회가 주민자치주체기구(민민협의체이자 민관중간지원체)로서의 지위를 명시해야 한다. 그리고 정부는 물론 지방자치단체와 지방의회는 주민자치회가 제대로 작동되도록 행·재정 지원을 아끼지 말아야 한다.

시민사회와 주민자치회의 결사적 삶

자발적 결사체(voluntary associations)들은 매우 중요하다. 그들에게 용기를 주는 북돋아 주는 것은 물론 공공적인 일에 있어 정부의 제도적·재정적 지원, 시민들의 재정적 지원과 지지는 타당하다. 그러나 결사적 삶에 너무 많은 것을 기대하는 것도 위험하다. 오늘날 자발적 결사체들에 대해 가해지는 기대는 사회 공공서비스 제공, 지역 공동체 운영, 불우이웃 돕기, 어린이·여성 등 약자 보호, 실업문제 해결, 복지문제 해결, 환경보호 활동, 사회적 갈등 해결, 사회적 자본 확충, 국가와 시장경제에 대한 견제·감시 활동 및 협치에 이르기까지 헤아리기 힘들 정도다.

---

128) 거버넌스(governance)는 국가·정부의 통치기구 등의 조직체를 가리키는 'government' 와 구별되는 개념으로 지역사회에서부터 국제사회에 이르기까지 여러 공공조직에 의한 행정서비스 공급체계의 복합적 기능에 중점을 두는 포괄적인 개념으로 파악될 수 있다. 통치·지배라는 의미보다는 경영의 뉘앙스가 강하다. 거버넌스는 정부·준정부를 비롯해 반관반민(半官半民)·비영리·자원봉사 등의 조직이 수행하는 공공활동, 즉 공공서비스의 공급체계를 구성하는 다원적 조직체계 내지 조직 네트워크의 상호작용 패턴으로서 인간의 집단적 활동으로 파악할 수 있다. (행정학용어 표준화연구회, 『이해하기 쉽게 쓴 행정학용어사전』, 새정보미디어, 2010. 3. 25.)

게다가 자발적 결사체들은 남는 시간이 있으면 국가, 특히 행정서비스 사각지대를 봉사로서 보완해 주길 요청받고 있기도 하다. 문제는 관이 설립해 민이 운영하는 결사체다. 그중 하나가 자발적 결사체[129] 형태를 띠는 '주민자치회'다. 주의할 것은 그들 능력 이상을 책임지게 한 다음, 그 실패를 그들에게 묻는 악순환이 돼선 안 된다. 정부와 지방정부는 그들에게 감당할 수 있는 요청을 해야 한다. 특히 주민자치회의 경우는 지역 특성에 맞도록 설치한 다음, 주민들이 운영할 수 있도록 조직을 구성해야 할 것이다.

시민사회 모델은 3개의 섹터를 가진 즉 국가, 시장, 비영리 집단들이 분리돼 있고 상호 독립적이라는 사실을 암시한다. 그러나 이는 난센스다. 각 혹은 상호 섹터 간 경계들은 항상 불분명하거나 유동적이다. 왜냐하면, 당신은 주민이면서 임금노동자며 소비자다. 어떤 이는 주민이면서 공직자며 소비자고, 또 어떤 이는 주민이면서 기업가며 공급자다. 이는 한 영역에서의 역할을 위한 자질들은 다른 영역에서의 역할들에도 파생적인 영향을 미치게 된다는 것이다. 즉 국가는 하나의 민주적 시민사회가 기능하기 위한 법적·제도적 틀을 제공하고, 시민사회는 선출된 정부들이 본분에 맞는 책임을 다하도록 압력을 행사한다. 그들은 상호의존적인 것이다.

---

129)　자발적 결사체(voluntary associations, 自發的結社體)는 조직 형태가 다양하고 형식이 자유로워 사회집단이 다원화되는 데 기여하며, 시민의 사회 참여를 유도해 사회 발전을 촉진시키는 등 오늘날 현대사회에서 영향력이 증대되고 있는 추세다. 자발적 결사체의 유형에는 친목단체(산악회, 낚시회 등), 이익집단(의사회, 약사회, 노동조합, 각종 협회 등), 시민단체(환경보호단체, 소비자단체, 여성단체, 경제시민단체 등) 등이 있다. (두산백과)

마이클 에드워즈(2015)의 말을 빌리자면, 시민사회가 국가의 일부라 거나 아니면 그 반대라는 것을 뜻하지 않지만, 국가와 시민사회는 명백히 차별적인 기관들로 구성된 세트들이다. 또 에드워즈는 만일 그들의 관계가 단절된다면, 양자가 각기 상대 쪽에 미치는 긍정적인 효과들은 무효화될 수도 있음을 의미한다고 설명한다. 따라서 현재 주민자치회가 행정의 말단기관으로 취급받고 있는 것도 행정과 너무 긴밀하고 익숙해 지역의 시민사회를 대변하지 못하고 있어서는 아닌지 생각해 볼 필요가 있다. 그렇다면, 주민자치회가 결사적 삶의 일부가 되려면, 읍·면·동 내에서 주민들의 의견에 반하는 정책과 지방정부의 장과 지방의원을 견제·감시하는 역할도 해야 할 것이다. 현재 시민사회와 주민의 대표를 내세우고 있는 주민자치회가 과연 그 역할도 수행하고 있는가?

2

주민자치주체기구에 대한 근본적인 물음

왜 주민자치주체기구인가

현재 주민자치를 실천하고 있는 '지방자치체'로는 지방정부와 지방의회가 있다. 앞에서 말했지만, 대표자들이 풀뿌리민주주의인 '지방자치'라는 자동차를 안전하게 그리고 지속성 있게 운전하려면, 주민자치 원리에 의한 보충성의 원리로서 주민들이 원료를 충분히 주입해 줘야 한다. 그 원료 주공급처는 주민자치주체기구로, 이 제도는 공식적인 법인격을 갖고 자치적인 거버넌스를 수행하며, 지역 주민과 결사체·공동체에 공공서비스를 공급한다. 또 그 정치적 지위에 있어서는 지방자치 제도에서 일종의 '지역위원회(Local committee)'[130]로 설명될 수 있다. 이런 주민자치주체기구는 지방정부와의 관계에서 많은 긍정적인 영향을 미치며 우리나라의 지방자치 제도에 매우 적합한 것으로 평가된다.

'주민자치주체기구(the Residents' Community Association)'는 제(저자)가 만든 용어다. 다시 말해 지역생태계 플랫폼으로서 '수평적 거버넌스(민민협의체)' 역할, 지방정부와 민간을 연계·연결하는 '수직적 거버넌스(민관 협업·협치 중간지원체)' 역할을 하는 주민의 대표 자치기구다. 물론 정부가 추진하는 주민자치회가 주민자치주체기구가 돼 우리네 욕구와 욕망을 충족시키면서도 국가기본운영체제를 국민주권·주민주권에 충실한 방향으로 가길 원하지만, 현재 추세라면 어렵다고 볼 수 있다. 따라서 이 책에서는 주민자치회와 주민자치주체기구를 구분해서 사용하고 있다.

주민자치주체기구 활동은 실질적인 참여를 전제로 지역축제, 방범·방제 활동 및 훈련, 시민교육과 복지강좌 등 주민자치센터 운영, 쓰레기 처리와 주차장 문제 논의, 자녀교육강연회, 세대 간 교류회, 지역만남 스포츠대회(혹은 교류대회), 마을만들기 간담회, 공원 정비·유지 관리, 예능대회·작은 음악회·벼룩시장 등 개최, 깨끗한 거리 조성, 불우이웃·독거노인 돕기, 그리고 공론장 운영 등이다. 그리고 그 활동들은 주민과 지역을 위한 것이다. 이런 관점에서 보면, 주민자치주체기구는 시·군·구 내 읍·면·동을 대단위로 묶어 구역별

---

130)   지역 정책 관련 자문기구.

로 설치·운영하는 것을 권장한다.

　예를 들어, 인구 658,338명(2021. 12. 31. 기준)의 서울시 송파구는 풍납1동과 잠실본동 등 27개 동으로 이뤄져 있다. 이를 3~4개 구역 혹은 4~5개 구역으로 묶어 구역별로 주민자치주체기구를 구성하는 것이다. 그리고 그 체제는 근린생활자치체로써 주민자치회, 지역청년단, 교통안전협회, 자율방범위원회, 사회교육협의회, 새마을운동, 바르게살기운동, 부녀회 등 각종 주민단체들의 협의회로 구성한다. 그리고 각종 지역 현안은 민민협의체이자 민관중간치원체인 주민자치주체기구를 중심으로 활동이 이뤄지도록 하는 것이다. 주민자치주체기구는 주민자치센터 이용료와 기부금, 보조금, 회비, 자체수익 등으로 운영하며, 주민 상호 간 연락과 지역 공동 활동, 민간단체들의 네트워킹, 주민의 욕구와 욕망을 담은 의제들을 송파구청과 송파구의회에 전달 등 지역사회의 중요한 역할을 담당한다.

　그럼에도 본 책에서는 주민자치주체기구 설치·운영 단위를 읍·면·동을 기준으로 하고 있다. 현재 정부가 추진 중인 주민자치회와 비교하기 위해서다. 만일 주민자치회를 주민자치주체기구로 전환하거나, 주민자치회와 주민자치협의회 중간에 주민자치주체기구를 두고자 하는 대도시 지역(동일 생활권)은 읍·면·동보다는 읍·면·동 몇 개를 묶은 '구역' 단위로 하는 것을 권장한다. 읍·면·동 주민자치회와 구역 주민자치주체기구, 시·군·구 주민자치주체기구협의회로 이어지는 중층(重層)구조의 세밀한 조직 관리와 활동은 주민자치를 더욱 활성화할 것이다.

지역의 자치체는 이중 구조

국가로부터 자치권이 부여된 공법상의 법인인 '자치체(自治體)'는 현재 지방자치단체와 지방의회가 있다. 국가 영역인 지방자치단체와 지방의회는 첫째, 주민자치 원리에 의해 지방의 정부·의회 역할과 둘째, 국가와 주민을 연결하는 '민정(民政)중간지원단체' 역할을 담당한다. 또 하나의 자치체로서 정부와 주민들은 지역의 시민사회 영역에 주민자치회를 설치·운영하려 한다. 그러나 앞서 주민자치회에 대해 살펴봤지만, 민의 자치체로서는 미비하다. 즉 주민들의 협의체인 '민민협의체'와 주민과 지방정부와 지방의회를 연결하는 '민관(民官)중간지원체'인 주민자치주체기구를 '민의 자치체'로 설치·운영함이 바람직할 것이다. 즉 현재 대한민국에 불어닥치고 있는 새로운 지역사회질서는 '관의 자치체'인 지방정부와 지방의회에 더해서 '민의 자치체'인 주민자치주체기구, 즉 이중 구조의 공존이다.

〈표 5-1〉 지역의 자치체 이중 구조

• 영역

국가 영역	시민사회 영역
지방자치단체, 지방의회	주민자치주체기구

• 역할

지방자치단체, 지방의회	주민자치주체기구
지방의 정부·의회 & 민정(民政)중간지원단체	민민협의체 & 민관(民官)중간지원체

주민자치주체기구가 지역 시민사회 자치체가 되려면, 지역사회의 자산을 가치 있게 배분하는 힘(power)을 갖고 세련되게 경영(governance)하는 고도의 통치를 발휘할 수 있도록 해야 한다. 우선, 주민자치 역량을 갖춰야 하고, 또 주민들로부터 신뢰를 쌓아야 하며, 민민협의체와 민관중간지원체로서 자격을 획득해야 한다. 다만, 주민자치주체기구가 민의 자치체라고 해도 지방정부(집행부)와 지방의회 구조나 역할을 모방해, 읍·면·동 정부나 주민의회, 즉 정치권력에 의해 좌우되는 관료집단을 만들자는 것이 아니다.

　주민자치주체기구를 운영할 인재는 현재 우리나라에 넘쳐난다. 전 세계에서도 고학력사회인 우리나라는 관계(官界), 법조계, 재계, 언론계, 의료계, 산업계, 학계, 연구계 등 각계각층에서 실력과 경륜을 쌓은 후 은퇴한 전문가들이 수없이 많다. 그 인적자원들로 하여금 자신의 재능과 지혜를 지역사회에 기여하는 보람과 긍지를 맛보도록 하자는 것이다. 이에 더해 예전 주민자치위원회 위원들이나 현재 민간단체와 사회단체 회원들이 자신의 호주머니를 열어 지역사회를 위해 봉사활동을 하는 것처럼, 참석 회의수당만으로도 보람과 긍지를 갖고 명예롭게 자치활동을 할 주민들도 있다. 민의 주민자치라는 무대(주민자치주체기구)에 주민과 전문가들이 모여 현장경험과 전문지식을 공유하고, 양쪽의 다원적이고 다양한 지혜들이 지역사회 발전과 주민들의 삶의 질 향상에 일익을 담당하도록 하자는 것이다.

　우리보다 역사가 오래되고 선진국으로 불리는 유럽국가의 지방의원들 대부분은 무보수 명예직이다. 우리도 민의 자치체인 주민자치주체기구를 운영하는 구성원(예: 주민자치회 위원)은 무보수라도 보람과 긍지를 갖고 명예롭게 활동할 수 있도록 설계돼야 한다. 본업을 갖고 있으면서 무보수 명예직으로 자치활동을 할 수 있는 무대가 되고, 퇴임한 사회지도층이 사회적 책임과 의무감을 다시 발휘할 수 있는 통로 역할을 할 수 있도록 말이다. 물론 무보수 명예직이라 해도 사람이기에 물질적 이득이 없으면 동기부여가 약하다. 즉 주민자치 활동은 보람·긍지·명예로부터 오는 뿌듯함이 원칙이 되고, 보상은 그에 따른 후차적인 것이어야 한다. 그것이 돈이 됐든 뭐든.

민본을 생성하는 공론장

주민자치주체기구를 통한 공론장은 정치·경제·사회적 관계로 인해 형성된 권력, 계급, 위세와 관련된 일체의 지위, 즉 정치적·사회적·경제적 계급장을 뗀 상태에서 오로지 지역사회의 발전과 주민의 삶의 질과 사람의 가치 향상을 위한 '의제의 권위'만이 작동하는 곳이다. 또 주민의 생활에 있어 더불어 소통하고, 공감하며. 서로 협력하고, 그 역량을 행정과 협업·협치하며, 지역에서 모든 남녀노소, 계층, 세대가 공존하는 공공질서를 형성하는 곳이다.

따라서 주민자치주체기구는 집회와 토론이 일상화된 정치적(담론정치) 소통공간인 공론장을 활성화시켜야 한다. 그 공론장은 주민이 시민적 도덕성을 기를 수 있고, 주민들이 생활세계를 토대로 담론정치를 통한 새로운 정치 형태를 실험하고 배울 수 있는 참여민주주의와 숙의민주주의 실험의 장이자, 또 주민자치적 삶과 제도적 조율은 물론 논쟁과 심의의 장이기도 하다. 국가의 공(公)적인 것보다 민의 공공(公共)적인 것을 의논하는 이 공론장에서는 가진 자와 없는 자, 많이 배운 자와 덜 배운 자, 잘난 자와 못난 자, 어른과 아이, 진보와 보수가 서로 소통하고 어울리는 장이다.

마이클 에드워즈(2015)에 따르면, '공공 영역'은 사회적·정치적 차이들, 사회 문제들, 문화적 정체성, 정부의 정책과 공동체의 업무들이 개발되고 심의되는 비입법적·초사법적 공간이다.[131] 특히 지역사회의 주민들에게 공동으로 속하거나 두루 관계되는 공공적(公共的) 공간이다. 그런 공간들의 융성은 민주주의의 건강에 매우 중요하다. 마이클 에드워즈는 시민사회의 정치·경제·사회 부문의 에너지를 결집시키는 파트너십 혹은 협치의 중요성을 강조하며, 이 파트너십의 원활한 기능 수행을 위해서 어떤 건강한 결사적 생태체계의 구축이 필요하고. 이 작업은 국가가 책임지고 수행해줘야 한다는 견해를 피력하고 있다. 요컨대 국가가 나서서 모두가 동등하게 참여해(참여민주적) 정의롭고 숙의민주적인 방식으로 의견을 개진할 수 있는 담론의 장을 열고 관리하며, 운용은 '건강한 결사적 생태체계'의 플랫폼인 주민자치주체기구가 하도록 해야 한다.

앞서 말했지만, 주민자치는 국가 영역에서 지방정부의 설치·운영, 시민사회 영역에서 주민자치주체기구의 설치·운영의 원리로서, '주민자치 권력'은 주민들로부터 나오며(주민주권), 그 권력의 원천은 민

---

131) 마이클 에드워즈, 『시민사회』 서유경 역, 동아시아, 2015. 3. 13.

본이고, 그 민본은 지역마다 다양한 얼굴을 띠고 있는 것이 특징이다. 다양한 주민들의 욕구와 욕망이 공론장에서 합의되고, 그 합의된 공의(公義: 공공이익)가 대표적인 민본이기 때문이다.

경제·사회·문화·정치적 역할과 과제

민민협의체로서의 주민자치주체기구 핵심 과제는 높은 수준의 사회적 자본(일반화된 신뢰 및 협동심 등)을 어떻게 보유할 수 있는가다. 즉 그 보유한 사회적 자본을 바탕으로 상이한 차이를 가진 주민들과 지역 결사체·공동체들로 하여금 지역사회 현안들에 관해 선의(善意)로서 '지각 있고 공정한 합의'에 도달하게 할 수 있는 역량을 어떻게 갖추게 할 것인가다. 지역 결사체·공동체의 결사적 삶과 민민협의체로서의 주민자치주체기구가 지향하는 일반화된 신뢰 및 협동심 생성 사이에는 온도차가 있기 때문이다.

지역의 매개적(mediation) 외적 결사체·공동체들의 네트워크 플랫폼인 주민자치주체기구는 기득권적 이익들에 대한 평형추 역할을 하며, 지방정부와 주민들 사이의 제도적 책임귀속성(accountability)을 진작시키고, 현장에서 벌어지고 있는 일과 관련해 결정권자에게 정보를 제공하며, 공공서비스 제공과 지역사회의 개발 사업을 필요로 하는 지방정부와 주민들 간의 사회적 계약을 중재한다.

주민자치주체기구의 역할은 크게 경제적 측면, 사회·문화적 측면, 정치적 측면으로 나눠진다. 첫째, 경제적 측면에서 주민들의 호구지책을 확보하며, 특히 주요한 생활 공공서비스, 즉 보건복지와 교육·육아 분야 등에서 제공자 역할, 지방정부(국가 영역)와 이익경제(시장 영역)의 사각지대에 생활 공공서비스를 제공하는 데 힘써야 한다.

둘째, 사회적·문화적 측면에서 사회교육과 시민교육 등 '사회교육 활동', 청정 지역과 살기 좋은 지역 만들기 등 '환경 활동', 안전·안심한 지역사회 만들기 등 '방범 예방 활동', 지역문화 전통 개발·계승, 지역문화제 개발·보존, 주민 한마당축제, 예술·문화 향유 등 '문화적 활동', 그리고 신뢰와 협조를 포함해 지역경제 활성화를 뒷받침하는 사회적 자본 형성과 결사체·공동체 육성 및 네트워킹에 노력해야 한다.

다시 말해 사회적·문화적 측면에서 주민자치주체기구는 주민들의 존재 가치와 삶의 질 향상을 위해 ▲문화생활 수준을 높이며 ▲시민성과 자치 역량을 강화시키고 ▲시민권을 올바로 활용할 수 있도록 교육하며 ▲사회적 자본이라는 개념하에 느슨하게 엮인 지역사회 생태계에 신뢰와 예의·배려를 배양하는 긍정적인 사회 규범들에 양분을 공급하는 플랫폼이 돼야 한다. 또 주민은 물론 지역 결사체·공동체가 효과적인 기능을 수행하려고 할 때, 중요한 사회적 유대관계들을 실제로 창출하고 유지시키는 데 있어 결정적인 구성요소로 작용해야 한다.

셋째, 정치적 측면에서는 지역의 자발적 결사체·공동체들과 함께 국가와 기업의 권력에 대해 결정적인 평형추 역할을 해야 하며 투명성(공개성), 책임귀속성, 좋은 지역사회를 만들기 위한 협치의 측면들을 진작시키는 중요한 행위자로 나서야 한다. 또 미래의 지역사회 지도자(일꾼, 리더)를 발굴하고 갖춰야 할 능력들을 강화시키는 것 역시 정치적 역할 중 중요한 덕목이다. 특히 시민으로서의 행동·사상·양심·신앙의 자유가 보장되고, 정치에 참여할 수 있는 권리인 '시민권'에 부여된 권리가 침해되거나 무시될 경우, 주민들의 요구를 지방정부와 지방의회에 전달하고 정책과 조례에 수정을 가하는 채널을 제공하는 것 또한 주민자치주체기구의 역할이다.

주민자치주체기구의 역할 중 정치적 측면이 특히 중요한 것은, 그 지향점이 '좋은 사회 만들기'이기 때문이다. 좋은 사회는 ▲자율성과 선택의 자유를 위협하는 권력의 결속(結束)[132]을 막고 ▲남용되는 공권력을 효과적으로 견제하며 ▲주민들이 협치와 협업(민민, 민관)의 수단과 목적에 대해 토의·토론할 수 있고 ▲공(公)과 사(私)를 재심의하는 담론정치를 펼칠 수 있는 참여민주적이고 숙의민주적인 '민의 공공(公共)' 영역을 보호하는 사회를 뜻하기 때문이다.

사회적 자본에 따른 거버넌스 활성화

현재 거버넌스 정의에 대한 학문적 합의는 이뤄지지 않았지만, ▲정부·준정부를 비롯해 반관반민(半官半民)·비영리·자원봉사 등의 조직이 수행하는 공공활동[133] ▲공동의 목표를 달성하기 위해 주어진 자원 제약하에서 모든 이해 당사자들이 책임감을 갖고 투명하게 의

---

132) 일명 '진영논리(陣營論理)', 즉 자신이 속한 조직의 이념은 무조건 옳고, 다른 조직의 이념은 무조건적으로 배척하는 논리로 응집하는 것.

133) 이해하기 쉽게 쓴 행정학용어사전.

사결정을 수행할 수 있게 하는 제반 장치[134] ▲국가 영역과 시민사회 영역 행위자 사이의 네트워크 방식의 수평적인 협력구조라고 볼 수 있다. 여기서는 주민자치주체기구를 중심으로 생활 공공서비스의 공급체계를 구성하는 지역의 결사체·공동체들과 지방정부·지방의회와의 네트워크 상호작용 활동을 살펴보고자 한다.

퍼트넘(Robert David Putnam, 1941~) 하버드대학 교수의 사회적 자본 이론 시각에서 보자면, 결속 다지기(bonding: 집단 내 유대), 다리 놓기(bridging: 집단 간의 연결), 연계하기(linking: 결사체들, 정부, 시장 간의 연결)를 의미한다. 그렇다면 주민자치주체기구의 사회적 자본 형성 역할은 다음과 같이 설명될 수 있다.

'결속다지기'는 결사체·공동체들의 구성원들만의 이익, 또한 결사체·공동체와 관계하는 집단들만의 이익을 진작시키는 데 사용된다. 따라서 지역사회 내 불평등을 두드러지게 만들 수 있으며, 특별한 이익을 놓고 다른 지향점을 추구하는 결사체·공동체와 갈등을 야기할 수 있다. 결속 다지기에서는 약한 결사체·공동체에 대한 행·재정 지원, 역량 강화 교육, 타 결사체·공동체와의 연결 등을 통해 불평등을 완화시키는 역할이 주어져야 할 것이다. 특히 사회적·경제적 약자이자 행정사각지대 놓인 주민에 대해 욕구와 욕망 수집 및 지방정부에 재정적·제도적 서비스 지원 요청은 물론, 주민의 시민성 역량 강화를 위한 정보 제공 및 교육 역할도 필요하다.

---

134) 국어사전.

'다리 놓기'는 공공이익을 위해 주민들 간, 결사체·공동체들 간, 주민과 결사체·공동체들을 연결함으로써 집단 간의 차이들을 해소해 감에 따라 불평등을 줄일 가능성이 크다. 이런 네트워킹을 통해 공론장에서 담론과 토론를 통해 주민과 주민 간, 집단과 집단 간의 상이한 의제들을 공유하고 서로의 차이를 이해하는 가운데, 신뢰를 차차 쌓아 감으로써 인해 좋은 사회를 조성하는 데 있어 토대가 될 것이다. 다리 놓기를 할 때 주의할 것은, 주요 사업에서 다수의 의제에 밀린 주민과 결사체·공동체를 배제하면 안 된다. 이때 최소한 사업의 투명성·공개성·객관성을 담보함으로써 의제에서 밀린 그들이 기꺼이 양보할 수 있도록 하는 환경을 만들어서 그들이 배제당했다는 의심을 해소해야 한다. 또 뒤에 남겨진 다수의 희생을 대가로 정치적으로 막강한 영향력을 지녔거나, 역량이 뛰어나 번창하는 소수의 결사체·공동체와 일명 선수집단에게 특혜를 주는 것은 특히 주의해야 할 것이다.

'연계하기'는 민관중간지원체인 주민자치주체기구가 지역 내 주민들과 결사체·공동체들을 대표해 행·재정적 지원 및 영향력을 제공할 수 있는 지방정부와 지방의회 및 공공기관들과의 적절한 연결을 형성함으로써 관과 민을 연계하는 것이다.

기관·기구구성 형태 다양화

주민자치 원리를 통한 지방정부·지방의회와 주민자치주체기구는 고정되고 규격화된 것이 아닌, 공론장에서 합의된 주민들의 창조물

이어야 하고, 지방자치단체 기관과 주민자치주체기구 기구구성 형태는 다양해야 함이 마땅하다. 그러나 현재 우리나라는 지방자치단체 기관구성 형태는 강집행부-약의회형으로 단일화돼 있고, 주민자치주체기구를 지향하는 주민자치회도 단일화돼 있다. 아마 이것이 우리나라 국민들의 특징인지, 아니면 정치권의 필요에 의한 것인지 잘 모르겠다. 주민자치가 '주민의 뜻에 의해 기관이 구성되고, 주민의 뜻에 의해 운영되는 주민참여의 정치적 원리'라면, 당연히 지방자치단체 기관구성 형태 다양화는 실행돼야 하며, 주민자치주체기구 기구구성은 더더욱 지역 특성에 따라 다양화돼야 할 것이다.

지방자치단체 기관구성 형태는 법률로 다양화될 것으로 보인다. 지난 박근혜 정부는 향후 국정과제로 지방자치단체 기관구성 다양화로 그 유형을 강집행부-약의회형, 강의회-약집행부형, 위원회형 등을 추진했으며, 문재인 정부는 아예 「지방자치법」 제4조[135]에 규정했다. 제4조에 의하면, 따로 법률로 정하는 바에 따라 지방자치단체의 장의 선임 방법을 포함한 지방자치단체의 기관구성 형태를 달리 할 수 있고, 이럴 경우에는 「주민투표법」에 따른 주민투표를 거쳐야 한다. 물론 '지방자치단체 기관구성 형태'는 인구규모, 재정상황 등 지역별 여건에 따라 실행될 것이다.

---

135) 「지방자치법」(시행 2022. 1. 13.) 제4조(지방자치단체의 기관구성 형태의 특례) ① 지방자치단체의 의회(이하 '지방의회'라 한다)와 집행기관에 관한 이 법의 규정에도 불구하고 따로 법률로 정하는 바에 따라 지방자치단체의 장의 선임방법을 포함한 지방자치단체의 기관구성 형태를 달리 할 수 있다. ② 제1항에 따라 지방의회와 집행기관의 구성을 달리하려는 경우에는 「주민투표법」에 따른 주민투표를 거쳐야 한다.

그러나 주민자치주체기구를 표방한 주민자치회는 전국적으로 단일화돼 있다. 어쩌면 '관의 주민자치'인 지방정부와 지방의회보다 더 주민에 의해 운영돼야 할 '민의 주민자치'인 주민자치회가 단일화돼 있는 것이다. 주민자치회 조직 형태는 「지방자치분권 및 지방행정체제 개편에 관한 특별법」에 의해 2013년 지방행정체제개편위원회(현 자치분권위원회)가 '협력형', '통합형', '주민조직형'을 제시했다. 또 2015년 12월에는 지방자치발전위원회(현 자치분권위원회)가 '협력형 보완형'을 추가 제시했다. 이중 현재 전국적으로 실시하고 있는 주민자치회 조직 형태는 '협력형 보완형'이다.

그러나 4가지 조직 형태[136] 모두는 지역사회 주민들 의견이 충분히 반영되지 못한 것으로 더욱 다양한 형태의 주민자치회 조직 형태가 형성돼야 한다. 또 주민자치회 운영도 현 공모제와 추천제 병행으로 할지, 주민들이 돌아가면서 하는 의무적 순환제 혹은 또 다른 형태로 할지도 논의의 테이블에 올려봐야 한다. 주민자치회 조직 형태에 따라 '민의 주민자치' 관련 행정부서 신설 혹은 담당공무원도 확대돼야 하고, 주민자치회와 각 지역의 공기관과 결사체·공동체인 민간단

---

136) ① 협력형: 읍·면·동사무소의 존치를 전제로 하고, 주민자치회가 동장과 읍·면·동 사무의 협의를 가능하게 하며, 주민자치회의 사무기구를 설치해 주민자치회의 자율성을 주민자치위원회 보다 확대하도록 하는 모형. ② 협력형의 보완 모형: 협력형 모형의 기능에 주민자치회가 구청장의 위임사무를 수행하는 것이 가능하도록 권한의 범위를 확대. ③ 통합형: 읍·면·동사무소를 주민자치회의 사무기구로 전환해, 읍·면·동사무소와 주민자치회 기능을 통합 수행하도록 한 모형으로, 1998년 읍·면·동의 기능 전환 시 검토했던 지방행정구조 개혁의 연장선으로 주민조직형의 전 단계임. ④ 주민조직형: 읍·면·동사무소를 폐지해 기존의 행정 수행기능을 시·군·구로 환원하고, 읍·면·동사무소는 순수 주민자치 조직으로 고유성과 자율성을 대폭 강화함.

체·직능단체·관변단체·사회단체·동호회 등과의 관계 설정 및 네트워크 등도 설계돼야 한다.

우리가 주민자치주체기구를 설치·운영할 수 있는 방법은 첫째, 국가가 강제력으로 규칙 및 법규를 실행시켜 현재의 주민자치회를 구성하는 것과 같은 방법이다. 둘째, 지역사회의 구성원들(실향민, 지역 종사자 등 관련주민 포함)의 자발적 행위, 토론·합의 속에 내재 돼 있는 지역의 사회적 메커니즘(mechanism)들을 통해 시민사회 주민의 대표기구로 구성하는 방법이다. 셋째, 지역을 구성하는 결사체·공동체들이 함께 협조하는 네트워킹(거버넌스)을 통해 주민들이 참여해 시민사회 플랫폼으로 구성하는 방법이다.

결사체와 공동체는 특수한 정치적·사회적·경제적·문화적 목표들을 달성하고자 하며, 실정 규범들과 가치들에 의해 성격화돼 있다고 볼 수 있다. 여기서 요구되는 건강한 결사적·공동체적 삶은 외적 성향이어야 하고, '좋은 사회' 만들기에 공헌해야 한다. 결사체·공동체는 지역사회에 물질적·정서적 지원을 제공하며, 비슷한 생각 혹은 공동선을 추구하는 사람들 간의 연대감과 상호 지원하는 일종의 오아시스 역할을 해야 한다.

또 주민자치주체기구 구성원(위원, 회원)들의 참여는 '자발적'임을 원칙으로 한다. 여기서 '자발적'이란 회원 가입이 정부가 강제하는 동원이나 복종, 법적으로의 강제, 기업에 의한 시장 유인책에 의한 것이기보다는 '동의'에 따른 것이어야 하고, 또 사회적 지위와 공적 권리에 수반되는 혜택을 잃지 않고 탈퇴가 가능해야 한다.

조직 형태와 운영 성격

주민자치주체기구 조직은 지역마다 다양할 것이다. 예를 들면, 주민자치주체기구 형태를 집행부(예: 주민자치주체기구, 주민자치회)와 주민의회(예: 주민총회)로 역할을 구분해 이원화할 수 있고, 주민에 의해 추대되거나 위촉된 위원들로 주민의회를 구성해서 각 위원이 집행부서의 위원회와 국·과를 담당하도록 역할을 동시 수행하도록 일원화할 수도 있다. 주민자치주체기구 조직으로 생각해 볼 수 있는 것은 우선, 주민의회 내에 주민총회, 공론장운영위원회, 규제심의위원회, 도덕(혹은 윤리)심의위원회, 위원선정위원회, 상임분과위원회, 이해충돌방지위원회, 갈등조정위원회 등을 둘 수 있다.

특히 주민의회가 갖춰야 할 자세는 높은 수준의 책임귀속성, 투명성·개방성, 안건의 선명성, 담론과 토론의 민주적 절차, 상이한 의견들 간 조율, 결정을 내리는 데 필요한 최소한의 위계질서 등으로 이를 감안해서 조직을 구성해야 할 것이다. 집행부에는 운영위원회, 감사위원회, 자문위원회, 각종 분과위원회, 사무국, 기록위원회 등 지역실정에 맞는 각종 위원회를 둘 수도 있을 것이다. 또 읍·면·동 주민자치주체기구들의 협의체인 '주민자치주체기구협의회'를 시·군·구 단위에, 연합체인 '주민자치주체기구연합회'를 광역 시·도 단위에 결성해, 그 협의회와 연합회 내에 필요한 각 부서를 둘 수도 있다.

물론 심의·의결(주민의회), 회계와 교육 부분 등은 전문가 지원이 필요하다. 따라서 법률 검토와 회계, 시민성 역량 강화 등 전문 서비스를 제공하는 직능단체, 지역사회 전통 계승·기록 등과 그 외 여러 전문적 지식이 필요한 분야에 사회단체(비영리)들, 행·재정 지원을 하는 지방정부와 지방의회, 지역경제 활성화에 도움을 줄 수 있는 기업의 역할 역시 중요하다. 때문에 이들과의 연계·연결 및 협업·협치는 매우 중요하며, 주민자치주체기구의 모든 조직들의 구성과 운영은 투명하게 공개돼야 하고 개방적이어야 한다.

특히 외·내부의 평가나 비판은 건강한 주민자치주체기구를 위한 논쟁의 주제여야 하며, 이 논쟁은 주민자치주체기구가 존속하는 한 지속돼야 한다. 또 지역사회 주민들을 대표하는 주민자치주체기구는 반드시 그 책임귀속성에 관한 한 외부의 감시를 받아야만 한다. 사회에서 영향력이 증대되는 그 어떤 단체나 기관이라도 외부의 감시를 받음으로 인해서 존재의 정당성을 확보할 수 있고 건강해지기 때문이다.

물론 주민자치주체기구에 너무 많은 것을 기대하는 것은 위험하다. 시간이 흐를수록 자발적으로 구성된 주민자치주체기구에게 더해지는 기대(권한 강화와 재정 확충 등)가 점점 증대돼 명예·봉사로서 행하던 보람되고 즐거운 행위들이 고된 노동이나 영리를 위한 행동으로 전락할 수 있기 때문이다. 특히 감당할 수 없는 능력 이상을 책임지게 한 다음, 그 실패의 책임을 자발적 주민자치주체기구 구성원들에게 전가시켜, 소위 전문가라고 지칭하는 직업선수들과 마중물로 포장된 정부의 의도가 의사결정을 장악함으로써, 주민자치주체기구 정체성의 핵심인 공론장과 주민총회는 권력의 도구로 변질될 가능이 크다. 이런 위험은 주민자치주체기구에 늘 잔존하고 있음을 우리는 명심해야 한다.

특히 서로 배려해야 할 점은 주민자치주체기구 조직 구성에 있어서 강한 결속을 자랑하는 결사체·공동체들(특히 정치 지향적, 영리 지향적)은 자신들만의 의제를 투쟁화시켜 관철시키려 하거나, 약소한 주민과 공동체의 의제를 배제하거나 무시해서는 안 된다. 주민자치주체기구는 상호 신뢰와 협력으로 연계된 생태계를 생명으로 하며, 이를 통해 조성된 강한 풀뿌리민주주의를 토대로 상이한 지향점을 가로질러 연대할 수 있는 (공공성으로 상호교차되는) 네트워크와 수직·수평적으로 함께 연계·연결될 때 주민자치주체기구의 위상은 더욱 빛나기 때문이다.

3

주민자치주체기구 형태 사례

구성단위와 고려할 점

현재 읍·면·동 인구가 많아 면대면 커뮤니케이션이 어렵다는 이유로 읍·면·동 주민자치회를 아예 지방자치단체로 만들자는 의견이 있다. 그러나 대의민주제 보완으로서 (준)직접민주제를 실현할 최적의 조건이 읍·면·동이다. 무엇보다 평균인구 4,000~22,000명인 읍·면·동[137] 공간 내에는 민과 관이 일상적으로 함께 어우러지며, 지역 특성과

---

137) 232읍(평균 21,922명, 66.62㎢, 공무원 28명), 1,180면(평균 3,940명, 62.95㎢, 공무원 수 16명), 2,089 동(평균 20,160명, 5.13㎢, 공무원 수 17명). (행정안전부, 『지방자치단체 행정구역 및 인구 현황』 2020. 12. 31. 현재.)

주민들의 생각도 다원적이고 다양한 만큼 생활형태도 다채롭다.

생각해 보라! 내 주변에 다른 생각과 뜻을 가진 다양한 사람들이 있다는 것, 그 다양한 생각과 뜻으로 이뤄진 전통과 문화, 그리고 그 다양한 사람들의 뜻이 모여 결성된 공동체·결사체들이 지역사회를 떠받치며 하모니를 이루고 있는 세상은 정말 아름답지 않은가? 그런 아름다운 세상에서 당신이 꿈꾸는 뜻을 맘껏 펼칠 수 있다면 이 또한 매력적인 삶이지 않겠는가? 나와 비슷한 옷차림, 비슷한 음식, 비슷한 주택, 심지어 생각까지 비슷함(혹은 통합)을 강요하는 공동체에 살고 있다면, 삶이 과연 재미있을까? 풀뿌리민주주의는 다원성과 다양성을 기본으로 하기 때문에 너무 인구수를 적게 하면 주민자치 행위, 구체적으로 공론을 통한 민본 형성, 협업·협치 등이 제약을 받게 되고, 지역 특성과 주권자의 다양성도 제한돼 주민을 위한 공공이익이 투명하게 펼쳐지는 공론장이 형성되지 못할 우려가 있다.

그러나 읍·동의 2만에 달하는 인구와 읍·면의 넓은 구역, 그리고 자치사무와 사업은 양적·질적으로 고정된 것이 아니라, 시대적 흐름에 따라 변화한다. 따라서 정부의 지방자치단체 기관구성 형태 다양화에 발맞춰 주민자치주체기구 기구구성 형태도 지역에 따라, 시대적 흐름에 따라 다양화할 필요가 있다. 주민자치주체기구는 구성원을 어떻게 하느냐에 따라 주민 모두가 참여하는 '주민총회형'과 지역 공동체·결사체 등의 대표(추천 형태)와 주민대표(공모 형태)로 구성된 '대표적주민총회형', 그리고 집행부와 의결기구를 통합 수행하는 '위원회형'으로 구분해 볼 수 있다.

위원회형

위원회형은 현재 정부가 추진하는 주민자치회와 같은 형태다. 즉 주민자치회(읍·면·동 단위)는 집행과 의결 역할을 동시 수행한다. 그러나 위원회형은 다음과 같은 문제점을 해소해야 한다. 즉 주민자치회 위원들은 회장, 감사, 사무국장(혹은 간사), 분과위원장 등 사업 운영 책임자이면서 사업 선정과 예산도 통과시킨다. 이런 위원회형 형태는 권력분립이 이뤄져 있지 않고 재정 지출과 사업 집행에 대한 통제 기구가 없다. 물론 주민자치회가 운영하는 주민총회에 지역 주민들이 참여해 사업과 예산을 결정한다지만, 그것은 어디까지나 주민총회에서의 결정권한일 뿐이다.

게다가 주민자치회는 봉사조직으로 재정 전문가가 참여하기 어려운 구조이기 때문에 전문성을 요하는 재정(회계, 예산) 처리가 아마추어로 흐르기 쉽다. 또 행정책임자가 없기 때문에 책임소재가 불분명하다. 특히 이런 주민자치회는 소규모 위원회 체제로 토론과 논쟁, 비판보다는 화합 분위기에 안주하기 쉽다. 이렇게 되면 위원들 간에 타위원의 소관업무에 대해서는 서로 눈감아 주고 불간섭함으로써 업무의 조정·통제가 어렵다.

따라서 '위원회형 주민자치주체기구'는 크게 총회위원회-집행위원회-분과위원회로 구분해서 구성한다. '심의·의결권'을 가진 총회(연 1회 이상 개최, 결정기구)는 위원과 지역의 주민들로 구성돼 공론장과 총회 개최를 운영한다. 공론장과 총회를 운영하는 총회위원회는 지역

여건에 따라 구성한다. 집행권[138]을 가진 집행위원회는 주민자치주체기구 사업 집행과 예산 지출, 인사에 대한 내용을 결정한다. 행정권[139]을 가진 분과위원회(분과장은 위원 혹은 주민의원)는 지역 현안 사업 분야로 나뉘며, 구성원은 위원(혹은 주민의원)과 지역 주민들로 주민자치주체기구 사업이나 사무를 실행한다.

단, 총회위원회와 집행위원회는 아무리 주민자치주체기구 내 조직이라도 상호 견제와 협력하는 형태를 취하는 것이 바람직해 보인다. 집행위원회는 회장, 부회장, 사무국장(간사), 분과위원장 등 임원으로 구성되며, 집행위원회에 각계각층의 전문가들로 구성된 자문위원회와 원로들로 구성된 고문위원회를 둘 수 있다. 또 집행위원회를 보좌하는 사무국과 총회위원회를 보좌하는 사무국도 필요하다. 집행위원회 사무국은 주로 사업 운영과 예산 입·지출, 인사관리에 관한 사무를 본다. 총회위원회 사무국은 주로 총회 개최 전 홍보와 공론장 운영, 안건(사업과 예산 선정 등) 관리, 총회 운영에 관한 사무를 본다.

---

138) 집행권(executive power): 미국 헌법은 대통령의 권한으로서 이 용어를 쓰고 있다. 좁은 의미로는 행정권과 구별해서 쓰인다. 행정권이 기술적인, 따라서 비정치적인 행정작용에 관한 권한을 뜻하는 데 대해, 집행권은 정치적인 집행작용의 권한을 가리킨다. (두산백과)

139) 행정권(administrative power): 한국의 행정권은 대통령을 수반으로 하는 정부에 속한다(헌법 66조 4항). (두산백과)
주민자치주체기구에 있어서의 행정권은 주민자치주체기구 내 집행위원회를 수반으로 하는 분과위원회에 속한다. (저자 해석)

주민총회형과 대표적주민총회형

'총회형 주민자치주체기구'는 시민사회 영역에서 (준)직접민주제로 운영되며, 집행기구와 의결기구 역할을 동시에 수행할 수도 있고, 집행부와 의결기구를 따로 구성해서 역할을 보다 전문화할 수도 있다. 이 구성 형태는 각 지역마다 달리할 수 있고, 운영방식도 읍·면·동 내 주민들이 원하는 대로 다양하게 할 수 있다. 또 총회형은 인구수나 면적에 따라 혹은 사람 중심이냐 의제 중심이냐에 따라 '주민총회형'과 '대표적주민총회형' 두 가지 형태로 나눠 볼 수 있다. 사람 중심은 주로 사업 위주, 의제 중심은 지역 민심을 지방정부 정책에 반영되도록 하는 것에 초점을 맞추기 때문에 주민자치주체기구는 주민총회형과 대표적주민총회형을 혼합한 형태가 바람직할 것이다.

첫째, '주민총회형 주민자치주체기구'는 선출, 추첨, 추천, 윤번제 등으로 위원이 된 사람으로 구성된다. 둘째, '대표적주민총회형 주민자치주체기구'는 지역 공동체·결사체에서 '합의된 공의'를 대리하는 위원으로 구성된다. 즉 주민 모두가 참여하는 주민총회형은 개인 역량에 따라 구성되는 '사람 중심'이고, 지역 공동체·결사체 등의 대표(추천 형태)와 주민대표(공모 형태)로 구성된 대표적주민총회형은 지역 공동체·결사체에서 합의된 의제를 바탕으로 하는 '의제 중심'이다.

주민총회형 주민자치주체기구의 핵심 역할은 공론장 마련(공공이익을 논하는 담론정치)과 주민총회 개최 운영이다. 비록 어려운 쟁점을 해결하기 위해서는 주민총회에서 다수결제를 적용할 필요가 있겠지만, 공론장에서는 소수파의 우려에 귀를 기울이고, 최대한 소수파 의견을 존중해야 한다. 그 공론장에서는 지역의 주민들이 자신의 사정을 부담 없이 털어놓을 수 있어야 하고, 자신의 이익이 타자보다 작다고 해도 이해할 수 있어야 하므로 주민자치주체기구를 주민총회형으로 설치·운영해보는 것도 검토할 필요가 있다.

대표적주민총회 주민자치주체기구 위원은 지역 공동체·결사체의 직책으로서의 대표자 개인이 아니라, 숙의 과정을 통해 '합의된 의제' 대리인를 말한다. 그리고 대리인은 대표적주민총회형 주민자치주체기구에 참석해 자신이 속한 지역 공동체·결사체에서 합의된 의제를 주장해 관철시킨 공의를 지방정부 정책과 지방의회 조례에 반영시키는 데 힘을 기울인다. 이런 형태는 주민자치주체기구협의회나 연합회 구성·운영에 적당하다.

대표적주민총회형을 거론하는 것은 '공론장' 때문이다. 공론장은 미래세대인 우리의 아들과 딸, 더 나아가 손자손녀들이 물려받을 수 있는 삶의 터전을 어떻게 희망차게 만들 수 있는가에 대해 수시로 논의하는 장이다. 이 공론장에선 사람이 아닌 의제에 대해서만 논의한다. 이 공론장을 통해 주민들은 자신의 생각을 타인과 나누며 토의와 정보 공유, 그리고 치열한 토론을 통한 합의를 생성하는 담론정치를 체험할 수 있다. 물론 공론장에서 어떤 의제(議題, agenda)에 대해 각자의 의견들이 치열하게 부딪쳐 완전한 합의에 도달하기에는 어렵겠지만, 최종 결정에서 배제된 의제들(지역 공동체·결사체의 대표 의제 등)이라도 자신의 주장이 공평하게 발언권을 얻었다고 느낄 수 있도록 하는 것이 중요하다.

4

각계의 주민자치주체기구 활용법

개인의 욕구부터 정책 반영까지 시스템화

오늘날 주민자치 용어에 매력을 느끼는 것은, 혹시 국가 영역(公)의 '선거 전초기지(前哨基地)와 민본 전초기지' 구축부터 시민사회 영역(公共)의 헤게모니 장악, 그리고 사적 영역(私)의 욕망 해소까지 가능하다고 믿는 것은 아닌가 하는 생각이 든다. 만일 그렇다면, 우선 사적 영역에서 자신의 삶의 질을 더 향상시키고자 하는 욕구 해소를 위해 ▶ 그 욕구의 합리성과 정당성을 스스로 일반화하기(자치=자기통치) ▶이 욕구에 대한 생각을 타자들에게 전달하고 설득하기(담론정치; 참여민주주의 통한 정보 공유와 토의과정) ▶이 욕구를 인정한 타자들과 연대하기

(담론정치; 토론과 합의 등 숙의민주주의 과정) ▶이 욕구를 타자들과 함께 정책에 반영시키기(생활정치) ▶이런 일련의 민주적 과정(사→ 공공→ 공으로 전환)을 시스템화하는 주민자치 제도를 도입할 필요가 있다.

또 다른 필요의 축에서 주민자치를 보자면, '중앙집권과 복지국가'에서 '자치분권과 복지사회'로의 전환이다. 정부가 국가 중심에서 시민사회로 방향을 잡은 것은 개인의 자조 노력과 가정이나 근린(혹은 지역)사회 등의 연대를 기초로 효율성 좋은 정부와 지방자치단체가 적정한 공적 복지를 중점적으로 보장한다는 것이기도 하다. 이 같은 정책은 문재인 정부의 '찾아가는 복지' 정책,[140] 서울시의 '찾아가는 동 주민센터' 정책[141] 등에서 볼 수 있다.

그렇다면 정부가 추진하는 '주민자치회'가 '주민자치주체기구'가 된다는 가정하에 욕망덩어리인 인간의 본성에 따라 향후 각 위치에 따른 입장에서 부정적인 면은 배제하고, 긍정적인 면만을 추론해 보자. 물론 이 추론은 현장경험보다 더 명확하거나 더 가치 있다고 할 수는 없다. 또 너무 긍정적인 면만 부각시키다 보니 주민자치 본질을 변질시키는 상황도 발생할 가능성도 있다. 그럼에도 이론은 올바른 목적

---

140) 2017년 8월 11일, 하승창 사회혁신수석은 '내 삶을 바꾸는 공공서비스 플랫폼' 관련 브리핑에서 "문재인 정부의 공공서비스 플랫폼은 주민이 원하고, 주민이 결정한 정책과 서비스가 종합적으로 만들어지는 혁신적인 주민센터로 한 단계 더 업그레이드한 것이다."라고 밝혔다. 그리고 그 주요 내용으로 첫째, 주민 중심의 행정혁신, 둘째는 풀뿌리 민주주의 확대를 위한 주민자치 강화, 셋째는 찾아가는 복지 실현, 넷째는 개성 넘치는 천 개의 마을만들기를 추진한다고 밝혔다.

141) 찾아가는 동 주민센터는 서울시가 2015년 13개 구 80개에서 시작한 것으로 동 주민센터를 기존의 민원 처리 중심의 공간이 아닌, 주민에게 찾아가는 복지가 실현되는 마을 공동체 조성의 거점으로 만드는 사업이다.

설정과 그에 따른 방향성 제시, 평가에 있어 중요한 역할을 하기 때문에 주민자치주체기구의 쓸모에 대해서만 추론해 보기로 한다.

각 계층에서 주민자치 십분 활용하기

위와 같은 의미에서 정부·지방자치단체, 시민(주민)조직과 평주민, 그리고 정당 등이 주민자치주체기구 활용법에 대한 각각의 긍정적 입장은 다음과 같을 것으로 추론해 본다.

'정부·지방자치단체 입장'이 돼 보자. 평주민이 자신의 건강을 유지하고 생명·생활의 보장을 자신의 힘으로 획득하게끔 하면, 그만큼 정부와 지방자치단체는 재정적 비용이 줄어들고, 특히 지방자치단체는 행정비용(인력, 재정, 사무 등)을 평주민들에게 떠넘길 수 있다. 그러기 위해선 국가 통치에서 할 수 있는 것은, 평주민들이 '자기통치' 실천을 할 수 있도록 법제도를 마련해 주고, 행·재정적 지원을 해 주는 것이다.

사이토 준이치(2014) 와세다대학 정치경제학술원 교수는 "자기통치는 두 개의 차원에 걸쳐 있다."라고 설명한다.[142] 한 차원은 능동적인 '개인에 의한 자기통치'다. 개인이 자신의 건강을 유지하고 생명·생활의 보장을 자신의 힘으로 획득하려 노력한다면, 그만큼 국가의 재정적 비용은 줄어든다. 다른 한 차원은 커뮤니티(지연·혈연뿐 아니라 네트워크도 포함)나 조합 등의 '중간조직(단체)에 의한 자기통치(=자치)'다. 커뮤니티나 중간조직은 사회국가나 사회복지의 비인칭적이고 강제

---

142) 사이토 준이치, 『민주적 공공성』 류수연·윤미란·윤대석 역, 도서출판이음, 2014. 4. 17.

적인 연대를 대신해 보다 인칭적이고 자발적인 연대, 즉 얼굴이 보이는 연대를 가능하게 한다.

'지방자치단체장' 입장이 돼 보자. 주민자치주체기구를 공적으로 민관중간지원조직화해 세금을 투입할 수 있기 때문에 선거조직으로 활용할 수 있다. 예를 들면, 선거바람에 의해 당선됐으나 지지 기반이 약한 지방자치단체장의 경우, 공약 실천사항을 위해 새로운 민간조직을 만들거나, 혹은 기존 조직들 중 자신의 공약을 이행할 수 있는 조직을 선정해 행·재정 지원으로 주민과 행정을 연계하는 마중물 역할을 부여할 수 있다. 그 중간지원조직은 지방자치단체장과 뜻을 같이하는 사람들로 구성하는 것은 당연하다. 패권정치에 문외한일지라도 만약 지방자치단체장이 된다면, 민본(지역민의 필요와 욕망)을 알기 위해 당연히 공약 실천 민간조직과 중간지원조직을 가동할 것이다. 다만, 여기서 민간조직은 민간조직답게 구성되고 운영돼야 한다는 전제가 뒤따르지만 말이다.

'중간지원조직 입장'이 돼 보자, 중간지원조직에 의한 '자기통치(=자치)' 차원에서 정부와 지방자치단체의 주민자치 필요성을 일부 충족시켜 주면, 전폭적인 행·재정 지원을 등에 업을 수 있다. 물론 여러 시민사회조직 중 선택은 지방자치단체장의 정치적 성향과 맥을 같이할 경향이 크다. 또 이런 관의 권력을 이용하면, 시민사회 정치질서에서 타 시민조직보다 헤게모니를 쥘 가능성이 크며, 관(행정)의 영역에서 민(시민사회)의 담론정치에 대한 대표성을 간접적으로 보장받을 수 있다. 무엇보다 관으로부터의 안정적인 재정·시설 조달이 가능하다.

'개인(평주민)의 입장'이 돼 보자, 주민자치주체기구가 제대로 작동 된다면 자신의 삶(생활)에 변화를 주는 정책에 자신의 뜻을 관철시 켜 삶의 질을 높일 수 있다. 또 지역사회 정치질서가 정당정치·패 권정치·이념정치로 흐르는 것과 소수의 엘리트층(혹은 권력층) 이득 만을 위한 정책으로 흐르는 것을 감시·견제함으로써 주권자로서의 책임을 다할 수 있기 때문이다. 그러기 위해선 능동적 자기통치(self-government)를 할 수 있어야만 한다. 그래야 자기통치를 할 수 있는 '주 권적 주체'들과의 연대를 통해 자기 의사결정[143]을 국가나 지방의 정 책 결정 테이블에 올릴 기회를 가질 수 있다.

'민간단체(공동체, 결사체) 입장'이 돼 보자. 우선 읍·면·동 주민자치 주체기구와 시·군·구 주민자치주체기구협의체를 사회적·정치적 결사체 혹은 이익결사체로 활용할 수 있다. 일반적으로 주민자치조직 은 느슨하고 '차이'를 가치로 하지만, 공동체는 동질성과 균질함을 가 치로 한다. 한 예로, 정부가 추진 중인 주민자치회는 집단적 공동체 성격이 강하기 때문에 지역사회 동호회나 친목단체보다 결속력이나 추진력은 더 강하다. 따라서 지역정당이나 정치결사체를 허용하지 않 는 우리나라에서 정치적 공동체·결사체들에겐 자신의 삶을 변화시 킬 생활정치나 지역의 정치·사회질서 혁신 통로나 거점으로서 중앙

---

143) 의사결정(意思決定, decision making): 조직의 운영정책 및 주요 계획의 목표를 달성할 수 있는 대안 가운데서 가장 바람직한 행동경로를 선택하는 과정을 말한다. 넓은 의미의 의사결정은 조직 관리자가 조직 목표를 달성하기 위한 총체적 과정을 말한다. 의사결 정이란 개인이나 조직이 주어진 문제를 해결하기 위해 가능한 여러 대안(代案)을 모색 (→ 대안 탐색)하고, 그중 가장 합리적이고 효과적으로 목표를 달성할 수 있다고 보는 한 가지 방안을 선택·결정하는 과정을 말한다.(『행정학 사전』, 대영문화사, 2009. 1. 15.)

정당보다 주민자치주체기구가 더 매력적일 수 있다. 패권과 이념을 추구하는 중앙정당을 통한 자신들의 뜻을 펼치기에는 한계가 있기 때문이다. 고로 행·재정 지원을 등에 업고, 정치적·사회적·경제적 활동 거점으로는 주민자치주체기구가 최적이다. 이 같은 지역정치적 혹은 생활정치적 행위를 주민자치주체기구에 적용해 볼 수 있다.

'정당 입장'이 돼 보자. 읍·면·동 주민자치주체기구는 정치적 뿌리로서 아래로부터의 '민심 거점'으로 최적이다. 게다가 당 소속 지방자치단체장의 주민자치주체기구 정치조직화에 더해 지역정치까지 좌우할 수 있어 금상첨화(錦上添花)인 셈이다. 특히 소위 '주민자치 활동가 내지 전문가들'과 일부 학자들의 "주민자치회에 행·재정 지원은 하되 간섭하지 말라.", "읍·면·동장을 직선으로 뽑자.", "주민자치회 위원을 직선으로 선출하자.", "주민자치법을 제정해 주민자치권을 부여하자."라는 요구들은 정치적 행보를 요구하기 때문에, 정당 입장에서는 그들에게 상당한 정도의 정치적 입김을 불어넣을 수 있다. 즉 정당은 기존에 시·군·구 단위에 머물렀던 공천권(혹은 내천권)을 더 아래 단위로 행사할 수 있고, 정당조직을 깊고도 폭넓게 구축할 수 있어 매력적이다. 특히 세력이 약한 정당 입장에서 보면, 주민자치주체기구는 든든한 구원군이자 매력적인 전초기지가 될 수 있다.

이 논리대로라면, 주민자치주체기구는 막강한 관료집단, 더 나아가 정당정치집단이 되지 않을까 염려된다. 다시 말해 이 예측대로 된다면, 지역사회에서 무소불위의 정치·사회 권력을 지닌 주민자치주체기구가 탄생함과 동시에 각 정당으로부터의 러브콜 때문에 몸살을

앓는, 즉 주민자치주체기구 위원들은 귀하신 몸이 될 가능성이 크다. 이처럼 매력적인 주민자치주체기구를 패권 지향적인 정당에서 가만히 놔둘 필요가 있을까?

〈표 5-2〉 대한민국이 주민자치와 주민자치주체기구에 열광하는 이유(추론)

대상	매력적인 요소
정부·지방 자치단체	• 행정비용(인력, 재정, 사무 등)을 주민들에게 떠넘길 수 있어 재정적 비용 절감(개인과 가정에 의한 '자기통치'). • 지역 거버넌스 구축으로 다양한 목소리 수집·조율로 인한 행정력 확대(주민자치주체기구에 의한 '거버넌스 통치' 관리). • 민원의 창구 단일화로 효율적 관리. • 행정력 사각지대 보완.
지방자치 단체장	• 중간조직(단체)을 선거조직으로 활용. • 주민자치주체기구를 정치적 홍보창구로 활용. • 주민들의 욕구와 욕망(민본) 수집 및 조정에 활용.
중간지원 조직	• 전폭적인 행·재정 지원 확보로 지역사회 권력(소위 마을권력) 획득. • 정치적 뜻 펼칠 수 있는 창구. • 행정 등 공적 정보에 평주민보다 쉽게 접근. • 지역사회 담론정치에 있어 대표성 간접 보장.
개인 (평주민)	• 자신의 생각을 타자와 공유할 수 있는 연대의 장. • 자신의 요구를 정책에 반영하는 루트. • 자신의 삶(생활)에 변화를 주는 정책 테이블에 참여. • 정치권력, 사회권력, 자본권력에 대한 견제·감시.
민간단체 (공동체, 결사체)	• 조직이 추구하는 목표를 이루기 위해 다른 공동체·결사체들과 연대. • 읍·면·동 주민자치주체기구의 핵심이 되면, 시·군·구 주민자치협의체나 연합체를 사회적·정치적·경제적 결사체로 활용. • 정치적·사회적·경제적 활동에 있어 안정적인 행·재정 지원 확보. • 공동체·결사체가 추구하는 권력과 이익 거점으로 활용.

정당	• 공천권(혹은 내천권)을 읍·면·동 단위 이하로 확장.
	• 읍·면·동 단위 이하의 지역거점 확보로 깊고도 폭넓은 점조직 구축.
	• 세력이 약한 정당은 권력투쟁보다 주민자치주체기구를 통한 생활정치에 집중할 수 있어 주민에게 보다 차별화된 정책 제시로 인지도·선호도 고취.

※ 출처: 박철 외, 『한국주민자치 이론과 실제』 "2장 풀뿌리 민주주의 토대로서 주민자치", 대영문화사, 2019. 4. 25., p.42. 일부 수정.

　이처럼 주민자치 원리를 실천하는 주민자치주체기구에서는 저마다의 이익을 공익화시킬 수 있는 과정인 담론정치가 펼쳐지기 때문에 지배층이든 피지배층이든 모두에게 공평하게 새로운 권력을 창출할 수 있는 기회가 될 수 있다. 즉 지배층은 자신들의 지배권력을 더욱 공고히 하기 위해, 피지배층은 새로운 권력을 획득하거나 생성함으로써 지배권력을 견제·감시하는 대등한 위치에 서기 위해 주민자치와 주민자치주체기구는 매우 매력적인 조건들을 갖추고 있다. 지배층이든 피지배층이든 '윈윈 게임'인 것이다. 이러니 주민자치에 열광하는 것이 아니겠는가.

6부

주체로서의 주민
그리고 시민의 권력

1

소중한 주민들

주권적 개인과 집단적 개인

주권적 주체(시민적 주민)으로서의 주체화 과정은 국가 권력과 같은 외부적 존재에 의해 정체성이 부과되는 동일화의 과정이 아니라 스스로 자신의 존재를 드러내는 과정이며, 자신의 존재를 타인과의 관계 속에서 인정받기를 요구하는 과정이다. 즉 정체성의 형성 과정이다.[144]

'주권적 개인'은 첫째, 적극적 힘으로서의 힘에의 의지를 갖고 삶의 의

---

144) 홍태영, 『몽테스키외&토크빌 개인이 아닌 시민으로 살기』, 김영사, 2015. 4. 11.

미와 삶의 가치를 스스로 창출해 내는 창조적 존재이자 자율적 존재다. 둘째, 자신의 사회 및 환경을 자신의 자기 극복 및 자기 발전 과정에 수단으로 사용하는 명령적 존재며, 외적 환경으로부터 거리를 둘 수 있는 인간이다. 셋째, 자신의 행위에 대한 책임을 지는 책임의 주체다.

'집단적 개인'은 정신적 천민이자 대중인이다. 즉 이들은 자기 극복을 통한 자기 상승, 삶의 자율적 창조, 타인의 힘에의 의지를 강화시키는 일 등에는 관심이 없다. 이들은 단지 다수로서의 무위험적 안락, 자기 보존, 평균성에의 안주 등을 추구할 뿐이다. 이들에게는 자기 보존이 목적이며, 이 목적을 위해 무리를 형성하여 자기방어적 삶을 살아간다.[145]

니체에 의하면, 인간은 주권적 개인과 집단적 개인이라는 형태로 자신을 구성해 나갈 수 있는 존재다. 니체는 이런 주권적 개인을 인간의 삶이 구현해 내야 하는 삶의 모습으로 이해한다. 또 니체는 집단적 개인에게 최대의 위험은 주권적 개인이기에, 이들은 주권적 개인을 자신들의 집단으로 끌어들이려는 노력을 계속할 수밖에 없다고 말한다.

주민은 지역에 거주하면 법률로 주어지는 자격이지만, 주민이 없으면 지역이라는 공간과 사회는 존재할 수 없다. 그래서 주민은 소중하며, 주민들 중 시민성을 가진 주민, 즉 '시민적 주민'은 통치의 대상과 집단에 함몰된 '예속적 주체'가 아닌, 지역의 의사결정자인 '주권적

---

145) 백승영, 『철학사상』(별책 제3권 제20호), "니체 『유고』", 서울대학교 철학사상연구소, 2004. pp. 97-98.

주체'로서 풀뿌리민주주의, 특히 주민자치를 활성화하는 주민자치주체기구의 핵심 구성원이다. 이 주권적 주체로서의 주민은 지역사회를 살기 좋은 곳으로 만들기 위해, 자신의 경험과 지혜를 지역 발전과 주민 삶의 질을 향상시키기 위해 자발적으로 나선다. 따라서 주권적 개인이자 주권적 주체로서의 주민들은 정말 소중하다. 당신은 예속적 주체로서 집단적 개인인가, 아니면 주권적 주체로서 시민적 주민인가?

자유민주주의 체제에서 일차적인 목표는 자유를 보장하는 것이고, 자유가 보장되기 위해서는 자유를 누리기 위한 자치가 보장돼야 한다. 고로 주민의 자치(주민자치), 즉 '주민의 자기통제'를 원리로 실천하는 주민자치주체기구(=주민집단의 자기통제기구) 설치·운영 보장은 위대한 주민의 권리이자 의무라 할 수 있다.

풀뿌리민주주의 심장

오늘날 우리 사회는 자신의 일상을 스스로 통제하지 못한다고 느끼는 주민들의 수가 점점 더 늘고 있다. 자신의 삶을 좌우하는 지역 정치판에서는 결정권이 거의 주어지지 않고 '동원대상' 취급을 받는다. 일례로 소비자로 동원되는 우리의 삶은 아무 관심도 인간미도 없는 거대 브랜드들에 의해 지배된다. 평주민으로서의 삶도 마찬가지다. 많은 이들이 수동적인 구경꾼 노릇을 하거나 관료주의에 의존한 채 살아간다. 게다가 심각한 것은 파편화된 개인으로서 사회에서 배제된 채 선택지 생산과 의사결정에 있어 주권자가 아닌 도구 취급을 받으며 살아가는 것이다. 그렇다면 계속해서 이런 삶을 살아갈 것인가?

만일, 당신이 민주적 시스템을 신뢰한다면, 당신은 당신의 민주적 권리를 반드시 행사해야 한다. '민의 주민자치' 실현조직인 주민자치 주체기구에 있어서 정책결정권은 그 지역 주민들이 직접 갖는 주민 참여의 한 형태로, 사업이나 정책결정은 직접민주정치의 한 형태인 공론장과 주민총회에서 이뤄져야 한다. 주민은 우선, 주민자치주체 기구 행정담당 위원으로 하여금 사업이나 정책 결정과 관련된 특정한 안건(토의할 사항, 심의할 내용 등)을 사전에 제시하도록 요구해야 한다. 이어 지역의 주민들이 참여한 공론장에서 자신의 생각을 전달하고, 타인의 생각을 경청하며, 토의를 통한 정보 공유와 생각의 차이를 이해한 후 토론을 통해 모아진 의제들을 주민총회에서 표결로 결정한 후, 이를 지방정부와 지방의회 정책과 입법 활동에 반영시켜야 한다.

또 지역사회 발전이나 자신의 삶의 질 향상을 위해 실시·실행돼야 할 정책과 조례, 혹은 지역사회 발전과 자신의 삶에 악영향을 끼쳐 폐지돼야 할 정책과 조례에 대해 지방정부와 지방의회에 요구할 사항을 공론에 부쳐야 할 때도 주민은 자신의 권리를 발동해야 한다. 우선 자신의 이익이 이웃의 이익이 될 때와 자신의 불이익이 이웃의 불이익이 될 때는 주민자치주체기구에 요청해 이에 대한 정보를 공개하도록 요구해야 한다. 그러면 주민자치주체기구는 관련 정책결정권자와 관련 조례 의원을 초대해 정책 또는 주요 이슈에 대한 설명과 의견을 듣고, 이에 대해 주민들이 자유롭게 의견을 교환할 수 있는 장(場)도 마련해야 한다.

이런 장은 미국의 타운홀미팅(town hall meeting)과 비슷한 형태로 지역 주민들이 정책결정권자나 선거 입후보자들과 만나 정책과 공약에 대한 설명을 듣고, 이에 대해 자유롭게 의견을 교환할 수 있는 장(場)이다. 주민이라면 누구나 참석해 의견을 펼칠 수 있지만 투표로 이어지지는 않는다(두산백과). 타운홀미팅은 민관의 언로(言路: 소통로)를 연결하는 매우 중요한 공론장으로 주요 현안이 있을 때마다 열릴 수 있도록 해야 한다.

　그리고 주민은 공론장에서 그 정책과 조례에 대해 담론정치를 통해 재해석과 재심의를 거친 합의안(公議)을 주민총회에서 결정한 후, 지방정부와 지방의회에 강력하게 요구해야 한다. 그리고 지방정부와 지방의회가 이를 기꺼이 정책이나 조례에 반영하도록 하는 체계가 구축돼야 한다. 만일 요구가 받아들여지지 않으면 주민투표나 주민조례발의 등을 발동한다. 다시 말해, 우리가 풀뿌리민주주의 체계를 신뢰한다면, 주민은 사(私)적인 것과 공(公)적인 것을 재해석·재심의할 권리, 민의 공공(公共)적인 것을 생성할 권리를 누려야 함이 마땅하다. 우리나라 '풀뿌리민주주의 심장'은 바로 이런 위대한 주민의 권리가 발현되는, 즉 민본이 생성되고 정책으로 발현돼 주민에게 이익으로 돌아오는 현장이다.

　그러나 공론장과 주민총회를 운영함에 있어서는 현실적 상황을 무시할 수 없다. 즉 참석률의 저조, 정보 공개부터 토의·토론·합의 등 숙의민주주의를 통한 결정 과정인 담론정치와 주민총회의 기술적 미숙, 찬반 논쟁을 구체적으로 접하지 않은 민주적 절차, 이익 결사체·공동체에 의한 악용 등의 문제점이 없지 않다. 이런 문제점을 해소하기 위해 지역 실정에 맞게 인터넷을 활용한 e-공론장(Zoom 활용 등), 현안별(사업분야별·정책별) 소공론장, 이익충돌방지 특별공론장 등 수정된 형태의 의사소통을 위한 다양한 형태의 공론장을 활용해 볼 필요가 있다.

한편, 공론장에서 올라온 의제를 주민총회에서 결정한 정책이나 조례안이라고 무조건 지방정부와 지방의회에서 채택해야 된다는 논리는 비약이다. 지역을 대표하는 정당과 지방의회는 조례를 제·개정할 때 법률 검토와 민의 수렴, 전문가 조언 등과 의회의 민주적 절차를 통해 충분히 심의한 후 통과시킨다. 또 지방정부는 정책을 수립할 때, 법절차를 밟고 여러 경로를 통한 자문과 행·재정을 고려해 결정한다. 따라서 풀뿌리민주주의를 대표하는 지방정부와 지방의원을 통하지 않고, 주민이 직접 조례를 제정 발의하는 것은 물론 지방의회에서 통과시킨 조례에 대한 개·폐안을 발의할 수 있도록 하려면, 또 지방정부 정책을 채택하거나 폐지 혹은 변경하도록 하려면, 주민들은 거의 준정치인(비상근정치인)이 돼야 한다.

그만큼 주민들은 공부해야 하고, 평소에 자신의 생각과 타인의 생각을 공유(풀타임 민주주의)해야 제대로 된 공의(합의안)를 도출할 수 있다. 다시 말하면, 사안에 대한 충분한 토의와 심의 기간을 갖고, 그래도 잘 모르면 주민총회(표결처리)에서 차라리 기권을 택하는 것이 좋다. 당신은 "사안을 이해하지 못한 채 투표는 하지 않는다."라고 당당하게 말하는 주민이 돼야 한다. 즉 자신의 선택과 결정에 책임을 지는 주민이 돼야 한다. 당신을 포함한 주민들의 의사결정 공정성과 사회적 합의가 주는 경제적 수혜는 사회적 갈등 비용을 고려하면 값으로 따질 수 없을 만큼 중요하기 때문이다.

분명히 해 둘 것은, 정부가 추진 중인 주민자치회의 주체인 '주민'은 법적으로 지역사회에 거주(주소를 둔)하거나 활동하는 사람을 말한다. 그러나 '시민으로서의 주민'이라 함은 거주민의 개념을 뛰어넘는, 즉 이성적 판단으로 이웃과 연대해 일반의지를 실천하며, 지역사회 공공이익에 공헌하면서도 자신의 삶에 주인인 사람(주권적 주체)을 말한다.

주민의 권리인 민주적 의사결정

자치분권 국가를 지향한다면, 의사결정은 꼭 필요한 경우에 한해서 중앙집권화돼야 하며, 가능한 한 분권화돼야 한다. 특히 정부와 각 정당들이 소홀히 하거나 의도적으로 무시하고 있는 생활세계와 주민들의 이해관계, 또한 주민들이 필요로 하는 것과 주민 삶의 문제들을 정치 의제화하는 주민발의와 이에 따른 의사결정(주민투표, 주민표결)은 자치분권 국가에서 매우 중요한 기능이다. 따라서 주민자치주체기구로서의 주민자치회는 봉사단체보다는 의사결정단체로 활성화시켜야 한다.

주민들에게 지역의 사회질서[146]를 위한 의사결정은 소중한 민주적

---

146) 사회질서(social order, 社會秩序)라는 용어는 두 가지 의미로 사용할 수 있다. 첫 번째 의미에서 사회구조 및 제도의 특정 시스템을 나타낸다. 두 번째 의미에서 사회질서는 사회 혼란이나 무질서와 대비되는 것으로 기존의 사회구조가 구성원들에 의해 수용되고 유지되는 안정된 사회 상태를 의미한다. 사회질서와 관련된 또 다른 핵심 요소는 확장성

권리이자 하나의 새로운 도전이다. 의사결정은 전 주민이 참여하는 공론의 장 마련과 주민자치주체기구가 민민협의 및 민관협업(혹은 협치)의 징검다리로 기능한다. 그렇다면 주민들이 의사결정을 내리기까지 어떤 과정을 거칠까? 주민자치 사업을 결정하기 위한 의사결정 과정은 지역마다 사업안별로 다르겠지만, 현재 추진되고 있는 주민총회 개최를 예로 들면, 일반적으로 다음과 같을 것이다.

1단계는 ▶지역에 필요한 사업계획안 수집 ▶주민총회 추진 주민자치주체기구 임원회의 ▶지역 결사체·공동체 임원 초대 회의 ▶의견 제시 주민들 초대 회의. 2단계는 ▶주민총회준비위원회 구성 및 발대식(각계각층 주민, 위원으로 추대) ▶수집된 사업계획안 발표 및 타당성 검토 워크숍(사업계획안 압축) ▶사업안별 소그룹 공론장 형성 ▶공론장에서 사업안 전문가 컨설팅 ▶사업안별 관련 공론장에서 주민들 토의와 토론회(담론정치 경험) ▶각 공론장에서 합의된 의제 주민총회에 상정. 3단계는 ▶주민총회준비위원회 최종회의(사전 행사) ▶주민총회 개최, 사업 선정 ▶선정된 사업 지방정부와 지방의회에 건의(혹은 요청) ▶지방정부와 지방의회 관계자와 정책 반영 여부 협의. 4단계는 ▶정책 반영 사업 진행 사항 체크 ▶선정사업의 파급효과 검토 및 평가(피드백 회의) ▶선정사업 보고 준비 ▶주민총회준비위원회 해산 ▶선정사업의 사회적 기여 및 파급효과를 다음 주민총회에서 보고

의 원칙인데, 이 원칙은 더 많은 규범과 규범이 사회에 더 중요할수록 이런 규범이 그룹 전체를 더 잘 결속시키고 결속시킨다는 것을 의미한다.(『한국어 위키백과』, 검색일 2021. 10. 27.)

순이다.

주민총회준비위원회 구성원은 각지, 각계각층에서 다양한 안건이 올라오도록(다양한 민심이 모이도록), 또 안건을 다양한 각도에서 볼 수 있도록(찬반 과정을 거칠 수 있게), 그리고 주민총회가 민주적으로 진행될 수 있도록 하기 위해 지역의 인구 특성과 분포에 따라 인원을 배분하는 것이 좋다. 일례로 민간단체·관변단체·사회단체·직능단체별, 지역 구획별, 세대별, 주거형태별, 직업별 등을 골고루 배려해 준비위원을 추대한 후 공표한다. 또 주민총회준비위원회 분과구성은, 예를 들어 기획예산분과, 홍보조사분과, 주민참여분과, 소그룹지원분과, 행사분과 등으로 구성해 운영할 수도 있다.

주민총회에서 다뤄질 사업안과 이에 대한 정보가 주민들에게 전달되고, 주민총회 날자가 발표되면, 지역은 주민총회일 전까지 사안별로 공론장들이 펼쳐진다. 공론장은 마을도서관 회의실과 주민자치센터(자치회관), 커피숍, 그리고 지방정부·지방의회 회의실이 될 수도 있다. 공론장은 장소의 크기보다 수많은 토의부터 토론과 합의 과정인 담론정치가 민주적으로 펼쳐질 수 있는 공간이면 된다. 즉 장소보다 주민들의 참여와 열기가 더 중요하다. 그리고 사업안에 대한 장단점을 충분히 숙지한 다음 주민총회에 참석해 찬성과 반대, 아니면 기권에 투표(현장투표, 전자투표, 우편투표 등)하는 것이다. 이런 과정이 1년 주기로 일상화될 때면 주민자치가 활성화됐다고 볼 수 있다.

당신이 소중한 주민이라면 이런 민주적 권리를 반드시 행사하기 바란다. 왜냐하면 당신 같은 주민들이 더 이상 구경꾼의 자리에 머물지 않고 생활정치의 주권적 주체로 등장해, 정책과 조례에 액셀러레이터 또는 브레이크를 밟을 때 주요한 결정들이 이뤄지기 때문이다. 당신이 공론장을 통해 제의하고, 그 제의가 주민총회에서 채택돼 정책에 반영된다면 —혹은 주민발의와 이에 대한 주민투표가 이뤄진다면— 이는 주민주권 행위의 핵심인 지역정치 발전의 속도를 높이고, 개혁을 단행하게끔 하는 기회를 부여할 수 있는 권리를 행사하는 것이다.

당신이 주권적 주체로서의 주민이라면, 잊지 말아야 할 것이 있다. 당신은 선출하고, 정치인은 결정한다는 점이다. 즉 오늘날 정치인들은 실질적인 문제에 결정을 내리고, 중요 결정권과 정치적 의제 결정권 등의 중요한 권력의 자원들을 독점하고 있다는 사실이다. 따라서 권력자들이 당신을 위해 통치하고자 할 뿐 함께 갈 생각이 없는지를 경계해야 하는 것도 당신의 권리다. 고로 당신은 의사결정 참여의 기회를 늘려 보다 정확하고 보다 풍부한 정보를 갖도록 노력해야 한다. 그리고 당신은 물론 이웃 주민들도 이런 권리를 누릴 수 있도록 하는 제반 활동들을 펼칠 수 있게 주민자치주체기구에 권한을 부여하도록 하자. 그리고 당신도 주민자치주체기구 활동에 적극 참여해 봄은 어떤가?

2

새로운 시민의 권력 요소들

시민과 주민의 격[㽬]

미국의 정치학자이자 메사추세츠 대학 교수인 바바라 크룩섕크(2014)에 의하면, 시민들은 단순히 정치에 참여하는 사람이 아니라, 정치권력의 수단이자 효과다. 시민은 민주주의 통치방식과 사회과학 지식을 통해 (재)생산된다. 여기서 시민이란 자기 자신을 통제하고, 자신의 이해관심에 따라 행동하고, 타인과 연대할 수 있는 사람을 말한다. 그리고 시민은 타고나지 않고 만들어진다.[147] 또 크룩섕크는 민주주의

---

147) 바바라 크룩섕크, 『시민을 발명해야 한다』, 심성보 역, 갈무리, 2014. 4. 24. p.21.

시민은 자유주의 통치의 도구이자 산물이라며, 시민은 권력에서 자유로운 존재로 가정되지만, 그것 역시 권력에 종속된 신민으로 형성된다고 말한다.

반면, 주민이란 자격은 교육과 학습, 정치적 활동을 통해 만들어지는 것이 아닌, 법률로서 주어지는 것이다. 즉 '주민'이라 함은 「지방자치법」[148] 제16조(주민의 자격)에 의해 지방자치단체의 구역 안에 주소를 가진 자를 말한다. 또 '주소를 가진 자'라 함은 「주민등록법」[149] 제6조(대상자)에 따라 30일 이상 거주할 목적으로 그 관할 구역에 주소나 거소(거주지)를 가진 사람을 말한다(외국인은 예외).

그렇다고 해서 주민자치 담론이 붕괴되는 것은 아니다. 대신에 주민자치 이론은 일종의 구성적 담론으로 변신한다. 주민자치 담론은 어떤 주민을 시민답게 사유하고, 행동하고, 주장하고, 존재하고, 느끼게 만들 수 있는 담론이다. 다시 말하지만, 시민이 만들어지거나 법률로 주민 자격이 주어져도 이들은 권력에 종속된다. 따라서 주민자치 실현의 장에서 행위의 자율과 능력을 지니고 있는 시민은 주민으로서 지역사회 제3의 공간(시민사회)을 통해 사회공통자본을 관리하고 운영하는 새로운 주체로 등장(시민권력의 형성)해야 한다. 그리고 등장 과정에서 주민은 시민으로서 국가와 시장으로부터 상대적으로 자립한 '주권자'로서, 또 지역의 '주권적 주체'로서 격(格)을 획득해야만 한다.

강조하지만, 이 책에서 말하는 주민자치를 활성화하고자 하는 '주체'

---

148) 「지방자치법」, 시행 2022. 1. 13., 법률 제18497호, 2021. 10. 19., 일부개정.
149) 「주민등록법」, 시행 2020. 12. 10., 법률 제17385호, 2020. 6. 9., 일부개정.

는 타자의 권력과 권위에 종속된 사람이 아닌, 권력의 대상에 가까운 '예속적 주체'가 아닌 '주권적 주체'를 말한다. 주권적 주체는 자신을 소유하고 타인의 의지나 지식의 대상이 아닌 의식과 동기의 주인이다. 또 자신을 다스릴 수 있는 힘을 지닌 사람이며, 단순히 권력의 대상이 아니라 권력의 주인인 것이다. 왜냐하면 '권력'은 시민 자체의 내적 자질이 아니라, 단지 시민이 행사하는 대상에 불과하기 때문이다.

따라서 '자치'의 획득은 주권적 주체가 되는 것, 즉 통치자이자 동시에 (노예가 아닌)피통치자가 되는 것이다. 결국 시민으로서의 주민은 스스로의 주인이 됨으로써 권력에 종속되는 동시에 권력자가 된다. 주민자치주체기구는 이런 주권적 주체들의 다양한 의사결정들이 모여 치열한 담론정치가 펼쳐지는 공론장을 상시적으로 작동시켜야 하며, 자기 의사결정 확장을 위한 통로로 만들어야 한다.

시민권력 생성 작업의 장들과 쟁점

지역의 자발적[150] 결사체·공동체들과 이들의 협의체인 주민자치주체기구들은 봉사는 물론 주민 개개인의 이득과 포부와 '명예로운 시민권력'을 생성하기 위한 장들인 셈이다. 이들 단체는 모두 '좋은 사회'를 만들기 위한 정치적·사회적 질서 형성에 기반이 된다. 물론 지역사회 내 권력과 특수이익(헤게모니 장악 등)이 걸린 주민은 이기적일 수

---

150) '자발적'이라는 표현은 강요에 의해서 혹은 경제적·물리적 보상을 기대해서 집단에 참여하는 것이 아님을 의미한다. 자발적 결사체(voluntary associations, 自發的結社體)는 현대 사회가 다원화됨에 따라 사람들의 관심사와 이해관계도 다양해지게 됐고, 이렇게 다양한 욕구와 관심을 충족시키기 위한 필요에 의해 등장하게 됐다. (두산백과)

있고, 자발적 결사체·공동체라도 집단 이기주의에 빠질 수 있다. 또 자신과 집단의 이해타산이 걸렸을 때 특수성을 제기할 수 있다. 이는 자연스러운 상황이다. 이처럼 한편으로 결사체적·공동체적 삶은 그 자체로 어떤 사회 규범 혹은 일반적 가치의 존재를 보장하지 않는다.

자발적 결사체·공동체들과 그 구성원들이 목적과 신념에서 광범위한 차이를 보일 경우, 그들의 요구와 좋은 지역사회를 위한 목표 사이의 연결 가능성은 훨씬 희박해진다. 국가 권력의 통제와 시장 권력이 배제돼야 하는 주민자치 영역에서는 폭군이나 민주주의자에게나 똑같이 평등하게 자유를 허용하기 때문에 시민권력의 생성 작업은 항상 위험들에 노출돼 있다. 하물며 지역사회 주민들에게 주민자치적 삶을 다채롭고 풍요롭게 누리게 하는 핵심 주체인 주민자치주체 기구의 네트워크(연결, 연계, 연대) 작업은 더욱 위험에 노출돼 있어, 개방적이고 투명하게 해야 한다.

이 지점에서 생각해 볼 문제점은 만일, 권력이 불평등하게 분배돼 있고, 정보가 완전하지 못하며, 권력이나 정보가 한편으로 치우쳐져 있을 경우다. 예를 들어, 정부와 끈이 연결된 결사체·공동체·기업에게 공모사업이 집중되고, 주민의 삶을 크게 변화시킬 지역 개발, 도시재생, SOC사업, 재개발 등의 중요 정보가 그들에게 미리 혹은 독점적으로 제공되며, 특히 그 집단 구성원이 주민의 삶을 좌우하는 중앙정부나 지방정부 집행부서에 비경쟁적(비민주적)으로 자리를 차지(취업)하는 경우 등이다.

이런 상황을 보고도 '무비판적 신임' 혹은 '방관자적 태도'는 우리 사회가 선진화로 가는 길목에 위험한 걸림돌이 될 수 있다. 이런 위험한 규범들을 사회 전체 차원에서 보편화시키는 것은 사태를 오도한다. 이런 견지에서 의사결정 과정에서 신뢰와 불신 양자 모두는 반드시 분별력 있고 명백한 것이어야 한다. 그렇지 않으면 불평등한 분배와 편파적인 정보 제공이 전국적으로 보편화돼 주민자치조직들이나, 이들의 협의체인 주민자치주체기구의 활동 목적과 수단을 규정하는 데 있어 각자의 이해타산에 따라 다르게 쓰일(오남용될) 수도 있다.

그 좋은 예로 주민자치 실현을 위해 주민자치회를 설치·운영한다면서, 주민자치회 자체를 위한 활성화에 법제도와 행·재정 지원을 집중하는 것이다. 즉 그 목적인 주민자치는 뒷전이고, 주민자치회를 강력한 관료집단화하는 경우, 위에서 말한 위험한 규범들이 정의로운 척 규정될 가능성이 크다. 강조하지만, 주민자치회는 주민자치를 활성화하기 위한 수단, 즉 주민자치는 주민자치회 설치·운영의 지향점이자 목적이다. 즉 주민자치 활성화보다 주민자치회 활성화에만 치중된 정책과 활동은 꼬리(수단)가 몸통(목적)을 흔드는 격이다.

주민자치적인 것의 세 가지 차원

'민의 주민자치' 원리가 작동하는 주민자치주체기구 활동 공간, 즉 '주민자치적인 것'은 세 가지 상이한 분석적 차원으로 구분해 접근해야 한다. 즉 '주민자치적인 것'은 21세기 대한민국에서 사회적인 공간에 출현한 새로운 '영역'이자, 새로운 '통치 대상'이자, 대중사회에 지배적인 '삶의 형식'이라는 세 가지 의미로 구성된 복합체다.

첫째, '영역'의 의미로 접근하면, 생활정치를 중심으로 구성되는 공적 영역, 즉 자치의 공간(자유를 획득하는 공간)이 있다. 다른 한편에는 생활세계를 생산·재생산하는 사적 영역이 있다. 이처럼 공·사 영역의 이분법은 새로운 제3의 영역 발생에 의해 불가피한 재구조화(reconstruction)를 겪을 수밖에 없다. 이 새로운 영역을 '시민사회적인 것'이라 칭하고, 이 제3의 영역이 바로 개인으로서 주민(사적인 것)과 지방정부(공적인 것) 사이에 형성돼 펼쳐지는 '민의 공공 영역'이다.

둘째, '통치 대상'으로서의 주민자치 공간이다. 과연 새롭게 등장한 '주민자치적인 것'은 어떻게 통치될까? 앞서 5부에서 '각계의 주민자치주체기구 활용법'에서도 말했지만, 지배층은 자신들의 지배권력을 더욱 공고히 하기 위해, 피지배층은 새로운 권력을 획득하거나 생성함으로써 지배권력을 견제·감시하는 대등한 위치에 서기 위해 주민자치적인 것을 통치의 대상으로 삼는다. 다만, 주민자치적인 것은 지배권력보다는 피지배층의 영역인 시민사회에 의해 스스로 통치되길 바랄 뿐이다. 물론 이를 통해 붕괴하는 것은 패권정치적·이념정치적·정당정치적인 것의 역할과 기능 그리고 존재가치다.

셋째, '삶의 형식'으로서의 주민자치적인 것은 무엇일까? 이것은 경제적·문화적·사회적인 차원과 긴밀히 연관돼 있다. '사회적인 것'은 인간 상호작용의 패턴들 즉 정, 우정, 신뢰, 협력, 봉사, 돌봄, 사랑, 나눔, 상부상조, 자유, 평등, 그리고 인권 등이다. '문화적인 것'은 시민적 매너, 미학, 종교, 관습, 도덕, 규범, 관혼상제, 전통, 공동체, 그리고 라이프 스타일 등이다. '경제적인 것'은 비영리든 영리든 상품을 사고파는 행위를 통해 이익을 얻는 '상업적' 교환을 형성하는 패턴들을 말한다.

주민자치 담론과 보충성의 원리

앞서 말했지만, 중앙정부는 주민자치 담론을 균형발전 차원(보편성, 국가 차원)에서 수행하려는 경향이 있고, 지방정부는 자치(특별성, 지역 차원)를 표방하기 때문에 권한 배분 차원에서 받아들이려는 경향이 있다. 그러나 지역사회를 구성하는 다수의 주민들은 주민자치 담론을 자신의 이득을 위해 받아들이려는 경향이 있다. 더불어 자신의 이득 획득을 위해 새로운 시민권력을 생성하려는 경향도 있다. 때문에 주민자치 담론을 보충성에 입각한 '권한 배분' 차원에서 받아들이려는 경향이 있다. 정책에 있어 비의사결정자인 평주민에게 주민자치 담론은, 특히 숙의민주적 토의·토론·합의 과정인 담론정치는 정책집행자들과 평주민들 상호 간에 이성적인 설득과 소통, 그리고 합의를 통한 '살기 좋은 지역사회 만들기'와 '주민의 삶의 질 향상' 달성에 어느 정도의 영향력을 발휘하기 때문이다.

주민의 뜻에 의해 주민자치주체기구나 지방정부가 운영되도록 하기 위한 주민자치 담론과정에서 중요한 것 중 하나가 '이 문제는 누가 해결할 것인가'다. 과제의 분리, 즉 역할 분담이다. 이때 적용되는 것이 '보충성의 원리'다. 박세일(2009) 서울대 국제대학원 교수에 따르면, 보충성의 원리는 공동체적 종적 질서를 구성하는 원리로 한마디로 자율과 자조의 원리다. 개인이 할 수 있는 것은 개인이 먼저 모든 책임을 지고 스스로 한다는 원칙이다. 그리고 개인이 할 수 없는 일, 해도 비효율적인 경우 혹은 불공정한 경우에만 공동체가 나서서 해결한다는 원칙이다. [151]

보충성의 원리를 주민자치 사업이나 활동에 접목해서 보면 ▶지역사회 내 주민이 할 수 있는 일은 주민이 모든 책임을 지고 스스로 하되 개인이 할 수 없는 일, 해도 비효율적인 혹은 불공정한 경우 지역공동체·결사체가 하고 ▶지역 공동체·결사체가 할 수 없는 일과 해도 비효율적인 경우 혹은 불공정한 경우는 주민자치주체기구가 하며 ▶주민자치주체기구가 할 수 없는 일과 해도 비효율적인 경우 혹은 불공정한 경우는 지방정부가 나서서 해결한다는 원칙이다.

그렇다면 그 할 수 없는 일, 비효율적인 일, 불공정한 일은 어떻게 선정하고 결정할 것인가? 이에 대한 공동체 수직적 구성과 운영 원리에 대해 박세일 교수는 보충성의 원리(subsidiary principle), 연방성의 원리(federalist principle), 민주성의 원리(democracy principle) 3가지 원칙을 제시했다. 앞서 설명한 '보충성의 원리'에 대해서는 어떤 일에 대해 하부 단위가 해결할 것인가, 혹은 상부 단위가 해결할 것인가를 '누가 정할 것인가'라는 문제가 생긴다. 그래서 나온 것이 '연방성의 원리'로 하부가 위임한 것만 상부에서 해결한다는 원리다. 하부가 위임하지 않은 것은 상부가 나설 수 없다는 원리다. 그럼 하부 단위의 이런 위임여부의 결정은 어떻게 정하는 것이 바람직한가? 그래서 나온 것이

---

151) 박세일·나성린·신도철, 『공동체자유주의 이념과 정책』, "공동체자유주의", 나남신서, 2009. 8. 30. p. 266.

세 번째 원리인 '민주성의 원리'다. 즉 하부 단위에 속한 사람들이 모여서 충분히 숙의한 후 민주적 절차(자유투표)에 의해 결정한다는 원칙이다.

공동체보다 공공성

이상과 같이 지역사회 내 수직적 질서 3가지 원리인 보충성 원리, 연방성 원리, 민주성 원리가 작동되는 곳이 '주민자치적 공간(공론장, 주민총회, 주민자치주체기구를 아우르는)'이라 할 수 있고, 여기서 주민자치주체기구는 지역의 시민사회 자치체인 것이다. 그 주민자치주체기구는 공동체보다는 공공성을 기반으로 한다. 그럼 공공성과 공동체에는 어떤 차이가 있을까? 철학적으로 공동체는 닫힌 영역을 형성하는 데 반해, 공공성은 누구나 접근할 수 있는 공간이다. 공공성은 열려 있다는 것, 폐쇄된 영역을 갖지 않는다는 것이 공공성의 조건이다. '바깥'을 형상화함으로써 '안'을 형상화하는 공동체에는 이 조건이 결여돼 있다.[152]

물론 공동체도 공동체감각, 즉 '공동선'을 추구한다. 공동선은 수평적 관계로 타인을 적이나 경쟁자로 보지 않고(경쟁하지 않는 삶), 남에게 인정을 구하는 것도 아닌, 공동체에 공헌하는 것에서 나의 삶의 가치를 발견하는 것이다. 또 공동체감각은 내가 남에게 유익하고, 공동체에 공헌함으로써, 소중한 존재라는 것을 느끼는 것에서 나의 가치를

152) 사이토 준이치, 『민주적 공공성』, 윤대석·류수연·윤미란 옮김, 도서출판이음, 2014. 4. 17. pp. 27-30.

발견할 수 있게 하는 것이다(알프레드 아들러: Alfred Adler, 1870~1937).[153] 즉 나는 공동선에서 소속감이란 선물을 받을 수 있다. 동료애와 소속감을 갖기 위해서는 공동체에 헌신해야 한다. 그러나 주민자치주체기구에서는 동료애와 소속감을 갖기 위해 헌신하는 것이 아니라, 지역 발전과 주민의 삶의 질 향상에 기여하기 위해 헌신한다. 그 기여에서 나의 가치를 발견하는 것이다.

사이토 준이치(2014) 와세다대학 정치경제학술원 교수에 의하면, 공동체는 공동체의 통합에서 구성원들이 본질적인 가치를 공유할 것을 요구하는 것에 반해, 공공성은 복수의 가치·의견 '사이'에서 생성되는 공간이다. 또 공동체는 그 구성원이 내면에 품고 있는 정념(애국심, 동료애, 애사심, 혈연 등등)이 통합의 매체가 된다면, 그에 반해 공공성은 어떤 동일성이 제패하는 공간이 아니라 '차이'를 조건으로 하는 담론의 공간이다.

따라서 주민자치주체기구는 공동체보다는 공공성에 의해 작동돼야 한다. 또 주민자치주체기구와 지방정부·지방의회가 지역사회 문제를 위해 모인 협업·협치의 공간은 '공공적 공간'이 돼야 한다. 이 공공적 공간은 공공적인 테마에 관해서만 논의해야 하는 장소가 아니라 공과 사의 경계를 둘러싼 담론정치가 행해지는 장소다.

한편, 공공성을 기반으로 하는 주민자치주체기구는 지방정부와 지방의회의 지원과 자문, 공적 관리를 관치로 몰아세우며 민의 입장만

---

153) 기시미 이치로·고가후미타케, 『미움받을 용기』, 전경아 역, 인플루엔셜, 2020. 10. 12.

주장하는 것이 아니라, 관과 민이 함께 지역 발전과 주민의 삶의 질 향상을 위해 협업·협치하기 위해 열려 있는 지방정부와 지방의회의 일명 '서포트 조직'이다. 다시 말해 주민자치주체기구는 지방정부와 지방의회를 비판만 하거나 압력을 넣기 위해 설치·운영되는 것이 아니라, 도움이 되기 위해 설치·운영되는 것이다.

타 조직의 사업을 탐하지 말라

우리나라에서 각양각색의 여러 공동체들 중 국가 기관이나 기구를 제외하고, 사람들이 가장 선호하는 공동체는 어딜까? 대표적으로 종교·교육·정치 공동체를 꼽을 수 있지만, 대다수는 기업공동체를 선호할 것이다. 기업은 생계유지와 자신의 존재가치를 발견할 수 있는 공동체로, 개인이 삶을 유지하는 데 있어 없어서는 안 될 이익공동체이기 때문이다. 만일 주민자치주체기구와 기업 중 하나만 선택하라고 하면, 당신의 선택은? 당연히 기업일 것이다.

그렇다면 생각해 보자. 주민자치회 조직을 강화시키기 위해 ▲지방정부가 제공하는 것이 부족하거나 못마땅하다고 행정업무를 ▲여타 민간단체·관변단체·직능단체·사회단체들이 하고 있는 사업들을 ▲지역 자영업자들의 영업 아이템을 주민자치회 사업으로 끌어오는 것이 정의롭거나 정당하다고 할 수 있을까? 게다가 이 같은 상황이 정부에 의해 강제된다면?

이는 정부가 주민자치회를 통해 시민사회를 일종의 사회적 통제 수단으로 활용하려 하는 것은 아닌지 의심해봐야 한다. 만일 이 의심이 합리적이라면, 주민자치회를 설치·운영하기보다는 오히려 지방정부를 단체자치형보다 주민자치형으로 변화될 수 있도록 법제도를 제·개정하는 것이 풀뿌리민주주의 활성화에 더 합당하다. 지방정부와 지방의회는 행정과 정치사회 질서를 형성하는 데 가장 뛰어난 전문가 집단이기 때문이다.

이런 이유로 주민자치회 사업기획과 교육, 특히 공모사업에 따른 예산 지원 역할을 하는 민관중간지원조직을 설치해 직업화 혹은 관료화하는 것은 지양해야 한다. 직업적인 활동가 중심의 조직이 들어서면, 주민자치 활성화보다는 조직 자체를 탐하게 될 것이다. 아마도 불필요한 일을 만들어서라도 조직을 유지하려고 할 것이다. 또 지원하는 조직과 지원받는 조직 사이에 권력관계가 형성될 것이다. 특히 관의 권력이 행·재정 지원을 받는 민관중간지원조직을 통해 간접적으로 행사될 수도 있다. 고로 민관중간지원조직을 설치·운영할 때는 목적에서 벗어나지 않도록 매우 신중해야 한다.

공익의 확대

노암 촘스키·조셉 스티글리츠(2012)는 물과 토지, 식량, 의료, 교육, 사회보장 및 연금, 대중교통, 주택, 병원, 학교, 종자(seeds), 문화, 지식, 그리고 민주주의 자체는 상품화의 대상에서 제외돼야 하고, 시장에서 배제시켜 모든 사회의 모든 사람들에게 확대돼야 하며, 풍성한 의견 교환과 접촉, 학습, 창조와 정보 공유는 모두가 누려야 한다고 설파한다. 또 '공익(公益)'은 경제의 문제가 아니라 윤리의 문제고, 정치적 전략에 해당하는 사안이기 때문에 공익의 확대는 마땅히 실현 가능한 일이어야 한다고 말한다.

그렇다고 공익이 꼭 국가에 의해 관리될 필요는 없고, 공동체나 협동적이고 민주적인 방식으로 공공재를 생산하고 이용하는 사람들, 또는 타고난 재능을 발휘하는 개인의 활동에 의해 관리될 수도 있고, 또 그래야만 하는 공익도 실제로 많다. 노암 촘스키·조셉 스티글리츠는 "어쩌면 공익의 확대는 무엇보다도 지금껏 아무 힘도 행사하지 못해 왔던 사람들이 참여하고 조정할 새로운 기회를 창출하기 위한 일종의 해방 전략이라고 볼 수 있다."라고 강하게 주장했다.[154]

공익의 확대는 '민의 공공이익'으로의 확대를 요구한다. 즉 공론장에 사적 이익과 공적 이익을 재심의·재정의하고, 그에 따른 새로운 '민의 공공이익' 생성을 요구한다. 조한상(2010) 교수가 말하는 공공성의 3요소인 '인민, 공공이익, 공론장(공개성·투명성)'을 오늘날 지역사회 현실에 맞게 전환해 보자. 새로운 민의 공공이익을 생성하기 위해서는 공개성과 투명성을 근간으로 하는 '공론장'에서 사적 이익과 공적 이익을 재심의·재정의하여 민의 공공이익을 결정할 권한을 주권적 주체인 주민들에게 부여할 필요가 있다. 또 그 결정된 공공이익은 지방정부와 지방의회의 정책과 조례로 이어지도록 해야 한다. 민의 공공이익은 '민의 사적 이익'과 '국가와 지역의 공적 이익' 한쪽으로 치우친 것이 아닌, 최대한 양쪽을 연계·연결하는 이익이다.

---

154) 노암 촘스키·조셉 스티글리츠 외, 『경제민주화를 말하다』 김시경 역, 위너스북., 2012. 8. 10., p.215.

3

당신의 삶은 누가 결정하는가

통치 단위마다 각각 권력의 몫 부여

영국의 정치학자 버나드 크릭(2021)[155]은 "만약 우리의 모든 개성과 다양성을 억지로 하나의 조직체로 통합하고자 하면, 그 조직은 극도

---

155) 버나드 크릭(Bernard Crick, 1929~2008년)은 하버드대학교 교수, 셰필드대학교 정치학과 교수, 런던 버크벡칼리지 정치학과 석좌교수를 지냈다. 영국의 정치 이론가이자 민주사회주의자였으며, 그가 말하는 정치는 '공공장소에서 윤리'라고 요약할 수 있다. 그는 '생각의 정치'나 이데올로기가 아닌 '행동의 정치'에 도달하려 했고, "정치권력은 하위 분위기의 권력"이라고 주장했다. 저서 『정치를 위한 변호(In Defence of Politics)』(1962)는 정치학 분야 모던클래식으로 추앙되고 있으며, 그의 이름을 대중에 널리 알린 『조지 오웰 전기(George Orwell: A Life)』(1980)로 정치학 분야의 탁월한 저술가에게 수여하는 '오웰상(Orwell Prize)'을 수상했다. 2002년에 출간된 『민주주의를 위한 아주 짧은 안내서』는 16년이 지난 오늘날까지도 영어권에서 대표적인 민주주의 입문서로 꾸준히 읽히고 있다.

로 비정상적이고 자기 파괴적이 된다."라며 정치는 '복합적인 행위'로 고정된 목표들의 조합으로 환원될 수 없고, 이데올로기가 정치 종말을 가져올 수 있음을 경고한다. 즉 정치는 이념으로 대체되지 않으며, 어떤 신조나 신념으로 환원될 수 없는 가변적이고 유연하며 지저분하고 복잡한 실천의 연속이라는 것이다. 그래서 '달래어 조정하는 행위'로서의 정치를 통해 다채로운 생각들이 경합하고 조율될 수 있는 정치 공간의 확보가 필요하다고 강조한다.[156]

또 크릭(2021)에 의하면, 정치는 네 가지 수준에서 정의된다. 첫째, 사회적 재가치의 권위적 배분을 담당하는 국가에 관한 '통치기술로서의 정치'. 둘째, 공적 활동에 참여하는 시민의 권리와 의무 등 정치 참여에 관한 '공적 업무로서의 정치'. 셋째, 인간관계에서 발생하는 권력 관계의 억압적 속성에 관한 '권력으로서의 정치'. 넷째, 정치의 방법론으로서 문제를 해결하는 '가능성의 기예'에 관한 '타협과 합의로서의 정치'가 그것이다. 크릭은 이중 타협과 합의의 정치를 옹호하며, 정치를 주어진 통치 단위에서 전체 공동체의 복지와 생존에 기여하는 각각의 중요성에 비례해 권력의 몫을 부여함으로써 서로 상이한 이해관계들을 조정하는 활동이라고 정의한다.

따라서 생활세계에서 생활정치를 할 수 있는 권력의 몫을 '시민적 주민'들에게 부여할 필요가 있다. 박영옥(2015) 숙명여대 교수가 말하는 것처럼 우리의 일상인 생활세계는 주민의 삶에 직접적인 영향을

---

156) 버나드 크릭, 『정치를 옹호함: 정치에 실망한 사람들에게』(In defence of politics), 이관후 역, 후마니타스, 2021. 4. 19.

미치는 주관적 · 일상적 세계로 상호이해와 소통을 지향하는 활동이
일어나는 곳이기 때문이다.

권력의 세 얼굴

미국의 정치학자이자 매사추세츠 대학 교수인 바바라 크룩생크는
저서 『시민을 발명해야 한다』[157]에서 '권력의 세 얼굴'을 다음과 같이
표현한다.[158] 첫째, '1차원 권력'은 다원주의를 배경으로 한다. 간단히
말해 '누가 실제로 공동체의 의사결정에서 주도권을 쥐고 있는가?', 즉
누가 권력을 소유하고 있는가를 통해 권력을 이해한다. 둘째, '2차원
적 권력'은 신(新)엘리트주의라고 불리며, 권력은 A로 하여금 B가 순
응하게 만드는 모든 행위다. 셋째, '3차원 권력'은 다원주의와 엘리트
주의 양자를 비판하면서 룩스(Steven Lukes, 1992)가 강조한 '급진주의 관
점'이다.[159] 3차원적 권력은 권력의 사회적 구성을 강조하며, 일종의
사회통제론을 주장한다.

크룩생크(2014)에 따르면, '의사결정' 행위에만 초점을 둔 권력 설명
은 1차원적 시각이다. 반면, 2차원적 시각에서는 '비결정(nondecison)'
행위까지 개념을 확장시킨다. 비결정 혹은 무의사 결정은 다른 말로
'의제설정 권력'이라고도 하는데, 비결정행위란 의사결정 폭을 제한
해 의도적으로 한정된 쟁점들에 대해서만 의사결정을 하도록 유도하

---

157) 바바라 크룩생크, 『시민을 발명해야 한다』, 심성보 역, 갈무리, 2014. 4. 24. pp. 53-55.
158) '권력의 세 얼굴'은 스티븐 룩스가 주장한 '3차원적 권력론'을 바바라 크룩생크가 권력
    의 실체 논쟁으로 바꿔 표현한 것이다.
159) 스티븐 룩스, 『3차원적 권력론』(Power: A Radical View), 서규환 역, 나남, 1992. 10. 1.

는 것이다. 이에 더해 룩스는 3차원적 권력에 대해 '인간들의 욕구 그 자체가 그들의 이익을 관철시키지 못하게 작동하는 사회 시스템이 낳은 산물'이라고 주장한다.

여기서 우선 2차원적 시각에 주목해 보자. 혹시 비결정행위를 통해 정부나 정당, 혹은 엘리트집단들이 사(私)와 공(公) 간의 갈등을 의제 설정 단계에서 선별해 자신들이 선호하는 의사결정이 이뤄지도록 유도하는지 살펴야 할 것이다. 즉 주민의 요구가 공론장에 공개되기도 전에 봉쇄돼 버리지는 않는지 말이다. 만일 배제된 그 주민의 요구가 다수를 위한 것이었고, 중요한 문제 해결책이었다면, 주민총회에서 채택된 의사결정은 주민을 위한 것이 아닐 것이다.

또 3차원적 시각에 주목해 보자. 권력 행사는 드러나지 않아도 사람들의 인식, 사고, 선호를 사회화·정치화 과정이나 대중매체를 통해 형성하고 통제할 수 있다. 이는 헤게모니, 이데올로기(사상과 의식의 체계)는 물론 '관치'냐 '자치'냐와 같은 보이지 않는 현상들에 적용된다. 룩스에 의하면, 가장 교활한 형태의 권력은 기존 질서에 대한 '명시적·암묵적' 불만이나 대안이 아니라, 사람들이 그 속에서 자신의 역할을 자연스럽게 여기고 신성하게 간주하며, 오히려 자신에게 이익이라고 여기도록 만드는 것이다. 이런 권력은 우리 자신이 의식하지 못한 순간에도 지배당할 수 있다는 것을 알려준다.

물론 2차원 시각이나 3차원 시각에서 엘리트집단의 교활한 권력을 명쾌하게 거부할 명분을 찾기 어렵다. 왜냐하면 어떤 권력에 종속돼 있기 위해서는 그 권력 대상의 본질을 규정해야 하지만, 대상의 본질은 권력과의 상호관계가 뚜렷하게 구분되는 것은 아니기 때문이다. 주민을 예로 들면, 피지배자도 주민이지만, 지배자도 주민이어서 권력의 대상자나 행위자를 칼로 무 자르듯 구분할 수 없다. 즉 주민은 통치자이자 통치의 대상인 셈으로 교활한 형태의 권력은 이 모호함에 숨어 대상자를 조종한다. 따라서 무엇보다 주민을 위한 효과적인 권력 행사는 애초부터 갈등을 의제하는 것으로, 이를 가능하게 하려면 주민들에 의한 시민권력이 생성돼야만 한다.

당신의 이익을 대표하는 권력

시민권력은 모든 주민이 지역사회 내에서 정치적·사회적·경제적·노동적 계급에서 자유롭고 의사결정에서도 평등하다는 의미를 갖는다. '새로운 시민권력'이라 함은 이미 권력을 쥔 자가 아니라, 의사결정 테이블에 앉지 못하는 약자와 기득권자라 해도 더 좋은 세상으로의 변화를 꿈꾸는 도전자들에게 생성되는 권력이다. 그들은 현 상태의 기득권을 지키려는 사람들이나 기존 권력에 자신을 의탁하려는 사람들이 아니라 '좋은 사회' 혹은 '좋은 세상'으로의 변화에 참여하고 싶어 하는 사람들을 위한 것이다. 그 사람들은 진보든 보수든 혹은 좌파든 우파든 진영을 가리지 않고, 편파적이지 않으며 타인의 존재 가치를 존중할 줄 알며, 좋은 사회를 건설하기 위해 뜻을 모으고 행동하는 사람들이다.

또 '주어지는 시민권력'이라 함은 기득권자라고 해도 권력을 독식하지 않고, 더 좋은 세상을 위한 변화에 찬동하는 사람들에게 필요한 권력을 민주적으로 나누는 권력이다. 즉 자신이 가진 권력이 국민(헌법상)으로부터 주어졌음을 이해하고, 좋은 사회를 위해 애쓰는 사람들에게 필요한 권력을 나누는(분권하는) 것이다. 왜냐하면, 시민권력은 패권정치·정당정치·이념정치를 위한 권력이 아닌, 공공성을 바탕으로 주권적 주체인 시민으로서의 주민 개개인의 이익을 대표하는 권력을 말하기 때문이다

"민주주의란 완전무결주의가 아니라 개선을 위해 싸울 수 있는 기회를 의미한다."라는 메이어 런던의 말이나 민주주의를 만병통치약으로 오인하는 것을 경고한 버나드 크릭처럼 민주주의는 결코 완전하지 않다. 시스템은 불안정해 권력을 쥔 자들에 의해 휘둘리고, 제도역시 현실과 맞닥뜨리면 삐거덕거린다. 그럼에도 "민주주의는 정지된 것이 아니라 영원히 계속되는 행진이다."라고 말한 루즈벨트의 말처럼 민주주의는 정권에 따라 뒤나 앞으로, 때론 묵묵히, 때론 치열하게 쉼 없이 행진한다. 제도나 정치인, 관료에 의해서가 아니라 참여하고 행동하는 시민의 힘으로 말이다.

그러나 대부분의 시민의 힘은 '숲속의 공주'처럼 깊은 잠에 푹 빠져 있거나, 자신들이 선사한 권력이 만든 '멋진 신세계'[160]의 백성처럼 살아가고 있다. 이런 사람들은 어떤 연유(緣由)인지 자신이 살고 싶은 세상을 꿈꾸지 못하거나(혹은 않거나), 변화를 원하지만 시민의 힘이 얼마나 강한지 깨닫지 못하고 있거나, 공공이익을 위한 시민이기보다

---

160)   올더스 헉슬리(Aldous Leonard Huxley)의 『멋진 신세계』(Brave New World), 1932. (올더스 헉슬리, 『멋진 신세계』 안정효 역, 소담출판사, 2019. 10. 18.)

는 사익을 위한 개인의 삶을 선택했기 때문이다. 플라톤은 "정치를 외면한 가장 큰 대가는 저질스러운 자들에게 지배당하는 것이다."라고 했다. 모든 사람이 행복하게 살 수 있는 좋은 사회를 만들고 싶다면, 당신은 자신의 이익을 대변할 권력이 필요할 것이다. 그 권력은 바로 '주민자치적 시민권력'이다. 여기서 '자치'는 자유를 누리기 위한 것으로 일종의 주민의 '권리'다.

시민권력과 관련한 시민권과 공민권을 사전적 의미로 보면, 시민권은 국가에 대한 저항 내지 국가로부터의 자유라고 하는 '시민적 자유권'으로서의 소극적인 측면을 갖고 있는 데 반해, 공민권은 '국가에 대한 자유'라고 하는 국가적 권리인 공권(公權), 정치적 권리, 즉 참정권을 행하는 적극적인 측면을 갖고 있다. 소극적 측면을 갖고 있는 자유와 적극적 측면을 갖고 있는 자유에 대해 이사야 벌린(Isaiah Berlin, 1909~1997)[161]은 다음과 같이 말한다.

> 소극적 자유는 보통은 '국가로부터의 자유(freedom from state)'를 뜻하며, 포괄적으로 '~로부터의 자유'를 뜻하며, '구속의 결여', '타율적 강제를 벗어나는 것' 혹은 '할 수 있는 것을 할 자유'를 가리킨다. 소극적 자유는 법률적 자유로 보장된 신체의 자유, 재산의 소유 · 처분의 자유, 언론 · 출판 · 결사의 자유, 거주 · 직업의 자유, 신앙과 양심의 자유 및 통신의 비밀 등을 의미한다.

---

161) 이사야 벌린, 『이사야 벌린의 자유론』, 박동천 역, 아카넷, 2014. 7. 15.

반대로 적극적 자유는 '국가에의 자유(freedom to state)'라 할 수 있는 정치적 자유를 뜻한다. 이것은 대체로 국가의 입법 행위나 정치에 참여할 자유를 뜻한다. 이런 정치적 자유는 민주주의 국가에 있어서 가장 중요한 자유로서, 개인적 또는 시민적 자유는 적극적인 정치적 자유가 제대로 행사되는 한에서 보장될 수 있다. 한편, 적극적 자유는 보다 넓게는 '하고 싶은 것을 하는 자유', 즉 무제한적 자유를 뜻하기도 하며, 어떤 논자들은 정치적 권리 말고도 사회경제적인 평등을 추구할 권리, 즉 사회권과 경제권을 포함시키기도 한다.[162]

'주민자치적 시민권력(residents' autonomous civil rights)'은 일반적으로 개인과 국가와의 관계에서 권리·의무에 관한 개념이자, 헌법에 의해 보장된 국민의 여러 권리를 의미하는 '시민권(市民權, citizenship)'보다는 국민으로서 국가 또는 지방자치의 정치에 참여할 수 있는 권리인 '공민권(公民權, civil rights)'에 가깝다. 따라서 주민자치적 시민권력은 패권정치·정당정치·이념정치를 위한 권력이 아닌, 생활정치에 참여할 수 있는 공민권에 가까운 것으로, 공공성을 바탕으로 주권적 주체인 주민 개개인의 이익을 대표하는 권력을 말한다.

---

162)　바바라 크룩생크, 『시민을 발명해야 한다』, 심성보 역, 갈무리, 2014. 4. 24. pp. 136-137(각주).

7부
—

주민자치적
시민권력의 시대

1

새로운 시민권력을 요구받고 있는 대한민국

시민권력의 발현

바야흐로 시민권력의 시대다. 단지 우리가 그것을 모르고 있거나 잊고 살아가고 있을 뿐이다. 민주주의가 혼란 속에 빠진 지금, 한국은 시민의 권력을 요구하고 있다. 박근혜 정권 퇴진을 외친 촛불은 시민 권력의 발현이었다. 이 '항거의 촛불'은 바야흐로 '시민권력의 시대'가 도래했음을 알린 것이다. 2016년 10월 26일부터 2017년 4월 29일까지 이어진 '박근혜 대통령 퇴진 운동'은 소수의 엘리트에 의해 휘둘러지는 권력의 정의에 대해 '정치적 주권자'인 시민들이 스스로 촛불을 들고 항거에 나선 것이다.

이를 두고 정치권에서는 '촛불혁명'이라 했다. 그러나 정치권이 말하는 '혁명'은 고사하고 시민들이 바라는 국가기본운영체제 '개혁'에도 미치지 못했다. 즉 그때 발현된 시민권력은 제도나 정치권에 의해 제자리를 찾지 못하고 방황하거나 엘리트정치권에 귀속됐다. '그 혁명'은 헌법 제1조 "모든 권력은 국민으로부터 나온다."는 국민주권보다는 패권정치·정당정치·이념정치와 진영논리에 함몰된 정치판의 도구가 돼 버린 듯하다.

흔히 '시민권력'을 논할 때 한국에서는 NGO(Non-Governmental Organization, 비정부기구), 특히 정치결사체를 표방하는 시민단체를 대표적으로 거론한다. 즉 시민들은 자신들의 주권을 부여한 공권력(公權力)이 제대로 행사되는지에 대해 시민단체가 대리해서 견제·감시해 주길 바란다. 따라서 시민단체가 정권의 감시자·견제자 역할을 제대로 할 때, 그 위상은 드높아지며, 진정한 '정치적 시민권력'이 된다. 이런 '시민을 대리한 권력'은 일반적으로 패권정치·이념정치·정당정치, 그리고 정부의 공권력을 견제·감시하는 것을 가치로 삼는다.

그러나 공권력을 견제·감시해야 할 시민단체가 정권과 결탁하고, 그 구성원이 권력자가 돼 시민들의 요구와 다르게 정치를 하거나 정책을 행사한다면, 또 정부 지원이 자신들의 이념이나 진영논리에 동조하는 시민단체에 편중된다면, 그 사회의 시민권력은 빈사상태에 빠져 있다고 할 수 있다. 더욱 심각한 것은 언론(언론권력도 일종의 시민권력이다)이 정권의 나팔수 역할을 하거나, 각종 음모나 부패를 캐는 탐사저널리즘을 찾기 힘들어진다면, 시민들은 분노를 넘어 체념하고 살아가게 되는 매우 슬픈 사회가 된다. 이런 시민권력은 자신도 모르는 사이에 노예 상태가 된 것이다. 즉 '정치적 시민권력'도 '사회적 시민권력'도 아닌 것이다. 반면, 주민자치적인 공간에서 행사되는 시민권력은 국가 차원의 공권력을 견제·감시하는 시민을 대리한 권력과 그 결이 다르다. 즉 국가의 공력권을 향하는 시민권력과 생활세계에서 행사되는 시민권력은 구분돼야 한다.

생활세계를 좌우하는 권력

바바라 크룩섕크(2014)에 의하면, 대체로 민주주의 이론은 '정치적' 행위, 예컨대 투표와 공개적 저항 따위로 이해하기 때문에 일상에서 벌어지는 다양한 활동을 간과하거나 묵살한다. 이를테면 민주주의 이론은 치료적 행위, 훈육적 활동, 프로그램과 제도적 기획, 연대적 행위와 이들 활동이 전개되는 행정적, 사회적, '전(前)정치적', '탈정치적' 현장을 무시한다는 것이다.[163] 그렇다면, 자유민주주의이지만 대의민주제로 작동되고 있는 대한민국에 살고 있는 우리는 정치에 얼마만큼 관심을 갖고 있을까? 정치인을 선출만 해 놓고, 우리 자신의 삶을 좌우할 의사결정을 그들에게만 맡겨 두고, 그들의 의사결정에 대해 뒤에서 불평불만만 하고 있지는 않는가?

우리 시민들은 대부분 먹고살기 바빠 경제적인 활동에 매달리거나 자신의 욕구를 성취하기 위해 개인적인 일에 전념할 뿐이지 일상적

---

163) 바바라 크룩섕크, 『시민을 발명해야 한다』, 심성보 역, 갈무리, 2014. 4. 24. p.89.

정치에는 관심과 시간을 할애하지 못한다. 이런 배경에는 나보다는 더 많이 배우고(전문지식), 더 많이 갖고 있으며(이 부분은 사리사욕을 채우지는 않을 거라 믿는 구석이 있다), 더 훌륭한(도덕적 인품) 정치인들이 국가와 지역을 발전시키고, 나의 삶을 더 풍요롭게 해줄 거라는 믿음에 있다. 때문에 내가 직접 하는 것보다는 정치인들에게 국정과 지역 살림을 맡기고 있는 것이다.

그런데 정치인들의 국정실패와 정치실패에 대해 불평불만을 쏟아내면서도, 왜 우리 보통 시민들(또한 평주민들)은 우리네 삶을 좌우하는 정책과 법률·조례 의사결정 테이블에 앉으려고 하지 않을까? 혹시 우리의 이런 '(생활)정치적 비참여' 행태가 엘리트들이 권력을 틀어쥐고 있어서인지, 아니면 시민들의 일상적 '(생활)정치적 참여'가 억압받고 통제된 것에 길들어져서 그런 건지 생각해 볼 문제다. 대게 정치적 억압과 배제에 대한 순응은 묵종 뒤에 보이지 않는 강압과 위협이 존재하고 있으며, 그 강압·위협은 당연히 권력이다.

자유민주주의 체제 아래 엘리트들이 틀어쥐고 있는 권력 중 '생활세계를 좌우하는 권력', 즉 '생활권력'은 주민들에게 부여돼야 하며, '시민적 주민'들이 그 생활권력을 행사하는 것이 '주민자치적 시민권력'이다. 생활권력은 주민들의 삶과 그 매커니즘을 주민자치 영역으로 끌어들이고, 시민권력은 주민의 욕구와 욕망을 자기통치(자치, 주민자치)의 영역으로 전환해, 주권적 주체인 주민들의 삶을 행복으로 변형하는 동력으로 만든다. 시민권력은 주민 개인의 이익과 지역사회 전체의 이익을 연결하고 결합해야 하며, 이런 의사결정 과정에 평주민들이 개입할 수 있을 때 비로소 주민의 자치 영역은 범위를 확장할 수 있다.

주민자치적 시민권력 탄생

다시 촛불혁명으로 돌아와, 시민들이 자신의 뜻을 표출하며 요구한 정의의 촛불은 진정한 시민권력이 표출됐음을 보여 줬으나 국가 영역의 엘리트정치권에 함몰됐다. 그렇다면 우리나라 시민들에게 잠재된 역량을 억제하거나 배제할 것이 아니라, 지역의 시민사회 영역에서만큼은 새로운 시민권력으로 표출돼야 한다. 그 시민권력은 주민자치적 공간에서 시민적 주민들에 의해 행사돼야 하며, 기성정치권력에서 파생되거나 포섭된 것이 아닌 새롭게 탄생된 것이어야 한다.

그 새로운 시민권력이 바로 '주민자치적 시민권력(residents' autonomous civil rights)'이다. 이 새로운 권력으로서의 시민권력은 주민들의 삶에 직접적인 영향을 미치는 의사결정 과정에서 평주민(보통시민)은 더 이상 도구(예속적 주체)가 아니라 '주권적 주체'로서 당당히 나섬을 의미한다. 이 주민자치적 시민권력은 민본(시민들의 뜻에 의한)을 원천으로 하기 때문에 엘리트정치가 민본에 반할 경우, 폭발하며 그 파급력은 개혁을 넘어 항거로 치달을 수도 있다.

'권력'의 개념을 한마디로 정의하기는 어려우나, 사전적으로 '남을 복종시키거나 지배할 수 있는 공인된 권리와 힘', 특히 '국가나 정부가 국민에 대해 갖고 있는 강제력'을 말한다. 이처럼 국어사전적 권력은 국가, 즉 정부의 것이라고 생각하기 쉽다. 그러나 에릭 리우(2017)

에 따르면, 민주주의 문화와 신화 속에서 권력은 민중에게 있는 것이 원칙이고, 거기에 무언가 덧붙이는 것은 불필요하며 환영받지도 못한다. 에릭 리우는 "권력이 다른 사람들을 자신이 원하는 대로 행동하게 하는 능력이라면, 시민권력은 선거에서든, 정부에서든, 아니면 사회나 경제 분야에서든 시민이 공개적으로 행사하는 능력을 뜻한다."라고 강조한다.[164]

촛불혁명에서 시민들이 바란 것은 권력의 일극 집중화로 인한 국정농단에 대한 대대적인 저항 운동을 넘어 소수에게 집중된 권력을 제도적으로 분배하자는 것이었다. 이 바람은 이념적으로 좌파든 우파든, 사회적·경제적으로 어떤 위치에 있든 상관없이, 시민들의 마음은 자신의 삶을 좌우하는 정치적 의사결정 테이블에 참여할 수 있는 권리 획득이다. 따라서 최소한 지역사회에서 주민의 삶을 좌우할 생활정치적 결정은 주민이 직접 결정하도록 권한을 부여해야 한다. 이에 전제되는 것은 의사결정 테이블에 평주민들이 자발적으로 참여할 수 있는 기회 부여와 자신의 생각을 자유롭게 말할 수 있는 공론장 구축은 필수다.

164) 에릭 리우, 『시민권력』(You're more powerful than you think), 구세희 역, 저스트북스, 2017. 7. 20. p.26.

2

더 나은 세상을 위한 우리의 계획

주민자치적 시민권력의 정치 재구성

오늘날 어린이가 자라서 부자가 될 것인지 가난하게 살 것인지 결정짓는 가장 중요한 요인으로 부모가 '부자냐 아니냐'와 소위 '아빠찬스', '엄마찬스'로 불리는 부모가 '권력층이냐 아니냐'를 꼽는다. 이는 개인의 노력보다는 부모로부터 물려받은 부가 금수저냐 흙수저냐에 따라 사회의 계급을 결정한다는 자조적인 표현의 신조어인 '수저계급론'을 탄생시켰다. 이런 경우는 누구나 인지하듯 부의 집중은 곧 권력의 집중, 권력의 집중은 곧 부의 집중을 가져올 가능성이 크다. 이런 현상은 우리 시민이 일반적으로 굳게 믿는 사상적 잣대에 비춰 본다면, 매우 비(非) 한국적이다. 이는 우리의 정치체제가 조작됐을 수도 있다는 것을 의미한다. 이 '조작'된 정치체제의 경계를 무너뜨리려면, 권력은 지역사회 주민자치적 공간까지 분배돼야 한다. 우리 모두는 정치적 자유(시민권, 공민권)를 누릴 권리가 있기 때문이다.

시민적 주민으로 구성된 주민자치주체기구가 지역의 문제들을 해결하기 위해서는 스스로 행동할 수 있는 주민과 그렇지 못한 주민을 결합해야 하며, 주민자치 원리가 실천 가능한 것이 되도록 체계화돼야 한다. 그러나 '주민자치적인 것'은 자율성의 공간, 즉 강제 없는 연합의 영역(시민사회)도 아니고, 그렇다고 지배의 공간(사회적 통제)도 아니다. 앞에서 주민자치주체기구를 시민사회 영역에 설치·운영하자고 주장한 것은, 시민사회를 방임적 자유의 공간으로 만들자는 것이 아니다. 시민사회를 거점으로 해야 국가 영역 및 시장 영역을 '주민의 관점(민본)'으로 연계·연결할 수 있기 때문이다.

가능하다면 주민자치 원리에 의해 행사되는 생활정치는 자율성과 자치성이 함께 형성되는 장소로 옮겨야 한다. 그래야 '시민적 주민'이 그곳에서 정치적으로 능동적이고 자유로운 '주권적 주체'로서 주민자치적 시민권력을 탄생시킬 것이기 때문이다. 이 시민권력의 부상은 주민자치적 공간에서 정치적인 것을 추방하지 않고 오히려 재구성한다. 다시 말해 패권정치, 이념정치, 정당정치가 주민자치적인 것의 공간(자율성과 자치성의 공간)에서는 시민적 주민들의 생활권력에 의해 생활정치로 재구성된다. 그렇게 되려면, 우선 국가가 변해야 한다. 토마스 힐 그린(Thomas Hill Green, 1836~1882)의 관점에서 국가는 개인이 자신의 양심에 따라 행동할 수 있는 최선의 기회를 제공해야 하며, 그로 인해 사회적 · 정치적 · 경제적 조건 개선에 이바지하도록 해야 한다. 게다가 지역사회의 주권자는 이제 더 이상 국가가 아니라 '민주적인 시민성을 갖춘 주민'이어야 한다.

민주적 시민성을 갖춘 주민, 즉 '시민적 주민'들은 에릭 리우의 경고를 경청할 필요가 있다. 에릭 리우(2017)에 따르면, 권력을 행사하는 방법을 배우지 않으면 다른 누군가가 당신 몫까지 차지하게 될 것이다. 당신의 지역사회에서 당신의 이름을 빌려, 당신의 목소리를 가로채서, 심지어 때로는 당신이 원하는 바와 정반대의 방향으로 말이다. 그것은 집, 직장, 광장에 이르기까지 우리 삶의 모든 무대에서 다양하게 펼쳐진다.[165]

이웃의 공동체성 존중

오늘날 시민이나 주민의 삶은 전반적으로 매우 약하다. 따라서 '주민자치적 시민권력'은 더 많이 홍보되고 알려져야 한다. 특히 자신이 옹호하지 않는 지방정부나 주민자치주체기구, 공동체나 결사체가 실행하고 제공하는 주민자치적 시민권력의 가치를 깎아내리거나, 더 나아가 주민자치적 시민권력 자체를 부정하는 우를 범하지 않았으면 한다.

한 예로, 청년을 자신의 지역으로 끌어들이기 위해 귀농 · 귀촌 시

---

165) 에릭 리우, 『시민권력』(You're more powerful than you think), 구세희 역, 저스트북스, 2017. 7. 20. p. 30.

인센티브 제공 경쟁을 하는 것이다. 청년 귀농·귀촌 경쟁은 타지역 청년들을 끌어오는 제로섬게임과 같다. 이때 자기 지역으로 오면 인센티브가 더 좋다는 식으로 비교하며 상대지역을 깎아내리지는 말자. 이는 정치판 선거에서 희망찬 비전을 실현시킬 정책대결보다는 상대방 후보 비방전으로 몰아가, 유권자들이 정치에 대한 혐오를 넘어 무관심하게 만드는 것과 같다. 따라서 우리 모두는 이웃의 존엄성·자율성·자치성, 그리고 이웃의 공동체성은 존중해야 한다.

예를 들어,[166] 내가 태어나고 자란 도시의 프로축구팀(당신이 열렬히 응원하는 팀)과 지역의 대표성을 놓고 자존심을 건 경쟁을 벌이는 이웃 도시의 프로축구팀을 매우 싫어한다고 치자. 즉 박지성 선수(맨체스터 유나이티드 소속)가 뛰었던 잉글랜드 '노스웨스트 더비[167](맨체스터 유나이티드 vs 리버풀)', 현재 손흥민 선수(토트넘 홋스퍼 소속)가 뛰고 있는 잉글랜드 '북런던 더비(토트넘 홋스퍼 vs 아스널)'와 김민재 선수(페네르바흐체 소속)가 뛰고 있는 터키 '이스탄불 더비(페네르바흐체 vs 갈라타사라이)' 등은 전쟁을 방불케 한다.

그럼에도 프로축구라는 경기의 기본적인 매너와 품위, 그리고 안전에 대해서만은 우리의 팬들만큼이나 이웃 도시 프로축구팀 팬들도 같은 마음이다. 즉 축구 경기의 규칙과 매너를 아는 사람이 늘어날수

---

166) 이 부분은 저서 『시민권력』(구세희 역, 저스트북스, 2017. 7. 20. p.35.)을 통해, 저자 에릭 리우 (Eric Liu)가 프로야구의 경기 규칙과 매너 존중, 그리고 야구팬의 야구를 사랑하는 자세에 대해 말한 것을, 우리나라 독자들에게 그 뜻을 더 강하게 전달하고자 유럽 축구무대에서 뛰고 있는 우리나라 선수들의 소속팀 더비로 내용을 변형해서 설명한 것이다.

167) '더비'는 보통 같은 곳을 연고로 하는 팀 간의 경기를 일컫는다.

록, 축구를 배우는 사람을 위한 지원이나 기반이 늘어날수록, 승부가
덜 조작될수록, 생활축구와 프로축구와의 벽이 낮아질수록, 그리하여
축구의 짜릿하고 긴박감 넘치는 즐거움을 아는 사람들이 늘어날수록
모두에게 바람직한 축구가 된다고 믿기 때문이다. 진정한 축구팬은
진영을 떠나 어느 팀을 응원하느냐에 관계없이, 일단은 축구라는 스
포츠 자체가 병들지 않도록, 모든 면에서 번창하도록 참여하고 응원
한다. 그런 다음, 우리 팀이 상대팀을 얼마든지 떡을 만들어도 좋다.
축구경기의 규칙과 매너를 잘 지키면서 정정당당하게 말이다.

정치적 측면의 최저임금과 기본소득

주민자치위원은 「지방자치분권 및 지방행정체제개편에 관한 특별
법」 제29조 제2항에 의해 지역사회에 대한 봉사자로서 정치적 중립을
지켜야 하며 권한을 남용해서는 안 된다. 또 「공직선거법」 제60조(선
거운동을 할 수 없는 자) 7호에 의해 선거운동을 할 수 없다. 이를 근거로
각 지방자치단체 '주민자치회 설치·운영 조례'에는 주민자치회 위원
들의 '정치적 중립의무'와 '선거운동 금지' 규정을 담았다.

한 예로 「서울특별시 마포구 주민자치회 시범실시 및 설치·운영에
관한 조례」[168] 제1조의2에서 "주민자치회의 정치적인 목적 활용 금지"
와 제12조에 주민자치회 위원은 "정치적 중립 의무를 가지며, 선거운
동을 할 수 없다."라고 돼 있다. 아울러 「공직선거법」 제103조에 의하

---

168) 「서울특별시 마포구 주민자치회 시범실시 및 설치·운영에 관한 조례」, 시행 2020. 12.
31., 서울특별시마포구조례 제1375호, 2020. 12. 31., 일부개정.

면, 주민자치위원회는 선거기간 중 회의 그밖에 어떤 명칭의 모임도 개최할 수 없다. 여기서 주민자치위원회를 승계한 주민자치회도 포함된다고 볼 수 있다.

주민자치회가 공공업무를 수행하는 기구라면 당연히 정치적 중립을 지켜야 하고, 선거운동을 하면 안 된다. 그러나 법률이나 조례상의 '정치적 중립의무'와 '선거운동 금지'는 생활세계와 밀접한 생활정치와 나의 생각을 타인에게 드러내고, 타인의 생각을 이해하는 '담론정치'를 하지 말라는 것은 아닐 것이다. 그럼에도 우리는 '정치'라는 단어만 붙으면 모두 정당정치, 이념정치, 패권정치로 몰아가 심지어 생활세계 혹은 시민사회 영역에서조차 모든 유형의 '정치 접근금지'를 시키는 우를 범하고 있다. 지난 18대 대선에서 여야 모두 '기초선거 정당공천제 폐지'를 만천하에 선포해 놓고,[169] 아직도 주민의 삶과 밀접한 생활세계의 생활정치 범위까지 중앙에서 관리·통제하고 있다.

그리고 왜 정치는 평주민이나 보통시민이 하면 안 된다고 생각할까? 제가 '주민자치와 민주주의'를 주제로 모 대학에서 주민자치위원 및 주민들을 대상으로 강의를 한 적이 있다. 강의 중 주민자치주체기구의 역할 중 '생활정치', '담론정치'에 대해 설명하려고 하자, 어떤 수강생이 "왜 주민자치 교육에서 정치 이야기를 하느냐? 강사는 어느 당이냐? 정치 이야기는 듣기 싫다."라며 퇴장했다. 그분이 말한 주민의 '자치(治)' 교육이었음에도 말이다.

---

169) 지난 18대 대통령선거(2012. 12. 19.)에서 박근혜·문재인 후보는 기초자치단체장과 기초의원에 대한 정당공천제 폐지를 공약한 바 있다.

이 같은 현상은 소수의 엘리트들이 '정치'라는 단어에 대한 사용을 독점했을 가능성이 크다(물론 직접적인 증거는 없다). 그로 인해 '정치'는 중앙에서만, 정당과 정치인만, 권력자들만, 그리고 그들의 주변인들만 누리는 것이 돼 버린 것은 아닌가 싶다. 심지어 정치는 시·군·구 이하 지방에서 하면 안 되고, 주민들의 삶과 밀접한 생활세계에서도 하면 안 되며, 특히 가족과 지인 등 가까운 사이일수록 '정치'는 신성시(엘리트만의 언어)되거나 혹은 천박한 것으로 전락해 입에 담아서는 안 되는 '금지어처럼' 돼 버렸다.

그러나 「대한민국헌법」 제1조 제2항 "대한민국의 주권은 국민에게 있고, 모든 권력은 국민으로부터 나온다."는 규정에서 보듯, 대한민국 권력의 원천은 바로 국민인 우리다. 우리는 자연 본성적으로 정치적 동물이다.[170] 우리 스스로가 권력을 만들어 내고, 우리가 권력을 대표자에게 한시적으로 내어 주는 것이다. 권력은 우리에게서 나오는 것이고, 또 우리에게 부여되는 것이다. 그럼에도 헌법에 보장된 권력의 원천인 주민(국민은 거의 모두가 주민이다)을 행정 범위(시·군·구 단위)라는 테두리를 치고, 그 안에서는 정치를 하지 말라는 것은 도대체 무슨 말인지 모르겠다. 아마도 그 정치는 정당정치, 이념정치, 패권정치를 말하는 것은 아닌가 싶다.

생각을 전환해 보자. 경제적 측면의 최저임금과 기본소득에 사활을 건 듯한 정부와 정당은 왜 '정치적 측면의 최저임금과 기본소득'인 '생

---

170)   아리스토텔레스(Aristotelēs) "인간은 자연 본성적으로 정치적 동물이다". (『정치학』 라종일 역, 올재클래식스, 2015. 4. 30.)

활 정치체계[171]에 대한 의사결정 과정'에는 침묵하거나 외면하고 있는가? 생활정치를 활성화하면, 정당정치·패권정치를 펼치는 정치인들의 의사결정 사각지대를 보완하고, 더 많은 의사결정 아이디어를 제공받을 수 있어, 정부 정책 계획에도 많은 아이디어를 받게 될 것임도 말이다.

---

171) 정치체계(政治體系): 정부가 국민의 요구나 지지에 답해 정책을 발생시키는 관계망. (국어 사전)

3

더 나은 세상을 위한 우리의 행보

권력은 우리가 내어 주는 것

'시민권력'은 우리에게 권한을 부여받은 권력자들이 우리에게 베푸는 것이 아니다. 또 우리는 그들이 베푸는 것을 감지덕지하며 받는 대상이 아니다. 우리는 모든 사람의 존엄과 가치는 자신이 원하는 세상을 꿈꿀 수 있고, 그 꿈꾼 세상을 자신이 원하는 대로 만들 수 있는 자유와 권리(이에 따른 의무와 책임은 당연)가 있다고 믿는다. 좋은 세상을 만들 수 있는 힘, 그런 권력은 신이 우리에게 선사한 선물이자, 인간이 태어나면서부터 갖고 있는 자연권[172]이다.

그 소중하고 귀중한 각자의 권력(주권)을 선거를 통해 대통령, 국회의원, 자치단체장, 지방의원들에게 한시적으로 부여해 주는 것이다. 이처럼 귀한 권력이 국민과 주민을 위해 행사되고 있는지를 감시·견제하는 것은 국민·시민·주민으로서 당연한 권리인 것이다. 그렇다면 생각해 보라. 이처럼 귀한, 그것도 공공이익을 위해 행사되는 권력을 폭력화·사익화·상품화시킨다면 신뢰와 믿음, 정(情)이라는 인간적 유대감(사회적 자본)을 말살시키는 것이다. 다시 말하지만, 권력은 내가 나에게, 내가 우리에게, 내가 다른 사람에게, 우리가 다른 사람에게 내어 주는 것이다. 따라서 오늘날 우리 사회에서 권력을 가진 사람이나 기관은 모두 국민과 주민이 그들에게 일정기간 부여해 줬기 때문에 갖게 된 것이다. 이에 대해 에릭 리우(2017)는 다음과 같이 말한다.

> 어떤 사회에 살든 우리에게서 권력을 빼앗아가는 것이 아니라, 우리가 권력을 넘겨주는 것임을 명심해야 한다. …… 명심하라, '투표하지 않는다'는 건 단순한 불참이 아니다. 그것은 결국 다른 누군가, 당신과 이해관계가 충돌하는 누군가에게 한 표가 넘어가는 것과 같다. 그리고 운동을 조직하거나 참여하지 않는 것은 당신을 지배하려는 사람의 편에

---

172)   자연권(自然權): 자연법에 의해 인간이 태어나면서부터 갖고 있는 권리. 자기 보존이나 자기 방위의 권리, 자유나 평등의 권리 따위가 있다. (표준국어대사전)

서 운동을 조직하고 거기에 참여하는 것과 같다.[173]

꿈속에서 들은 이야기 하나 하겠다. 어느 나라에서 국민들이 직접 투표를 통해 뽑게 된 모 대통령에 관한 이야기다. 대통령선거에서 승리한 그는 강력한 권력을 손에 쥐게 됐다. 그게 가능했던 것은, 그 나라의 국민들이 그에게 자신들의 관심과 희망, 믿음, 신뢰, 한편으로는 두려움과 불안을 내줬기 때문이다. 그리고 집권하자마자 그 권력을 내어 준 국민들을 향해 '통치권'이라는 이름으로 권력이란 칼을 꺼내 휘둘렀다. 그 권력은 한편으론 국민들의 욕구와 욕망을 담았고, 또 한편으로는 국민들의 욕구와 욕망을 거스르는 것으로 집행됐다.

그러자 그 권력을 둘러싸고 진영이 둘로 나뉘었다. 그 대통령이 휘두른 권력에 이득을 보고 있다고 판단한 자들은 "훌륭한 공권력"이라 칭했다. 아울러 그 공권력에 정당성과 공정성을 부여하기 위한 학자·전문가들은 긍정적 이론(개념)들을 만들어 냈으며, 같은 당 정치인들은 "법은 위반하지 않았다."라며 적극 옹호하고 나섰다. 반면, 그 대통령이 휘두른 칼에 손해를 보고 있다고 판단한 국민들은 "폭력과 폭정"이라 칭했다. 아울러 그 권력이 부당하고 불공정한 것임을 증명하기 위한 학자·전문가들은 부정적 이론(개념)들을 만들어 냈으며, 다른 당 정치인들은 도덕과 관례를 내세워 반대 입장으로 맞섰다.

이로 인해 그 나라 국민들은 두 진영과 이쪽저쪽도 아닌 중간지대

---

173) 에릭 리우, 『시민권력』, 구세희 역, 저스트북스, 2017. 7. 20. p.46.

등 세 갈래로 갈라졌다. 그 나라는 양 진영으로 인해 정치적·사회적 갈등이 끊이질 않았으며, 혹자는 이 갈등으로 인한 사회적 손실이 수십조 원에 이른다고까지 평할 정도였다. 나라 전체의 리더이자 대표보다는 한쪽의 수장처럼 행사한 공권력 이야기에 대해 오해는 하지 말자. 그가 그렇게 할 수 있도록 한 것은 그 나라의 국민들이다. 이런 선하지 못한 상황은 대통령에게만 국한되지 않는다. 그 나라의 국민과 주민의 삶을 좌우하는 의사결정권을 거머쥔 대통령, 광역시장과 도지사, 시장·군수·자치구청장, 더 나아가 국회의원과 지방의회 의원에게도 적용된다.

그동안 우리는 얼마나 권력에 무심했던가? 더욱이 그 악과 선, 두 얼굴을 지닌 권력을 조정하는 정치에 대해 얼마나 무관심했던가? 아니 우리는 좋은 사회와 좋은 국가를 대통령을 비롯한 정치인들이 만들어 줄 수 있다고 믿었기에 우리의 권력(주권)을 넘겨주었고, 그들이 우리 대신 권력을 행사하도록 했다. 그러나 그들은 우리 모두가 소망했던 것들을 이뤄내기보다 그들의 권력을 지키기에 더 심혈을 기울였다.

대한민국은 자유민주주의자 민주공화국, 그리고 법치주의 국가다. 이런 국가에서 그 누구도 다른 사람에게 권력을 양보하지 않는다면, 그 누구도 마음대로 권력을 갖거나 휘두를 수 없다. 국민과 주민에게 휘두르는 모든 권력(특히 공권력)은, 모두 국민과 주민으로부터 나오는 것이기 때문에, 궁극적으로 국민과 주민이 권력을 되찾거나 그 용도 또한 바꿀 수도 있어야 진정한 자유민주주의 국가다. 따라서 '주민자치적 시민권력'은 주민[174] 자신의 삶에 직접적인 영향을 끼치는 정책에 의사결정권을 내어 주지 않음으로써 만들 수 있다. 그러나 이는 현실에선 불가능한 일이다.

그러므로 주민은 자신의 삶을 결정하는 권력, 즉 생활권력의 방향을 자신에게 돌림으로써 주민자치적 시민권력을 창출할 수 있다. 이런 주민자치적 시민권력은 주민자치 실현과 주민자치주체기구 활성화를 통해, 평주민은 물론 기존 권력자 모두에게 부여된 권력의 수준을 한층 더 높여 줄 수 있을 것이다. 특히 주민주권에 입각한 주민의 참정권은 정치조직 전체와 사회의 대표성과 포괄성을 높여 줌으로써 한국인을 더욱 강력한 '시민적 주민'으로 만들어 줄 것이다. 또 어려움이 닥쳤을 때 더욱 잘 대처하고 적응하며, 빨리 회복할 수 있는 '주권적 주체'로 만들어 줄 것이다.

시민권력과 유사 시민권력

주민자치에서 중요한 것은 힘을 합해 서로 돕는 '협력'과 상대를 인정하고 기꺼이 믿고 의지하는 '신뢰'다. 협력과 신뢰는 남을 너그럽게 감싸주거나 받아들이는 '포용'의 산물이다. 포용은 사회의 권력 구조를 더욱 정당하게 만들고, 이는 다시 사회를 더욱 강하게 만든다. 그러나 지역사회에 가 보면, 어떤 사업에 있어 다른 결사체·공동체가 하면 더 잘하고 더 효율적인 일을 자신의 주력사업으로 하는 경우가

---

174) 여기서 '주민'은 '시민적 주민'과 '주민으로서의 시민' 둘 다를 포함한 것임.

있다.

예를 들어 어떤 중요 사업을 전문성과 효율성을 갖춘 지역 결사체·공동체가 진행하는 것이 아니라, 힘 있는 지역 결사체·공동체가 전문성이나 효율성이 떨어짐에도 진행하는 것이다. 또 관이 주도해 만든 지역 결사체·공동체가 행·재정 지원을 등에 업고 그 사업을 진행하는 경우다. 이런 경우는 아무리 시민단체나 민간조직이 생활권력을 행사한다 해도 이는 '유사 시민권력'이다.

지역사회에서 행·재정 지원이 좋은 사업을 힘 있는 단체가 가져가는 독식주의를 막고, 행정이 새로운 단체를 만들어 주민 간 갈등을 유발하지 못하도록 지역사회 질서를 새로이 재정비할 필요가 있다. 특히 주민자치회를 주민자치주체기구로서 설치·운영하려고 한다면, 지역사회의 기득권 단체들의 역할을 재조정할 필요가 있다. 물론 이 일은 매우 힘들 것이다. 자신들의 특권이나 기득권을 내놓아야 하기 때문이다. 그렇다 해도 다수를 위한 선한 공공이익이 특정 소수를 위한 것으로 굳어지지 않도록 하려면 한번은 거쳐야 할 과제다.

또 주민 개개인의 잠재력을 일깨우고, 지역사회를 위해 자신의 능력을 발휘(기여)할 수 있는 기회를 많이 만들려면, 지역사회의 주민자치적 시민권력은 집단적·구성원적으로 한곳에 머물게 하지 말고 선순환시켜야 한다. 모든 잠재적 참가자들이 주민자치적인 공간에서 자신의 역량을 최대로 발휘할 수 있도록 하는 것이 번창할 때, 보다 더 많은 주민이 자신의 이익을 대변할 수 있고, 역으로 이웃 주민의 이익을 이해할 수 있다. 아울러 주민이 더 많은 주민자치적 시민권력을 가질 때, 지역사회는 물론 주민자치를 실천하는 단체들은 더 많은 참여자를 갖게 되고, 이로 인한 구성원들의 선순환은 주민자치조직이나 주민자치주체기구를 투명하고 개방적이며 민주적으로 운영되게 할 것이다.

우리가 외면하고 있는 시민권력을 위해

오늘날 많은 사람들이 알고 있지만 외면하고 있는 사실이 있다. 바로 자원을 분배하고, 재능을 육성하고, 부를 창출하며, 시민적 주민이 스스로 자치하는 시스템이 없다는 사실이다. "민주주의는 국민들이 정치적으로 그 누구의 지배도 받지 않고 스스로 다스리는 것이다."라는 박세일(2009) 서울대 국제대학원 교수와 "민주주의 원리는 단적으로 말하면 누구의 발언권도 박탈하지 않은 데 있다."라는 사이토 준이치(2014) 와세다대 교수의 말처럼, 우리에게는 우리의 존엄과 가치를 지켜주고, 우리의 삶과 밀접한 생활세계를 자기통제 할 수 있는 새로운 시스템이 필요하다. 민주주의와 정의로운 국가를 외치는 정치인들과 권력자들은 자신의 말에 책임을 지기 위해서라도 그런 시스템을 용납하고 활성화해야 할 것이다.

주민의 삶을 누가 결정하는지 생각해 보자. 우리는 모든 사람들로 하여금 잠재력이 허용하는 한 최대로 주민자치에 참여할 수 있게 만들어 주지 못했다. 중앙집중적인 시스템과 생활세계의 중요 결정권을 정부(중앙과 지방정부)가 쥐고 있는 현 상황에서는 어림도 없는 일이다. 주민들이 주민자치를 실현하고 싶다면 권력을 경험해봐야 한다.

아무것도 없는 상태에서 '시민권력'을 생성해 내는 연습을 해야 한다. 그 연습은 지역사회의 주민자치주체기구와 다양한 공론장, 그리고 주민총회를 통한 의사결정 과정에서 풀뿌리민주주의를 배우고, 지역 결사체·공동체를 연계·연결하는 과정을 통해 집단 간의 소통과 협력을 배우며, 지방정부와 지방의회와의 협업·협치 과정을 통해 공공이익에 대한 소중함을 배우는 과정 등을 통해 '주민자치적 시민권력'을 생성하는 경험을 해야 한다.

이런 경험은 그 어떤 정치적 이념이나 레토릭(rhetoric)에도 가볍게 휩쓸리지 않게 해 준다. 그렇게 생성된 시민권력은 우리로 하여금 마땅히 해야 할 일을 하지 않고 얻는 특권에 도전하고, 소수에게 몰리는 독점과 특권을 분산시키고, 배제된 주민을 참여시키며, 음지에 있는 주민을 양지로 나오게 하며, 양지에 있는 주민에게는 이웃과 지역에 기여할 보람된 기회를 만들고, 우리로부터 나오지 않은 권력과 민본에 어긋나는 정책에 대해 맞서 싸우도록 해 줄 것이다. 이것은 "모든 민주주의에서 국민은 그들의 수준에 맞는 정부를 가진다."라는 알렉시스 토크빌(Alexis de Tocqueville, 1805~1859)의 말처럼, 우리가 바라는 수준의 '좋은 정부'를 갖기 위해서도 필요하다.

또 우리는 '일상의 권력', 즉 주민자치적 시민권력 형태에 익숙해져야 한다. 그러려면 우리가 자발적 경험을 해 보도록 민의 주민자치적 공간에 직접민주주의를 도입할 필요가 있다. 직접민주주의는 모든 주민(개별)과 지역 결사체·공동체(집단)가 자신의 이익을 위해 의사결정권을 갖는다는 의미다. 사람은 늘 자신의 이익을 추구하기 마런이다. 그런데 자기 이익이 공론장에서 담론정치를 펼칠 때, 그 이익은 어떻게 정의 내리느냐에 따라 색깔을 달리할 수 있다. 만일 자기 이익이 타인과의 이익, 특히 공공이익과 긴밀히 연결돼 있다면 '합의'는 쉽지만, 공공이익과 갈등할 때, 특히 타인과 갈등할 때는 타협점을 찾기가 매우 힘들다. 이 같은 갈등은 직접민주주의가 자리 잡는 데 있어 걸림돌로 작용한다. 하나의 사업을 추진할 때 직접민주주의는 상호이해를 구하는 숙의민주적 절차과정에 오랜 시간이 오래 걸리지만, 대의민주주의는 그 즉시 다수결로 결정하면 되기 때문이다. 선택은 우리의 몫이다.

사소하다지만 중요한 불평등을 위해

우리가 주의할 것은 주민자치주체기구나 네트워크가 정치적·경제적·사회적 불평등을 제거해 주지 못한다는 사실이며, 오히려 불평등을 더욱 악화시키는 경우도 있음을 경계하라. 즉 주민자치 제도 자체가 만병통치약은 아니라는 것이다. 예를 들어, 주민자치와 공동체를 활성화한다면서 힘없는 주민의 생계를 위협하는 경우다. 관의 행·재정 지원과 자원봉사자의 도움으로 인해 저렴한 가격으로 커피나 차를 파는 '작은 카페'를 운영하면, 이웃의 카페와 커피숍은 생계를 위협받게 된다.

이웃 카페는 주민자치회나 마을공동체의 이런 활동에 권력의 불평등을 소호할 것이다. 이웃 카페 사장의 입장에서 보면, 작은 카페에 대한 관의 지원은 자신이 낸 세금도 일부 포함돼 있으므로,[175] 자기가 낸 세금으로 인해 자기가 쫓겨나는 꼴이 되기 때문이다. 또 한 예로 지금은 당연시된 듯하지만, 주민자치센터(서울은 주민회관)에서 운영하는 프로그램이 인근지역의 탁구장, 서예학원, 에어로빅센터, 수영장 등을 분해함으로써 얻은 이익은, 지역에서 생계를 위협받은 주민들에게 공유되거나 공평하게 순환되지 않았다는 불평등이 있다.

다음은 생각을 확장시키기 위한 가설이다. 정부에 의해 도로와 지하철이 깔리고 환경이 개선돼 땅값과 집값이 오른다면, 세입자들은 임대료를 올려 줘야 한다. 게다가 지역이 재개발된다면 세입자를 비롯해 추가 입주비용을 내지 못하는 집주인도 정든 그곳을 떠나야만 한다. 그 재개발은 세입자나 떠나야 하는 집주인 자신들이 낸 세금으로 (물론 개발비 중 극히 일부겠지만) 그 지역에서 쫓겨나는 상황이 발생하는 것이다. 너무 과장된 이야기라는 생각이 드는가?

제가 말하고 싶은 것은, 우리가 낸 돈(세금)으로 우리 자신이 불이익을 받거나 불평등의 희생양이 되는 사회 시스템이나 법제도는 바뀌어야 한다는 의미다. 하다못해 재개발 의사결정 테이블에 사회적 계급이나 돈의 많고 적음(집주인, 세입자)을 떠나 관련자 모두 참여할 수 있는 방안을 모색해 보자는 것이다. 또 재개발로 인한 잉여금 중 일정 부분을 그 지역을 살아온 주민들 -이들은 지역 발전과 주민들의 삶의 질 향

---

175) 누군가는 그 카페 사장이 낸 세금은 전체 세금 중 극히 작으므로 무시할 수 있다지만, 이 문제는 돈의 많고 적음이 아니라, 관과 주민의 대표라는 단체가 주민을 '주권적 주체'로 대하느냐 '예속적 주체'로 대하느냐 하는 공정과 정의에 대한 문제다.

상에 일정 부분 기여한 사람들이다 에게 직접 수혜가 가도록 하는(기금 마련 등) '지역 주민의 삶을 위한 주민총회형기금위원회' 구성도 생각해 보자는 것이다.

지역의 시민사회 주민자치주체기구가 제대로 작동된다면, 지역 결사체·공동체 간 연계·연결 네트워크 및 민관의 협업 활성화로 새로운 종류의 '주민자치적 시민권력'이 생성될 수 있을 것이다. 이 주민자치적 시민권력은 '나의 이익을 대변할 수 있는 권력'으로 지역사회 네트워크를 새로운 기점으로 각종 정치·경제·사회·문화 정책 등의 정보를 제대로 개방하면, 기하급수적으로 더 많은 주민자치적 시민권력을 창출할 수 있다. 즉 주민의 요구와 필요와 욕망, 지방정부의 정책, 각종 자원 공유 등이 이 네트워크라는 파이프라인을 타고 상호 소통될 때 더 많은 권력(포용과 풍요의 권력)을 창출할 수 있다. 이 창출된 주민자치적 시민권력은 상호부조의 시스템을 만들어 네트워크 간에 더 협력적이고, 지방정부·지방의회와는 더 강력한 협업·협치의 기회를 열 수 있을 것이다.

상호부조에서는 주민과 지역 결사체·공동체들에게 공공이익을 위해 이타주의가 돼 달라고 부탁하는 대신, 상호 간의 이익을 추구하는 마음가짐을 모두 가져 달라고 요청해야 한다. 그리고 주민자치주체기구를 통해 하나의 프로젝트(예: 주민자치 사업)를 실시할 때 주민과 지역 결사체·공동체에게 봉사·희생을 강요할 것이 아니라, 그들에게 공평한 이득을 줘야 한다. 예를 들어, 그 프로젝트에 연관된 주민들과 지역 결사체·공동체들에게 프리젠테이션을 할 기회를 갖도록 하고,

나머지 사람들과 단체들은 단순한 의견이나 비판 이상의 실질적인 도움과 기부(자본, 자원봉사 등)나 투자를 하도록 해야 한다. 물론 이에 앞서 지방정부와 지방의회의 행·재정 지원을 이끌어 내는 것이 우선이지만. 이 모두는 자발적이어야 한다.

여러 번 말하지만, '주민자치주체기구'는 주민자치를 실현하고자 하는 주민들 자치조직들의 플랫폼이다. '주민자치'는 풀뿌리민주주의를 본질로 민본주의를 원천으로 하는 참여에 중점을 둔 정치적 원리다. '정치적 측면에서의 주민자치주체기구'는 대중들의 생활정치와 담론정치 참여를 도모하고, 시민사회의 여론을 수렴해 공의를 모으는 공론장을 활성화시키며, 지역사회 각 집단의 이익을 대표하는 기능을 중시한다. 이는 주민자치적 시민권력이 제대로 생성되고 발현되도록 하기 위한 것이다. 이를 위해 주민자치주체기구는 지역 결사체·공동체와의 시민사회 소통을 중시하고, 특히 하부조직인 분과위원회를 활성화시키기 위해 분과위원회를 중심으로 운영하며, 자발적 회원을 확보하고 회비(일명 주민자치세) 납부를 규칙화(혹은 제도화)하는 방향으로 조직되고 활동돼야 한다. 그리고 지방정부와 지방의회는 주민자치주체기구들에 의해 요청된(표출된) 이익들을 정리하고 조정해 현실성 있는 정책과 조례로 전환시키는 정책과 입법 기능을 중요시(혹은 제도화)해야 한다.

왜 주민자치인가

자치는 정치적 자유를 위한 행위

오늘날 현실 세계는 뉴스를 틀면 '돈과 권력이 판치는 세상'이다. 그럼에도 정치권은 물론 여기저기서 큰 목소리로 '그 무엇보다 사람이 중요하다.'라고 한다. 정말 그럴까? 학교 반장선거 과정, 동네 쓰레기 처리 문제 과정, 아파트입대위 결정 과정 등은 모두 정치적인 것이다. 우리는 이를 고상한 말로 '자치'라고 한다. 저는 그 자치를 '정치적 자유를 위한 행위'라고 규정한다. 그 자치를 엘리트정치권은 정치적인 것이 아니라, 사회적인 것 혹은 행정적인 것으로 간주한다.

민주주의처럼 자치도 정치의 한 방식이다. '주민에 의한 자치'인 주민자치는 정치 원리로 '주민(지역 구성원)에 의해 단체를 구성하고, 주민의 뜻에 의해 단체가 운영되는' 의사결정의 한 방식인데, 이를 사회적·행정적, 심하게는 경제적인 것으로 몰아붙이니 불균형이 나는 상황이다. 즉 주민의 생활세계를 쥐고 흔드는 정치나 정책에 대해 자신의 생각을 표출하고, 직접 대변할 통로가 없으니, 권력의 기회 불균형

느낌이 강하게 오는 것이다.

혹시 당신은 진보와 보수, 좌파와 우파, 여당과 야당 등 진영논리에 편승함으로써 당신의 삶의 질이 향상되고 이익을 보장받을 수 있다고 생각하는가, 아니면 스스로 개척하는 것이라고 생각하는가? 잘 모르겠다면 "주민자치가 중요하다."라고 말하는 정치인에게 "주민이 자신의 이익을 대변하는 '주민자치적 시민권력' 제도화에 대해 어떻게 생각하고 있는가?"라고 질문해 보라. 그러면 대체적으로 세 가지 반응을 보일 것이다. 첫째는 생각지 못한 질문에 당황해 다른 말로 얼버무리거나, 둘째는 주민자치적 시민권력에 대한 옹호, 셋째는 현실성을 들어 주민자치적 시민권력 자체에 대한 비판적 의견을 제시할 것이다. 당신은 이 세 가지 답변 중 어느 것을 선택하겠는가.

누군가는 "우리 사회에 주민자치적 시민권력에 대한 규준(규범이 되는 표준)이 있는가?"라고 의문을 제기할 것이다. 물론 없다. '생활세계'에 미치는 힘으로서의 '생활권력'이나 이를 행사하는 '주민자치적 시민권력'은 어디에도 규정된 바 없다. 아니 공개적으로 시민적 주민들에 의한 시민권력에 대해 학술적으로 토론하거나 정치적 논의를 한바도 없다. 따라서 그 영향력은 상상적 규준을 조작하고 운영하는 힘에 달렸다. 즉 마을공동체나 주민자치회를 정치적으로 이용하듯, 어떤 정치적 의도가 이를 이용한다면 그 규준은 변질될 것이다. 이런 연유로 주민들과 주민자치위원들은 정책결정자들, 특히 정치인들의 주민자치 · 시민권력 활용에 대해 두 눈 부릅뜨고 지켜봐야 한다.

주민자치적 시민권력에 대한 규준이 마련되려면, 우선 주민자치적 시민권력이 작동되는 영역으로서의 '생활세계'와 그 생활세계에 시민적 주민들의 힘이 미치는 '생활권력'에 대한 표준이 먼저 마련돼야 한다. 그러나 생활세계나 생활권력 표준들은 상상적 산물로서 개인의 다양한 이해 관심을 지역사회 전체를 관통하는 공통된 것과 결합한다. 생활세계와 생활권력 표준은 개별화하는 동시에 전체화하는 것이다. 그러므로 생활세계와 생활권력 표준은 '정확히 이것이다.'라고 정의 내릴 수는 없다. 하지만, 생활세계에서 우리가 서로에게 힘이 돼줄 수 있는 생활권력의 최소 표준 기준은 주민들과 주민자치조직들, 그리고 지방정부와 지방의회가 풀뿌리민주주의 활성화를 위해 주민자치를 실행함에 있어 불필요한 장벽을 없애주는 것이고, 반대로 최악은 우리의 자율적인 동력인 '자치'를 약화시키는 모든 것이다.

국가의 존재 이유와 권력 행사의 정의

2017년 7월 19일로 되돌아가 보자. 이날은 문재인 정부가 '국정운영 5개년 계획'과 함께 '국가가 무엇을 위해 존재하며, 권력이 어떻게 행사돼야 하는가.'에 대한 국민의 물음에 '정의로움'이라고 발표한 날이다. 즉 문재인 정부는 '정의'를 국민의 분노와 불안의 극복, 적폐 청산과 민생 개혁의 요구를 담아내는 핵심 가치이자 최우선의 시대적 과제로 꼽았다. 이를 뒷받침하는 이론으로 존 롤스(John Rawls: 1921~2002)의 '정의론'을 제시한 문재인 정부는 정의로운 제도만이 공정한 사회를 만들 수 있고, 정의로운 제도 설계와 운영이 바로 정치와 정부의 가장 중요한 역할로 보고 국가 비전으로 삼았다고 했다.

그럼에도 현재 우리는 그 '정의를 내세운 불평등'에 불만을 표출하고 있다. 왜? '평등한 기회, 공정한 과정, 정의로운 결과'가 국정철학의 핵심 원칙이고, 정부의 핵심 가치임에도 말이다. 그것은 우리의 경쟁이 공정하지 못해서 불평등이 정당하지 않다고 여기기 때문이다. 이는 각자 다른 '자연적 조건'과 '사회적 조건'을 갖고 태어난 것으로 인한 선천적 불평등 조건[176]에 대한 불만이 아니다. 한동안 매스컴을 달궜던 '권력찬스'와 '아빠·엄마 찬스', 즉 자신의 노력과 무관한 조건들에 대한 불만이다. 그런 '찬스' 조건들이 우리의 결과를 불공정·불평등으로 내몬다는 점이 우리를 더 분노케 하는 것이다. 특히 기회에서 결과로 가는 과정이 '공정한 과정'이 되지 않는다면 정의로운 결과(공정한 가치분배)는 이룰 수 없다.

평등한 기회가 공정하기 위해서는 기회의 평등이 먼저 실현돼야 하고, 정의로운 결과를 얻기 위해서는 공정한 과정이 이뤄져야 한다. 저는 이 공정한 과정을 지역의 시민사회에서부터 실행해 보자는 것이다. 왜 수십 년 봐 왔지만, 엘리트 정치권은 생활세계에 대한 (정치적) 자치권[177]을 애써 외면해 왔다. 즉 엘리트 정치권은 권력 분배에 대한 입장은 변하지 않는다. 그런 의미에서 지역 시민사회에 설치한 주민자치주체기구의 운영범위를 생활세계, 그 생활세계를 민주적으로 이

---

176) 우리는 자유민주주의적 정의 아래 살아간다. 즉 기회균등의 원칙 아래 각자의 노력만큼 차등 분배하고 있는 것이다. 그런 의미에서 자유민주주의적 정의에서 '공정한 경쟁에 의한 불평등은 정당한 불평등'으로 인식된다.

177) 특히 주민들에 의해 작동되는 주민자치적 공간으로서의 생활세계에 대한 자치권(자치는 정치적 개념이다)은 공개적으로 논의된 적이 없는 것 같다.

끄는 생활정치, 그 생활정치를 움직이는 민본을 형성하는 과정인 담론정치, 그리고 담론정치를 통해 주권자인 주민 개개인의 이익을 대변하는 '주민자치적 시민권력' 행사에 대해 이제부터라도 논의해 보자는 것이다.

엘리트들은 우리를 대변하지 않는다

대부분 중하위층의 서민들은 시장에서의 지위 하락을 경험하고 있다. 정치인이 약속한 노동의 긍지나 안정된 생활, 경제적 성과 기여에 따른 인정 등을 체감하지 못한다. 그럼에도 이들의 사회 불만은 공공연하게 드러나지 않는다. 즉 불만의 바로미터라 할 수 있는 투표나 여야 지지율은 불만에 따른 결과라기보다 세력의 지지분포를 알 수 있을 뿐이다. 물론 여야 정책공약을 보면 서민들이 어떤 불만을 갖고 있는지는 알 수 있다. 표를 얻기 위해 서민들의 아픈 부분을 알려 주는 공약이기 때문이다.

서민들의 지위 하락은 경제·환경 변화에 따라 더욱 심화되고 있다. 금융 위기와 코로나19 이후 물가 상승과 부동산 급등에 비례한 임금 하락과 대도시의 거주 비용 상승, 근로 빈곤층 증가, 안정된 소득 수준의 일자리 감소 등이 그 예다. 비록 정치인과 언론이 불평등과 일자리 불안정 등을 집중 조명하고 있으나 우리가 꿈꾸는 황금시대는 오지 않는다. 특히 아이들이 부모보다 더 나은 삶을 누릴 것이라는 기대는 무너진 현실이다.

『엘리트가 버린 사람들』[178] 저자 데이비드 굿하트(2019)에 따르면, 지금 전 세계는 미국과 유럽을 중심으로 포퓰리즘 정치가 휩쓸고 있다. '포퓰리즘(populism)' 의미는 사전적으로 '일반 대중의 인기에 영합하는 정치 형태', '대중을 동원해 권력을 유지하는 정치체제'라고 해서 부정적인 반응을 보이고 있다. 그러나 포퓰리즘 단어 자체 의미로 보면 '대중의 의사에 따르는 정치행태'다. 따라서 단순히 포퓰리즘을 부정적으로 보기에는 좀 무리가 있다. 포퓰리즘 단어 자체는 민주주의와 결을 같이하기 때문이다. 최근에 일어난 대표적인 포퓰리즘이 영국의 브렉시트고, 미국에서는 2016년에 트럼프의 대선 과정이다. 현재 미국과 유럽에서 나타나고 있는 이런 포퓰리즘 현상은 사회적으로 충분히 납득할 만한 이유가 있는 시대 변화에 따른 사회 현상이다.

데이비드 굿하트(2019)에 따르면, 어떤 놈이 해 먹든 기성정치권들이 서로 비슷한 주장에 의미 없는 논쟁만 할 뿐, 실제로는 대중들을 착취하면서 권력만 유지하는 것뿐이라고 대중들은 생각하게 됐다. 그래서 서구 대중들은 좌파 우파, 진보 보수 관계없이 기존의 정당들은 불평등 문제를 해결할 능력도 없고, 사실 별 관심도 없어 근본적으로 서민하고는 다른 기득권 집단이라고 판단하게 됐다는 것이다. 사실 포퓰리즘이 미국과 유럽에서 몇 년 사이에 이렇게 퍼져 나가는 이유는 대의민주제가 한계를 드러냈기 때문에 대중들의 의사를 적극적

---

178) 데이비드 굿하트, 『엘리트가 버린 사람들』(Road to Somewhere), 김경락 역, 원더박스, 2019. 11. 18.

으로 반영하는 포퓰리즘이 최근 빠르게 번져간다는 것이다.[179)

본문에서 말했듯 민주주의는 지상 최고의 시스템도, 완벽한 정치체제도 아니다. 게다가 대의민주주의는 시간이 갈수록 점점 기득권화되고 기성정치화돼 이런 시스템으로는 빠르게 변해 가는 대중들의 경제적·사회적 변화 요구를 수용하지 못하는 정치 상황이 돼 버렸다. 그러다 보니 대중들이 직접적이고 적극적인 정책 요구가 늘어나게 된 것이고, 이런 요구를 해결하기 위해 지역 시민사회에서부터 시민적 주민들이 자신의 이익을 직접 대변해 보자는 것이다.

또 주민자치적 공론장에서 주민들이 안고 있는 사회적·정치적으로 곪아 있는 여러 문제점에 대해 시원하게 터뜨려서 사적인 것을 공공적인, 더 나아가 공적인 문제로 공론화시켜 보자는 것이다. 지역을 발전시키고 주민들 삶의 질이 향상돼 행복하게 살 수 있다면 포퓰리즘도 상관없지 않은가. 따라서 실제 문제 해결에 한계를 보여도 주민들이 무엇을 원하고 있는지 공론화해, 즉 주민자치주체기구를 통한 공론장과 주민총회에서 형성된 민본을 지역사회마다 현실화하는 것부터 시작해 보자는 것이다.

민의 주민자치는 시대적 화두

살 만한 세상, 살아 볼 만한 인생은 어떻게 실현될 수 있는가? 그렇게 되려면, 우선 오늘날 우리의 일상적인 삶에서 지속적인 관심이나

---

179) 데이비드 굿하트(David Goodhart)가 말하는 포퓰리즘은 퍼주기식 인기영합주의가 아니라 사회적으로 충분히 납득할 만한 이유가 있는 시대 변화에 따른 사회 현상을 말한다.

몰입의 대상이 되고 있는 화두(話頭)를 알 필요가 있다. 시대의 화두는 그 시대의 고통을 담고 있다. 즉 추상적인 정신의 유희가 아니라 오늘날 우리 시대의 절박한 문제를 갖고 씨름하며, 고통과 억압으로부터 해방을 꿈꾸는 자유로운 정신 활동이라 할 수 있다. 그런 의미에서 '민의 주민자치'는 현재 우리 시대의 뜨거운 화두다.

2013년 7월 주민자치회 시범실시 이후 '민의 주민자치'를 활성화하는 조직인 '주민자치회'의 설치·운영은 정부의 국정과제로 채택됐고, 지방자치단체는 주민세 개인균등분 전격 지원, 그리고 정치권에서는 제20·21대 국회 입법발의에 이르기까지 폭발적인 관심을 이끌고 있기 때문이다. 이처럼 민의 주민자치가 폭발적으로 급부상한 뒷면에는 기성정치권에 대한 불신, 대의민주제에 대한 불신, 부의 불평등에 불만이 깔려 있음은 부인할 수 없다.

당신에게 묻습니다. 당신이 살고 있는 사회는 노력만 하면 성공할 수 있는 정의롭고 공정한 사회라고 생각하는가? 아니면 아무리 노력해도 응당한 노력의 대가를 받을 수 없는 부정의·불공정한 사회라고 생각하는가. 또 노력이 아니라 정치권력의 뒷배경과 자본권력이 좌우하는 기득권층을 위한 사회라고 생각하는가? 아니면 소수 엘리트 정치권이 당신을 대변해서 당신이 노력한 만큼 대가를 안겨다 줄 것으로 보는가. 이것도 아니면 스스로 자신의 이익을 대변할 수 있는 체제를 구축해야만 자신의 응당(應當)한 노력의 대가를 받을 것이라 보는가.

당신이 세상을 바꾸려면 시민운동에 참여하는 방법도 있겠지만, 우리나라는 정당정치를 하는 사회니까 정당을 직접 응원하는 게 가장 빠를 수도 있다. 그러나 당신이 시민성을 지닌 주민이라면, 읍·면·동 주민자치주체기구를 통한 주민자치 활동에 참여하는 방법도 있음을 알리며, 그 참여에 파이팅을 보낸다. 그에 앞서 제대로 된 주민자치주체기구 설치·운영이 우선이지만.

참고문헌

강내영(2010), 『한겨레21』(제813호), "일본의 건강한 지역주의", 6월 3일.

공의식(2002), 『새로운 일본의 이해』, 다락원.

기시미 이치로·고가후미타케(2020), 『미움받을 용기』, 전경아 역, 인플루엔셜.

김춘경 외(2016), 『상담학 사전 세트』, 학지사.

김태창(2011), 『공공철학』(제2호), "국가공무원과 공공철학적 구상력", 2월호.

남문현(2013), 『뉴시스』, "「데스크 창」 민유방본(民惟邦本)", 3월 13일.

노암 촘스키·조셉 스티글리츠 외(2012), 『경제민주화를 말하다』, 김시경 역, 위너스북.

데이비드 굿하트(2019), 『엘리트가 버린 사람들』, 김경락 역, 원더박스.

로버트 D. 퍼트넘(2017), 『우리아이들』, 정태식 역, 페이퍼로드.

마이클 샌델(2012), 『돈으로 살 수 없는 것들』, 안기순 역, 와이즈베리.

마이클 샌델(2019), 『정의란 무엇인가』, 김선욱 감수, 김명철 역, 와이즈베리.

마이클 에드워즈(2015), 『시민사회』, 서유경 역, 동아시아.

문진수(2018), 『지방자치 이슈와 포럼』(Vol. 21), 「사회적 가치와 사회혁신」, "사회혁신
　　　의 조건", 한국지방행정연구원, 10월.

바바라 크룩생크(2014), 『시민을 발명해야 한다』, 심성보 역, 갈무리.

박세일·나성린·신도철(2009), 『공동체자유주의 이념과 정책』, "공동체자유주의",
　　　나남신서.

박준범(2014), 『프레시안』, "정치가 '우리 동네 일'이 되려면…", 6월 21일.

박영욱(2015), 『보고 듣고 만지는 현대사상』, "식민지화된 생활세계를 해방시켜라",
　　　바다출판사.

박철(2021), 『시민정치연구』(제3호), "지역정치와 주민자치에 대한 이론적 고찰", 건
　　　국대학교 시민정치연구소, 12. 31.

박철 외(2019), 『한국주민자치 이론과 실제』, "2장 풀뿌리 민주주의 토대로서 주민자
　　　치", 대영문화사.

백미숙(2014), 『토론』, '토론은 합리적·민주적 의사소통 방법', 커뮤니케이션북스..

백승영(2004), 『철학사상』(별책 제3권 제20호), "니체『유고』", 서울대학교 철학사상
　　연구소.

버나드 크릭(2021), 『정치를 옹호함: 정치에 실망한 사람들에게』 이관후 역, 후마니
　　타스.

부르노 카우프만·롤프 뷔치·나드야 브라운(2008), 『직접민주주의로의 초대』 이정
　　옥 역, 리북.

사이토 준이치(2014), 『민주적 공공성』 류수연·윤미란·윤대석 역, 도서출판이음.

서울특별시(2018), 「보도자료」 "'서울형 주민자치회' 1년……". 11월 19일.

서울특별시의회(2021), 「보도자료」 "2022년 행정자치위원회 소관 실국 예산안 예비
　　심사 수정안 의결", 12월 2일.

성성식(2018), 『주민자치』 "서울형 주민자치회 토론", 7월호.

송진우(2007), 『중학생을 위한 국어 용어사전』

스티븐 룩스(1992), 『3차원적 권력론』 서규환 역, 나남.

아리스토텔레스(2015), 『정치학』 라종일 역, 올재클래식스.

에드워드 로이스(2015), 『가난이 조정당하고 있다』 배충효 역, 명태.

에릭 리우(2017), 『시민권력』 구세회 역, 저스트북스.

온라인 중앙일보(2020), 『중앙일보』 "주민자치 20년의 설움, 새해 첫 법안으로 발의
　　됐다", 1월 3일. (https://www.joongang.co.kr/article/23672333#home)

올더스 헉슬리(2019), 『멋진 신세계』 안정효 역, 소담출판사.

외교부(2014), 『미국 개황』(Overview of United States of America).

원희복(2015), 『주간경향』(1141호), "[광복 70년 역사르포](25) 여의도 대하빌딩 옛 평
　　민당사…꺼져가던 지방자치에 불 지핀 단식투쟁", 9월 1일.

윤영근·정회옥(2018), 『사회혁신을 위한 주민자치제도의 발전 방안』 「수시과제
　　2018-02」 한국행정연구원.

이기우(2017), 『프레시안』 "좋은나라 이슈페이퍼", 4월 17일.

이사야 벌린(2014), 『이사야 벌린의 자유론』 박동천 역, 아카넷.

이종락(2011), 『서울신문』 "중앙무대 넘보는 日 지역정당", 11월 30일.

이종수(2009), 『행정학사전』 대영문화사.

이호(2003), 『도시와 빈곤』(Vol. 64), "생활 속에 뿌리내린 일본의 지역정당", 한국도시

연구소, 10월.

정남구(2011), 『한겨레신문』, "일본 지역정당 열풍 전국 확산 유권자 67% 후보내면 찍겠다", 2월 21일.

정재철(2014), 『문화연구의 핵심 개념』, 커뮤니케이션북스.

정치학대사전편찬위원회(2022), 『21세기 정치학대사전』, 한국사전연구사.

정하윤(2014), 『프레시안』, "시민정치시평: 거대 정당 특혜성 선거제도 개혁해야", 2월 12일.

조대엽(2015), 『생활민주주의 시대』, 나남.

조한상(2010), 『공공성이란 무엇인가』, 책세상문고·우리시대.

존 롤스(2003), 『정의론』, 황경식 역, 이학사.

폴 슈메이커(2010), 『진보와 보수의 12가지 이념』, 조효제 역, 후마니타스.

하동석·유종해(2010), 『이해하기 쉽게 쓴 행정학용어사전』, 새정보미디어.

한국학중앙연구원(2021), 『한민족문화대백과사전』, 검색 9월 28일. (http://encykorea. aks.ac.kr/Contents/SearchNavi?keyword=%EB%AF%BC%EB%B3%B8%EC%8 2%AC%EC%83%81&ridx=0&tot=1413)

한림학사(2007), 『개념어사전(통합논술)』, 청서.

행복한경영(2017), 「오늘의 행경」(제3199호), "인간은 변화가 아닌, '변화당하는 것'을 거부한다". 6월 15일. (https://www.happyceo.or.kr/Story/ContentsView?num=3489)

행정안전부(2020), 「보도자료」, "32년만의 지방자치법 전부개정 추진", 7월 3일.

행정안전부(2020), 『지방자치단체 행정구역 및 인구 현황』, 12월 31일 현재.

행정안전부(2021), 『2021년 주민자치형 공공서비스 구축사업』, "주민자치 분야 매뉴얼".

행정학용어 표준화연구회(2010), 『이해하기 쉽게 쓴 행정학용어사전』, 새정보미디어.

헌법재판소(1999), 「공직선거및선거부정방지법 제84조 위헌소원」, 99헌바28 전원재판부, 판결.

헌법재판소(2006), "정당법 제25조 등 위헌확인", 2004헌마246 전원재판부, 판결.

호광석(2005), 『한국의 정당정치』, 도서출판 들녘.

홍태영(2015), 『몽테스키외&토크빌 개인이 아닌 시민으로 살기』, 김영사.

「대한민국헌법」 시행 1988. 2. 25., 헌법 제10호, 1987. 10. 29., 전부개정.

「공직선거법」 시행 2021. 9. 27., 법률 제17981호, 2021. 3. 26., 일부개정.

「정당법」 시행 2020. 12. 10., 법률 제17354호, 2020. 6. 9., 타법개정.

「주민등록법」 시행 2020. 12. 10., 법률 제17385호, 2020. 6. 9., 일부개정.

「주민조례발안에 관한 법률」(약칭: 주민조례발안법), 시행 2022. 1. 3., 법률 제18495호,
          2021. 10. 19., 제정.

「주민투표법」 시행 2020. 1. 29., 법률 제16883호, 2020. 1. 29., 일부개정.

「지방세법」 시행 2022. 1. 1., 법률 제18655호, 2021. 12. 28., 일부개정.

「지방자치법」 시행 2022. 1. 13., 법률 제18497호, 2021. 10. 19., 일부개정.

「지방자치분권 및 지방행정체제개편에 관한 특별법」(약칭: 지방분권법), 시행 2021. 1.
          1., 법률 제16855호, 2019. 12. 31., 타법개정.

「서울특별시 주민자치 활성화 지원에 관한 조례」 시행 2020. 7. 16., 서울특별시조례
          제7641호, 2020. 7. 16., 제정.

「서울특별시 마포구 주민자치회 시범실시 및 설치·운영에 관한 조례」 시행 2020.
          12. 31., 서울특별시마포구조례 제1375호, 2020. 12. 31., 일부개정.

김영배 외, 「주민자치 기본법안」 의안번호 7787, 2021. 1. 29., 국회 입법발의.

이명수 외, 「주민자치회 설치 및 운영에 관한 법률안」 의안번호 8048, 2021. 2. 9., 국
          회 입법발의.

김두관 외, 「주민자치회 설립 및 운영에 관한 법률안」 의안번호 8620, 2021. 3. 8., 국
          회 입법발의.

김철민 외, 「주민자치회 설치 및 운영에 관한 법률안」 의안번호 8632, 2021. 3. 8., 국
          회 입법발의.

행정안전부, 「주민자치회 시범실시 및 설치·운영에 관한 조례 개정(안)」 개정 2019. 8.